NOUVEAU
GUIDE EN AFFAIRES.

NOUVEAU

GUIDE EN AFFAIRES,

SUR ET COMPLET,

OU

FORMULAIRE D'ACTES

SOUS SEING-PRIVÉ,

EN MATIÈRE CIVILE ET COMMERCIALE.

PAR M. LAVENAS,

ANCIEN HUISSIER A ÉVREUX, AUTEUR DU NOUVEAU CODE ET MANUEL PRATIQUE DES HUISSIERS.

PARIS,

CHEZ MARTIAL ARDANT FRÈRES, EDITEURS,

rue Hautefeuille, 14.

LIMOGES,

A LA MEME LIBRAIRIE.

1848

PREMIERE PARTIE.

CHAPITRE PREMIER.

DISPOSITIONS PRÉLIMINAIRES.

Convention, contrat, obligation, ne sont pas des termes synonymes, quoique dans l'usage on les emploie les uns pour les autres.

Le mot convention est un terme général qui signifie toute espèce d'accord de deux ou plusieurs personnes, soit avec intention, soit sans intention de s'obliger.

Le contrat est une convention faite avec intention de s'obliger.

L'obligation est le bien qui résulte du contrat, et au moyen duquel nous sommes astreints à l'exécuter.

Le contrat est unilatéral lorsqu'une ou plusieurs personnes sont obligées envers une ou plusieurs autres, sans que de la part de ces dernières il y ait *d'engagement* (art. 1103).

Il est bilatéral ou synallagmatique lorsque les contractans s'obligent réciproquement *les uns envers les autres* (art. 1102).

Si je m'oblige à rembourser dans trois mois une somme qui m'a été prêtée précédemment, ce contrat est unilatéral, car je suis seul engagé.

Dans le cas de vente, au contraire, le contrat est synallagmatique ; car si l'acheteur s'oblige à payer le prix de la chose, le vendeur prend l'obligation de la livrer.

L'article 1108 du Code civil met au nombre de quatre les conditions essentielles à un contrat ; l'oubli de l'une de ces conditions ayant pour effet de rendre nul le contrat, il faut bien les connaître.

Art. 1108 « Quatre conditions sont essentielles pour » la validité d'une convention : — Le consentement de » la partie qui s'oblige ; — sa capacité de contrac- » ter ; — un objet certain qui forme la matière de » l'engagement ; — une cause licite dans l'obligation. »

Ainsi l'absence de l'une de ces quatre conditions empêche que le contrat existe : nous allons les étudier en raison de leur importance.

SECTION PREMIÈRE.

Du consentement de celui qui s'oblige.

Il n'y a point de consentement valable, s'il n a été

donné que par erreur, ou s'il a été surpris par des manœuvres frauduleuses, ou extorqué par la violence. En effet, on ne peut concevoir de consentement parfait que lorsque celui qui l'a donné a agi en connaissance de cause, ou qu'il a été libre dans son action.

Quant à l'erreur, elle n'est une cause de nullité que lorsqu'elle tombe sur la substance même de la chose qui en est l'objet. Si j'achète, par exemple, une montre de cuivre croyant acheter une montre d'or, ou du vin de Suréne pour du vin de Laffitte, la vente est nulle. Il en serait autrement, néanmoins, si mon erreur ne venait que de mon peu de lumière ou de mon peu de réflexion.

L'erreur sur la personne n'annulle l'acte que lorsque la considération de cette personne a été la cause principale de la convention. Ainsi, il y a deux peintres du même nom, l'un célèbre, l'autre médiocre. Croyant traiter avec le premier, je m'engage envers le second à lui donner un prix considérable de mon portrait : une telle convention est nulle, et je ne suis tenu à payer l'ouvrage de l'artiste ignorant qu'à dire d'expert.

Il en serait de même si j'avais prêté une somme considérable à un homme peu solvable, croyant avoir affaire à un autre individu très-riche, du même nom et qui présente toutes les garanties désirables.

Les manœuvres frauduleuses pratiquées par une des parties sont une cause de nullité, quand il est évident que, sans ces manœuvres, l'autre partie n'aurait pas contracté. Un maquignon lime les dents à un vieux cheval, pour le vendre comme jeune. Il y a dol de sa part, et si vous avez acheté, vous pouvez faire annuler le marché.

La violence est une cause de nullité du contrat lorsqu'elle a été de nature à faire impression sur une personne raisonnable, et à lui inspirer la crainte d'un mal considérable et présent, soit dans sa personne ou dans sa fortune, soit dans la personne ou la fortune de son époux ou épouse, de ses père et mère, de ses enfans. Pour apprécier la violence, on a égard à l'âge, au sexe et à la condition des personnes. Telle menace qui ne doit pas toucher un homme doué de force et de raison peut entraîner une faible femme ou un pauvre vieillard. Telle considération qui ne peut arrêter le riche et le puissant, sera d'un grand poids pour celui que son indigence ou une position fâcheuse livre au caprice de ses semblables.

La contravention contractée par erreur, violence ou dol n'est point nulle *de plein droit*. Il faut la faire prononcer par les tribunaux.

Il y a cependant des nullités radicales qui n'ont pas besoin du concours de la justice, telles que celles du mariage contracté par le mort civilement.

SECTION II.

De la capavité des parties qui contractent.

Toute personne peut contracter si elle n'en est pas *déclarée incapable par la loi.*

Les incapables sont :

Les mineurs ;

Les femmes mariées ;

Les interdits ;

Les personnes pourvues d'un conseil par jugement;

Les personnes frappées de mort civile ;

Les condamnés par contumace.

De l'incapacité des mineurs.

D'après l'article 388 du Code civil, le mineur est l'individu, de l'un et de l'autre sexe, qui n'a point encore l'âge de vingt-un ans accomplis. Avant cette époque de a vie, on ne peut faire d'emprunt, vendre ni aliéner ses biens, les hypothéquer, donner main-levée d'inscriptions hypothécaires, procéder à un partage ou à une transaction.

Pour les autres actes, ceux de pure administration, ou ratifs au commerce, il importe de distinguer les deux époques d minorité : avant et après l'émancipation.

Le mineur est émancipé de plein droit par le mariage.

Le mineur non marié peut être émancipé par son père, ou, à défaut de père, par sa mère, lorsqu'il a atteint l'âge de *quinze ans révolus*. Cette émancipation s'opère par la seule déclaration du père ou de la mère, reçue par le juge de paix, assisté de son greffier.

Le mineur resté sans père ni mère peut aussi être émancipé, mais seulement à l'âge de *dix-huit ans accomplis*, si le conseil de famille l'en juge capable. Mais pour s'assurer de la vérité, les personnes qui contracteront avec les mineurs se disant émancipés de la sorte, devront se faire présenter le procès-verbal de la délibération, signé par le juge de paix. (Art. 476, 477, 478 Cod. civ.)

Le mineur non émancipé ne peut faire aucune espèce d'acte, même de simple administration. Ceux qui lui auraient payé une somme due seraient exposés à la payer une seconde fois. L'administration des biens du mineur appartient au tuteur.

Le mineur *âgé de seize ans* peut disposer par testament de la moitié des biens dont la loi donne la disposition aux majeurs. Cette exception à l'incapacité du mineur est contenue dans l'art. 904.

Le mineur émancipé peut faire tous les actes de pure administration et passer des baux qui n'excéderont pas neuf ans.

Le mineur émancipé peut se livrer aux commerce, et dans ce cas il est réputé majeur pour les faits relatifs à ce commerce. Ainsi il peut emprunter, hypothéquer ses immeubles. (Art. 6 du Code de C.)

Mais il faut qu'il soit dans les trois conditions suivantes :

1° Etre âgé de dix-huit ans accomplis ;

2° Avoir été préalablement autorisé par son père, ou par sa mère, en cas de décès, interdiction ou absence du père, ou, à défaut du père et de la mère, par une délibération du conseil de famille, homologuée par le tribunal civil ;

3° Avoir fait enregistrer et afficher l'acte d'autorisation au tribunal de commerce du lieu où il veut établir son domicile.

Pour tous les actes, autres que ceux que nous venons de spécifier, le mineur émancipé doit être assisté de son curateur.

L'administration du tuteur est soumise à certaines règles.

Les baux qu'il a passés pour un temps qui excède neuf années ne sont, après la cessation de la tutelle obligatoires pour le pupille ou ses héritiers, que pour le temps qui reste à courir, soit de la première période de neuf ans, si les parties s'y trouvent encore, soit de la seconde, de manière que le fermier ou locataire n'ait que le droit d'achever la jouissance de la période de neuf ans où il se trouve.

Les baux, quelle que soit leur durée, que le tuteur a passés ou renouvelés plus de trois ans avant l'expiration du bail courant, s'il s'agit de biens ruraux, et plus de deux ans avant la même époque, s'il s'agit de maisons, sont sans effet, à moins que leur exécution n'ait commencé avant la cessation de la tutelle.

Il y a besoin de l'autorisation du conseil de famille, pour :

Poursuivre l'expropriation forcée d'un immeuble ;

Provoquer au partage, n'y eût-il que des biens meubles à partager ;

Faire des réparations aux biens du pupille, dont le coût dépasserait les revenus de ce dernier ;

Acquérir ;

Prêter l'excédant de ses revenus à des intérêts inférieurs à l'intérêt légal ;

Emprunter ;

Hypothéquer les biens immeubles ;

Accepter une donation faite au mineur ;

Accepter ni répudier une succession (l'acceptation ne peut avoir lieu que sous bénéfice d'inventaire) ;

Transiger sur procès ;

Vendre un immeuble ;

Le tuteur ne peut en aucun cas acquérir les biens du mineur ;

De l'incapacité de la femme mariée.

Quel que soit le régime sous lequel la femme est mariée, elle ne peut, sans le concours de son mari, ner, hypothéquer, acquérir à titre gratuit ou onéreux, ester en jugement, être marchande publique.

Une fois l'autorisation donnée à la femme pour être marchande, elle peut s'engager pour fait de son commerce.

L'autorisation des tribunaux devra être invoquée comme suppléant celle du mari, dans les cas suivans :

Si le mari est mineur ou interdit ;

S'il est absent ;

S'il refuse d'autoriser sa femme. Dans ce cas le mari sera appelé devant le tribunal en chambre du conseil.

L'autorisation de justice sera nécessaire aussi dans le cas où la femme voudrait s'engager ou engager les biens de la communauté pour tirer son mari de prison, ou pour l'établissement de ses enfans pendant l'absence de son mari.

L'autorisation sera également nécessaire pour que la femme majeure puisse paraître en jugement, lorsque le mari est frappé d'une condamnation emportant peine afflictive ou infamante.

Néanmoins la femme séparée de biens peut s'obliger sans autorisation de mari, jusqu'à concurrence de ses revenus. Elle peut aliéner seule son mobilier (article 1449).

De l'incapacité des interdits et des personnes pourvues d'un conseil judiciaire.

L'interdit est ramené à la même incapacité que le mineur non émancipé. Ses biens sont administrés par un tuteur qui se conduit d'après les règles expliquées pour le mineur.

A côté [illegible] est le cas du conseil judiciaire.

Si la demande en interdiction n'a pas paru suffisamment légitimée aux yeux du tribunal, il peut être nommé à la personne dont l'interdiction était demandée un conseil sans l'assistance duquel elle ne peut à l'avenir plaider, transiger, recevoir, emprunter, donner quittance, aliéner ni grever ses biens d'hypothèques.

Le conseil judiciaire est d'ordinaire donné aux prodigues, aux vieillards dont les facultés se trouvent affaiblies, et à toutes personnes qui peuvent courir le risque de se livrer ou d'être entraînées à des erreurs de conduite préjudiciables à leur fortune. Le conseil judiciaire n'a pas mandat d'agir pour la personne à laquelle il est attaché par jugement, mais seulement de l'assister dans ses actes de gestion.

De l'incapacité des personnes frappées de mort civile et de celle des condamnés par contumace.

La mort civile a lieu par suite d'une condamnation à mort et aux travaux forcés à perpétuité.

La mort civile est encourue du jour de l'exécution du jugement, dans le cas où il a été contradictoire, c'est-à-dire rendu en présence de l'accusé.

Elle n'a lieu dans le cas de contumace qu'après l'expiration des délais accordés au contumace pour se représenter. Ce délai est de cinq ans.

De là, deux espèces d'incapacités pour les contumaces :

Celle qui résulte de la privation de *l'exercice* de leurs droits civils, avant les cinq ans ; et l'incapacité résultant de la perte absolue de ces droits mêmes.

Par la dernière, il perd la propriété de tous les biens qu'il possédait au moment où il a encouru la mort civile ; sa succession est ouverte au profit de ses héritiers.

Il ne peut ni recueillir par succession, ni transmettre à titre gratuit ce qu'il a acquis depuis ; il ne peut ni disposer, ni recevoir par donation ou par testament, si ce n'est pour cause d'alimens.

Il ne peut être témoin dans un acte solennel ou authentique, il ne peut procéder en justice que par le ministère d'un curateur spécial.

Il est incapable de contracter aucun mariage qui produise aucun effet civil. S'il est marié, son mariage est dissous quand à tous ces effets civils. Son épouse et ses héritiers peuvent exercer respectivement les droits et les actions auxquels sa mort naturelle donnerait ouverture.

La seconde espèce d'incapacité des condamnés à mort est celle qui consiste dans la simple privation de l'exercice des droits civils pendant les cinq années qui suivent l'exécution par effigie du contumace. Pendant ces cinq années, ses biens sont régis et ses droits exercés comme ceux des absens, jusqu'à ce qu'il se présente ou soit arrêté durant ce délai.

Ainsi le contumace est représenté, dans les inventaires, comptes, partages et liquidations, par un notaire que commet le tribunal de première instance. Le ministère public est chargé de veiller à ses intérêts, et doit être entendu sur toutes les demandes qui le concernent ; si ses biens exigent une gestion, il est pourvu par la nomination d'un curateur.

Si le condamné par contumace se représente ou est pris avant les cinq années, le jugement est anéanti de plein droit ; le condamné recueille toutes les successions et les legs ouverts à son profit pendant son absence, et jusqu'à l'exécution du jugement, quand même il emporterait encore mort civile.

Si le condamné par contumace décède dans les cinq ans, il meurt dans l'intégrité de ces droits.

La mort civile n'empêche pas le condamné d'acquérir, ni de vendre, échanger ou administrer ce qu'il a acquis à titre onéreux, depuis la mort civile ; le droit d'acquérir résulte implicitement des articles 25 et 33, puisque ces articles supposent que le condamné a pu acquérir des biens depuis la mort civile.

Les condamnés à la peine des travaux forcés à temps, ou de la réclusion, sont, pendant la durée de leur peine, en état d'interdiction légale, un curateur gère et administre leurs biens.

Pendant la durée de la peine il ne peut leur être remis aucune somme, aucune provision, aucune portion de leurs revenus.

Après l'expiration de la peine, ils ne peuvent jamais être ni jurés, ni experts, ni témoins dans les actes, ni déposer en justice, autrement que pour y donner de simples renseignemens, et sans prêter serment.

SECTION III.

De l'objet et de la matière des contrats.

Tout contrat a pour objet une *chose* qu'une partie s'oblige à donner, ou qu'une partie s'oblige à faire ou à ne pas faire.

Il n'y a que les choses qui sont dans le commerce qui puissent être l'objet des contrats, dit l'art. 1128 du Code civil. Par le mot *chose*, il ne faut pas entendre seulement les biens corporels, c'est-à-dire ceux qui, ayant un corps peuvent être aperçus par les sens, comme une somme en espèces métalliques, une terre, une maison, un troupeau de moutons, etc., mais encore les biens incorporels qui ne peuvent être aperçus que par l'entendement, comme les créances, l'usufruit, un droit de servitude, de privilége, d'hypothèque, de gage, etc.

Les choses qui sont dans le commerce, sont tous les biens et droits appartenant aux particuliers, et dont ceux-ci ont la libre disposition.

Dès lors sont hors du commerce :

Les choses qui appartiennent au dommaine public; elles ne peuvent pas même être aliénées par le gouvernement, si ce n'est en certains cas et sous certaines conditions, ou en vertu d'une loi spéciale.

Les chemins, routes et rues à la charge de l'état, les fleuves et les rivières navigables ou flottables, les rivages, lais et relais de la mer, les ports, les hâvres, les rades, et généralement toutes les portions du territoire français qui ne sont pas susceptibles d'une propriété privée, sont considérés comme des dépendances du domaine public.

Les ports, murs, fossés, remparts des places de guerre et des forteresses, font aussi partie du domaine public.

Il en est de même des terrains, des fortifications et remparts des places qui ne sont plus places de guerre; ils appartiennent à l'état, s'ils n'ont été valablement aliénés, ou si la propriété n'en a pas été prescrite contre lui. Les biens appartenant à des communes sont également hors du commerce, en ce sens qu'il ne peuvent être aliénés qu'en vertu d'un décret spécial.

Le Code civil, dans son article 1129, impose une seconde condition à l'objet qui doit former la matière du contrat. *Il faut*, dit-il, *que l'obligation ait pour objet une chose au moins déterminée quant à son espèce.*

Ainsi l'acte par lequel je m'obligerais à vendre quelque chose, sans déterminer quelle est cette chose, serait nul. En effet je pourrais ensuite offrir une chose de si peu de valeur, qu'elle serait sans intérêt pour celui envers qui je me serais lié.

Mais l'article précité ajoute : *La quotité de la chose peut être incertaine.* Ainsi je puis vendre, en général, un bœuf, un mouton, une pièce de vin, sans désigner dans mon étable le bœuf ou le mouton que je livrerai, sans spécifier la qualité du vin. En ce cas, les principes de jurisprudence établissent que, pour être libéré, je ne suis pas tenu de donner la chose de la meilleure espèce; mais aussi que je ne puis la donner de la plus mauvaise.

Les choses futures ou qui n'existent point encore peuvent être l'objet d'une obligation. On peut vendre valablement le blé, le vin, les huiles de la récolte prochaine, les veaux d'une vache qui n'a point encore mis bas.

La loi a mis cependant une exception à cette règle, puisée dans le respect dû aux bonnes mœurs. Elle ne permet pas de vendre une succession future, ou d'y renoncer, ou de faire une stipulation sur une pareille succession, même avec le consentement de la personne qui doit laisser la succession (art. 1130).

La loi prononçant une incapacité pour les mineurs, les interdits et les femmes mariées, à l'égard de leurs biens meubles et immeubles, il faut en bien connaître la nature et la désignation.

Des biens meubles, d'après les articles 531 *et* 532.

Les biens meubles, en général, sont ceux qui peuvent être transportés d'un lieu dans un autre. Cependant il y a des choses qui ne sont meubles que par la détermination de la loi, et à qui, par conséquent, ne peut s'appliquer cette définition.

Sont meubles :

Les bateaux, bacs, navires, moulins et bains sur bateaux, et généralement toutes usines non fixées par des piliers, et ne faisant point partie de la maison. La saisie de quelques-uns de ces objets est cependant soumise, à raison de leur importance, à des formes particulières.

Les matériaux provenant de la démolition d'un édifice, ceux assemblés pour en construire un nouveau, sont meubles jusqu'à ce qu'ils soient employés par l'ouvrier dans une construction.

Sont meubles, par la détermination de la loi, dit l'article 529 du Code civil, les obligations et actions qui ont pour objet des sommes exigibles ou des effets mobiliers, les actions ou intérêts dans les compagnies de finance, de commerce ou industrie, encore que des immeubles dépendans de ces entreprises appartiennent aux compagnies. Ces actions ou intérêts sont réputés meubles à l'égard de chaque associé seulement, tant que dure la société.

Sont aussi meubles, par la détermination de la loi, ajoute le même article, les rentes perpétuelles ou viagères, soit sur l'état, soit sur des particuliers.

On ne donne pas, en droit, la même acception aux mots *meuble*, *biens meubles*, *mobilier*, *effets mobiliers*.

Le mot *meuble*, employé seul dans les dispositions de la loi ou de l'homme, sans autre addition ni désignation, ne comprend pas l'argent comptant, les pierreries, les dettes actives, les livres, les médailles, les instrumens de sciences, d'arts et métiers, le linge de corps, les chevaux, équipages, armes, grains, vins, foins et autres denrées; il ne comprend pas aussi ce qui fait l'objet d'un commerce.

Les mots *meubles meublans* ne comprennent que les meubles destinés à l'usage et à l'ornement des appartemens: comme tapisseries, lits, siéges, glaces, pendules, tables, porcelaines et autres objets de cette nature.

Les tableaux et les statues qui font partie d'un appartement y sont aussi compris, mais non les collections de tableaux qui peuvent être dans les galeries ou pièces particulières.

Il en est de même des porcelaines: celles seulement qui font partie de la décoration d'un appartement sont comprises sous la dénomination de *meubles meublans*.

L'expression *biens meubles*, celle de *mobilier* ou d'*effets mobiliers*, comprennent généralement tout ce qui est censé meuble, d'après les règles ci-dessus établies. (Art. 535 du C. civ.)

La vente ou le don d'une maison meublée ne comprend que la maison avec ses meubles meublans. (Même article.)

La vente ou le don d'une maison, avec tout ce qui s'y trouve, ne comprend pas l'argent comptant, ni les dettes actives et autres droits dont les titres peuvent être déposés dans la maison, tous les autres effets mobiliers y sont compris.

Des biens immeubles.

Les immeubles par leur nature, sont ceux qui ne peuvent être mus ni transportés d'un lieu dans un autre; mais ils peuvent l'être encore par leur destination, par l'objet auquel ils s'appliquent, ou par la détermination de la loi.

Les fonds de terre et les bâtimens sont immeubles par leur nature.

Les moulins à vent ou à eaux, fixes sur piliers, et faisant partie du bâtiment, sont aussi immeubles par leur nature; les moulins à eau bâtis sur pilotis sont immeubles, parce qu'ils sont adhérens au sol : quant à ceux qui sont assis sur bateaux ils en suivent la nature, et sont meubles comme eux.

Lés récoltes pendantes par les racines, c'est-à-dire non coupées, et les fruits des arbres non encore recueillis sont immeubles.

Les animaux que le propriétaire du fonds livre au fermier ou au métayer pour la culture, estimés ou non, sont censés immeubles tant qu'ils demeurent attachés au fonds par l'effet de la convention.

Les tuyaux servant à la conduite des eaux dans une maison sont immeubles, et font partie du fonds auquel ils sont attachés.

Les objets que le propriétaire d'un fonds y a placés pour le service et l'exploitation de ce fonds, sont immeubles par destination.

Ainsi, sont immeubles par destination, quand ils ont été placés pour le service et l'exploitation du fonds;

Les animaux attachés à la culture

Les ustensiles aratoires;

Les semences données aux fermiers ou colons partiaires ;

Les pigeons de colombiers ;

Les lapins de garennes ;

Les ruches à miel ;

Les poissons des étangs ;

Les pressoirs, chaudières, alambics, cuves et tonnes ;

Les ustensiles nécessaires à l'exploitation des forges, papeteries et autres usines ;

Les pailles et engrais.

Tous les effets mobiliers que le propriétaire a attachés au fonds à perpétuelle demeure, sont immeubles par destination.

Le propriétaire est censé avoir attaché à son fonds des effets mobiliers à perpétuelle demeure, quand ils y sont scellés en plâtre, ou à chaux, ou à ciment, ou lorsqu'ils ne peuvent être détachés sans être fracturés et détériorés, ou sans briser et détériorer la partie du fonds à laquelle ils sont attachés.

Les glaces d'un appartement sont censées mises à perpétuelle demeure, lorsque le parquet sur lequel elles sont attachées fait corps avec la boiserie.

Il en est de même des tableaux et autres ornemens.

Quant aux statues, elles sont immeubles lorsqu'elles sont placées dans une niche pratiquée exprès pour les recevoir, encore qu'elles puissent être enlevées sans fractures ou détérioration.

SECTION IV.

De la cause dans les obligations.

L'obligation sans cause, ou sur une fausse cause, ou sur une cause illicite, ne peut avoir aucun effet.

Il n'est pas nécessaire cependant pour la validité de la convention, que la cause soit exprimée.

L'obligation est sans cause, lorsque le contractant n'a eu en vue ni d'acquérir quelque chose ou quelque droit, ni de se libérer de quelque dette, ni d'exercer un acte de libéralité ou de bienfaisance ; alors, en effet, c'est une action sans motif, sans but et sans objet ; ce ne peut être que le fait d'un insensé.

Une cause est fausse, lorsque celle qu'on suppose n'existe pas : si je souscris, par exemple, un engagement pour me libérer d'une dette qui n'existe pas ou que j'ai déjà acquittée.

La cause est illicite, quand elle est prohibée par la loi, quand elle est contraire aux bonnes mœurs ou à l'ordre public.

CHAPITRE II.

DES ACTES SOUS SEING-PRIVÉ.

L'acte sous seing-privé est le contrat qui est fait sans l'intervention d'un officier public. C'est en quoi il diffère de l'acte authentique. L'acte sous seing-privé a la même force et la même foi entre ceux qui l'ont souscrit et entre leurs héritiers et ayant cause. (Art. 1322).

Il est inutile d'énumérer tous les actes que l'on peut faire sous seing-privé ; il sera plus court de dire qu'il en est quatre sortes seulement qui doivent être passées devant notaires, à peine de nullité :

Les donations entre-vifs,

Les testamens mystiques ou publics,

Les contrats de mariage,

Le consentement d'hypothèques.

Tous les autres actes, tant civils que commerciaux, peuvent être passés sous seing-privé.

D'après l'article 1328 du Code civil, les actes privés n'ont date certaine que du jour où ils ont été enregistrés, ou du jour où ils ont été reconnus en justice.

Il importe donc de les soumettre à la formalité de l'enregistrement toutes les fois qu'on aura des doutes sur la probité ou la solvabilité de la partie avec qui l'on contractera.

D'après la loi du 13 brumaire an 7, tous les actes sous signature privée doivent être écrits sur papier timbré : ceux pour lesquels cette formalité a été négligée ne peuvent être produits en justice pour recevoir leur exécution.

Conditions constitutives sous seing-privé.

Les conditions constitutives de l'acte sous seing-privé sont établies dans les articles suivans du Code civil.

Les actes sous seing-privé qui contiennent des conventions synallagmatiques ne sont valables qu'autant qu'ils ont été faits en autant d'originaux qu'il y a de parties ayant un intérêt distinct.

Il suffit d'un original pour toutes les personnes ayant le même intérêt.

Chaque original doit contenir la mention du nombre des originaux qui ont été faits.

Néanmoins le défaut de mention que les originaux ont été faits doubles, triples, etc., ne peut être opposé par celui qui a executé de sa part la convention portée dans l'acte (art. 1325).

Le billet ou la promesse sous seing-privé par lequel une seule partie s'engage envers l'autre à lui payer une somme d'argent ou une chose appréciable, doit être écrit en entier de la main de celui qui le souscrit, ou du moins il faut qu'outre sa signature il ait écrit de sa main un *bon* ou un *approuvé* portant en toutes lettres la somme ou la quantité de la chose, excepté dans le cas où l'acte émane de marchands, artisans, laboureurs, vignerons, gens de journée et de service (art. 1326).

Lorsque la somme exprimée au corps de l'acte est différente de celle exprimée au *bon*, l'obligation est présumée n'être que de la somme moindre, lors même que l'acte, ainsi que le *bon*, sont écrits en entier de la main de celui qui s'est obligé, à moins qu'il ne soit prouvé de quel côté est l'erreur (art. 1327).

L'article 1328, établissant que les actes sous seing-privé n'ont de date *contre les tiers* que du jour où ils sont *enregistrés*, il importe de faire connaître la législation de l'enregistrement et du timbre.

LEGISLATION DE L'ENREGISTREMENT ET DU TIMBRE.

EXTRAIT *de la loi sur le Timbre.*

Du 13 brumaire an VII (3 nov. 1798.)

Art. 1er. La contribution du timbre est établie sur tous les papiers destinés aux actes civils et judiciaires, et aux écritures qui peuvent être produites en justice et y faire foi.

Art. 2. Cette contribution est de deux sortes :

La première est le droit de timbre imposé et tarifé en raison de la dimension du papier dont il est fait usage ;

La seconde est le droit de timbre créé pour les effets négociables ou de commerce, et graduée en raison des sommes à y exprimer, sans égard à la dimension du papier.

Art. 12. Sont assujettis au droit du timbre établi, en raison de la dimension, tous les papiers à employer pour les actes et écritures soit publics, soit privés ; savoir :

... Les pétitions et mémoires, même en forme de lettres, présentés aux autorités, administrations et établissemens publics.

Les actes entre particuliers sous signature privée, et le double des comptes de recette ou de gestion particulière, et généralement tous actes et écritures, extraits, copies, expéditions, soit publics, soit privés, devant ou pouvant faire titre, ou être produits pour obligation, décharge, justification, demande ou défense ;

2° Ceux des compagnies et sociétés d'actionnaires ;

Ceux des établissemens particuliers et des maisons particulières d'éducation.

Ceux des agens d'affaires, directeurs, régisseurs, syndics de créanciers et entrepreneurs de travaux et fournitures ;

Ceux des banquiers, négocians, armateurs, marchands, fabricans, commissionnaires, agens de change, courtiers, ouvriers et artisans ;

Ceux des aubergistes, maîtres d'hôtels garnis et logeurs, sur lesquels ils doivent inscrire les noms des personnes qu'ils logent, et généralement tous les livres, registres et minutes de lettres qui sont de nature à être produits en justice et dans le cas d'y faire foi, ainsi que les extraits, copies et expéditions qui sont délivrés desdits livres et registres.

13. Tout acte fait et passé en pays étranger, ou dans les îles et colonies françaises où le timbre n'aurait pas encore été établi, sera soumis au timbre avant qu'il puisse en être fait aucun usage en France, soit dans un acte public, soit dans une déclaration quelconque, soit devant une autorité judiciaire ou administrative.

14. Sont assujettis au droit de timbre, en raison des sommes et valeurs, les billets à ordre ou au porteur, les inscriptions, mandats, mandemens, ordonnances, et tous autres effets négociables ou de commerce, même les lettres de change tirées par seconde, troisième et *duplicata*, et ceux faits en France et payables chez l'étranger.

15. Les effets négociables venant de l'étranger, ou des îles et colonies françaises où le timbre n'aurait pas encore été établi, seront, avant qu'ils puissent être négociés, acceptés ou acquittés en France, soumis au timbre ou au *visa pour timbre*, et le droit sera payé d'après la quotité fixée par l'art. 8 de la présente.

21. L'empreinte du timbre ne pourra être couverte d'écritures ni altérée.

22. Le papier timbré qui aura été employé à un acte quelconque ne pourra plus servir pour un autre acte, quand même le premier n'aurait pas été achevé.

23. Il ne pourra être fait ni expédié deux actes à la suite l'un de l'autre sur la même feuille de papier timbré, nonobstant tout usage ou règlement contraire.

Sont exceptés les ratifications des actes passés en l'absence des parties, les quittances de prix de ventes et celles de remboursement de contrats de constitution ou obligation, les inventaires, procès-verbaux et autres actes qui ne peuvent être consommés dans un même jour et dans la même vacation, les procès-verbaux de reconnaissance et levée de scellés qu'on pourra faire à la suite du procès-verbal d'apposition, et les significations des huissiers, qui peuvent également être écrites à la suite des jugemens et autres pièces dont il est délivré copie.

Il pourra aussi être donné plusieurs quittances sur une même feuille de papier timbré, pour à compte d'une seule et même créance ou d'un seul terme de fermage ou loyer.

Toutes autres quittances qui seront données sur une même feuille de papier timbré n'auront pas plus d'effet que si elles étaient sur papier non timbré.

30. Les ecritures privées qui auraient été faites sur papier non timbré, sans contravention aux lois du timbre, quoique non comprises nommément dans les exceptions, ne pourront être produites en justice sans avoir été soumises au timbre extraordinaire ou au *visa pour timbre*, à peine d'une amende de trente francs, outre le droit de timbre.

EXTRAIT *de la loi sur l'enregistrement, du* 22 *frimaire an* 7 (12 *décembre* 1798).

Art. 1er. Les droits d'enregistrement seront perçus d'après les bases et suivant les règles déterminées par la présente.

2. Les droits d'enregistrement sont *fixes* ou *proportionnels*, suivant la nature des actes et mutations qui y sont assujettis.

3. Le droit fixe s'applique aux actes soit civils, soit judiciaires ou extrajudiciaires, qui ne contiennent ni obligation, ni libération, ni condamnation, collocation ou liquidation de sommes et valeurs, ni transmission de propriété, d'usufruitier ou de jouissance de biens meubles ou immeubles.

Il est perçu aux taux réglés par l'article 68 de la présente.

4. Le droit proportionnel est établi pour les obligations, libérations, condamnations, collocations ou liquidations des sommes et valeurs, et pour toute transmission de propriété, d'usufruit ou de jouissance de biens meubles et immeubles, soit entrevifs, soit par décès.

Ses quotités sont fixées par l'article 69 ci-après.

Il est assis sur les valeurs.

22. Les actes qui, à l'avenir, seront faits sous signature privée, et qui porteront transmission de propriété ou d'usufruit de biens immeubles, et les baux à ferme ou à loyer, sous-baux, cessions et subrogations de baux, et les engagemens, aussi sous signature privée, de biens de même nature, seront enregistrés dans les trois mois de leur date.

Pour ceux des actes de ces espèces qui seront passés en pays étranger, ou dans les îles ou colonies françaises où l'enregistrement n'aurait pas encore été établi, le délai sera de six mois, s'ils sont faits en Europe; d'une année, si c'est en Amérique, et de deux années, si c'est en Asie ou en Afrique.

26. Les notaires ne pourront faire enregistrer leurs actes qu'aux bureaux dans l'arrondissement desquels ils résident.

Les actes sous signature privée, et ceux passés en pays étranger, pourront être enregistrés dans tous les bureaux indistinctement.

29. Les droits des actes à enregistrer seront acquittés, savoir :

Par les parties, *pour les actes sous signature privée et ceux passés en pays étranger, qu'elles auront à faire enregistrer; pour les ordonnances sur requêtes ou mémoires, et les certificats qui leur sont immédiatement délivrés par les juges et pour les actes et décisions qu'elles obtiennent des arbitres, si ceux-ci ne les ont pas fait enregistrer;*

Et par les héritiers, légataires et donataires, leurs tuteurs et curateurs, et les exécuteurs testamentaires, *pour les testamens et autres actes de libéralité à cause de mort.*

38. Les actes sous signature privée; et ceux passés en pays étranger, dénommés dans l'art. 22, qui n'auront pas été enregistrés dans les délais déterminés, seront soumis au double droit d'enregistrement.

Il en sera de même pour les testamens non enregistrés dans le délai.

62. La date des actes sous signature privée ne pourra cependant être opposée à la république pour prescription des droits et des peines encourues, à moins que ces actes n'aient acquis une date certaine par le décès de l'une des parties, ou autrement.

Droits fixes.

68. Les actes compris sous cet article seront enregistrés, et les droits payés ainsi qu'il suit; savoir :

§ Ier. *Actes sujets à un droit fixe d'un franc.*

4° Les acquiescemens purs et simples, quand ils ne sont point faits en justice.

10° Les attestations pures et simples.

12° Les autorisations pures et simples.

13° Les bilans.

14° Les brevets d'apprentissage qui ne contiennent ni obligation des sommes et valeurs mobilières, ni quittance.

15° Les cautionnemens de personnes à représenter en justice.

16° Les certifications de cautions et de cautionnemens.

17° Les certificats purs et simples, ceux de vie par chaque individu, et ceux de résidence.

19° Les compromis qui ne contiennent aucune obligation de sommes et valeurs donnant lieu au droit proportionnel.

20° Les connaissemens ou reconnaissances de chargemens par mer, et les lettres de voiture.

Il est dû un droit par chaque personne à qui les envois sont faits.

21° Les consentemens purs et simples.

22° Les décharges également pures et simples, et les récépissés de pièces.

23° Les déclarations, aussi pures et simples, en matière civile.

29° Les devis d'ouvrages et entreprises qui ne contiennent aucune obligation de somme et valeur, ni quittance.

31° Les lettres missives qui ne contiennent ni obligation, ni quittance, ni aucune autre convention donnant lieu au droit proportionnel.

36° Les procurations et pouvoirs pour agir ne contenant aucune stipulation ni clause donnant lieu au droit proportionnel.

39° Les reconnaissances aussi pures et simples ne contenant aucune obligation ni quittance.

45° Les transactions, en quelque matière que ce soit, qui ne contiennent aucune stipulation de somme et valeur, ni dispositions soumises par la présente à un plus fort droit d'enregistrement.

§ III. *Actes sujets à un droit fixe de trois francs.*

4° Les actes de société qui ne portent ni obligation ni libération, ni transmission de biens meubles ou immeubles entre les associés ou autres personnes.

Et les actes de dissolution de société qui sont dans le même cas.

5° Les testamens et tous autres actes de libéralité qui ne contiennent que des dispositions soumises à l'avènement du décès, et les dispositions de même nature qui sont faites par contrat de mariage entre les futurs ou par d'autres personnes.

Le droit pour ces dispositions par acte de mariage sera perçu indépendamment de celui du contrat.

§ IV. *Actes sujets à un droit fixe de cinq francs.*

1° Les abandonnemens de biens, soit volontaires, soit forcés, pour être vendus en direction.

DROITS PROPORTIONNELS.

69. Les actes et mutations compris sous cet article seront enregistrés, et les droits payés suivant les quotités ci-après ; savoir :

§ Ier. *Vingt-cinq centimes par cent francs.*

1° Les baux de pâturages et nourriture d'animaux.

Le droit sera perçu sur le prix cumulé des années du bail ; savoir : à raison de vingt-cinq centimes par cent francs sur les deux premières années et du demi-droit sur les années suivantes.

2° Les baux à cheptel et reconnaissance de bestiaux.

Le prix sera perçu sur le prix exprimé dans l'acte, ou à défaut, d'après l'évaluation qui sera faite du bétail.

§ II. *Cinquante centimes par cent francs.*

1° Les abandonnemens faits d'assurance ou grosse aventure.

Le droit est perçu sur la valeur des objets abandonnés.

En temps de guerre, il n'est dû qu'un demi-droit.

2° Les actes et contrats d'assurance.

Le droit est dû sur la valeur de la prime.

En temps de guerre, il n'y a lieu qu'au demi-droit.

3° Les adjudications au rabais et marchés pour constructions, réparations, entretien, approvisionnemens et fournitures, dont le prix doit être payé par le trésor national, ou par les administrations centrales et municipales, ou par des établissemens publics

Le droit est dû sur la totalité du prix.

Et celles au rabais de la levée des contributions directes.

Le droit est assis sur la somme à laquelle s'élève la remise du percepteur, d'après le montant du rôle.

4° Les atermoiemens entre débiteurs et créanciers.

Le droit est perçu sur les sommes que le débiteur s'oblige de payer.

5° Les baux ou conventions pour nourriture de personnes, lorsque les années sont limitées.

Le droit est dû sur le prix cumulé des années du bail ou de la convention ; mais si la durée est illimitée, l'acte sera assujetti au droit réglé par le § 5, nombre 2, ci-après.

S'il s'agit de baux de nourriture de mineurs, il ne sera perçu qu'un demi-droit, ou vingt-cinq centimes par cent francs, sur le montant des années réunies.

6° Les billets à ordre, les cessations d'actions et coupons d'actions mobilières des compagnies et sociétés d'actionnaires, et tous autres effets négociables de particuliers ou de compagnies, à l'exception des lettres de change tirées de place en place.

Les effets négociables de cette nature pourront n'être présentés à l'enregistrement qu'avec les protêts qui en auront été faits.

7° Les brevets d'apprentissage, lorsqu'ils contiendront stipulation de sommes ou valeurs mobilières, payées ou non.

8° Les cautionnemens de sommes et objets mobiliers, les garanties mobilières et indemnités de même nature.

Le droit sera perçu indépendamment de celui de la disposition que le cautionnement, la garantie ou l'indemnité aura pour objet, mais sans pouvoir l'excéder.

Il ne sera perçu qu'un demi-droit pour les cautionnemens des comptables envers le gouvernement.

§ III. *Un franc pour cent francs.*

1° Les adjudications au rabais et marchés, autres que ceux compris dans le paragraphe précédent, pour constructions, réparations et entretien, et tous autres objets mobiliers susceptibles d'estimation, faits entre particuliers; qui ne contiendront ni vente, ni promesse de livrer des marchandises, denrées ou autres objets mobiliers.

2° Les baux à ferme ou à loyer d'une seule année, ceux faits pour deux années.

Le droit sera perçu sur le prix cumulé de deux années.

Ceux d'un plus long-temps, pourvu que leur durée soit limitée.

Le droit sera également perçu sur le prix cumulé, savoir : pour les deux premières années, à raison d'un franc par cent francs, et pour les autres années, sur le pied de vingt-cinq centimes par cent francs.

Et les sous-baux, subrogations, cessions et rétrocessions de baux.

Le droit sera liquidé et perçu sur les années à courir, comme il est établi pour les baux ; savoir : à raison d'un pour cent sur les deux premières années restant à courir, et de vingt-cinq centimes par cent francs pour les autres années.

Seront considérés, pour la liquidation et le paiement du droit, comme baux de neuf années, ceux faits pour trois, six ou neuf ans.

Les baux de biens nationaux sont assujettis aux mêmes droits.

3° Les contrats, transactions, promesses de payer, arrêtés de compte, billets, mandats ; les transports, cessions et délégations de créances à terme ; les délégations du prix stipulées dans un contrat, pour acquitter des créances à terme envers un tiers sans énonciation de titre enregistré, sauf, pour ce cas, la restitution dans le délai prescrit, s'il est justifié d'un titre précédemment enregistré ; les reconnaissances, celles de dépôts de sommes chez des particuliers, et tous autres actes ou écrits qui contiendront obligations de sommes, sans libéralité, et sans que l'obligation soit le prix d'une transmission de meubles ou immeubles non enregistrée.

§ V. *Deux francs par cent francs.*

2° Les constitutions de rentes soit perpétuelles, soit viagères, et de pensions à titre onéreux ; les cessions, transports et délégations qui en sont faits au même titre, et les baux de biens meubles faits pour un temps illimité.

3° Les échanges de biens immeubles

Le droit sera perçu sur la valeur d'une des parts lorsqu'il n'y aura aucun retour : s'il y a retour, le droit sera payé à raison de deux francs par cent francs, sur la moindre portion, et comme pour vente sur le retour ou la plus-value.

15° Les lettres de change tirées de place en place, celles venant de l'étranger ou des colonies françaises, les endossemens et acquits des effets, et les endossemens et acquits des billets à ordre et autres effets, négociables.

16° Les actes passés en formes authentiques avant l'établissement de l'enregistrement, dans l'ancien territoire de la France, et ceux passés également en forme authentique, ou sous signature privée, dans les pays réunis, et qui y ont acquis une date certaine suivant les lois de ce pays, ainsi que les mutations qui se sont opérées par décès, avant la réunion desdits pays.

Extrait *de la loi qui assujettit au timbre les avis imprimés, etc.*

Du 6 prairial an VII (25 mai 1799).

5. Les lettres de voiture, connaissemens, chartes-parties et police d'assurance, seront inscrits à l'avenir sur du papier du timbre d'un franc.

6. A compter de la publication de la présente, les billets et obligations non négociables, et les mandats à terme ou de place en place, ne pourront être faits que sur papier du timbre proportionnel, comme il en est pour les billets à ordre, lettres de change et autres effets négociables, et sous la même peine.

Loi *qui dispense des formalités du timbre et de l'enregistrement, les actes concernant la liquidation de la dette publique.*

Du 26 frimaire an VIII (17) décembre 1799).

Art. 1er. Les actes sous seing-privé tendant uniquement à la liquidation de la dette publique, et en tant qu'ils servent aux opérations de la liquidation, sont dispensés des formalités du timbre et de l'enregistrement.

2. Les actes des administrations et commissaires liquidateurs, relatifs aux dites liquidations, sont dispensés des mêmes formalités.

3. Les lois contraires à la présente sont rapportées.

Extrait *de la loi relative à la perception des droits d'enregistrement.*

Du 27 ventôse an IX (18 mars 1801).

8. Le droit d'enregistrement des baux à ferme ou à loyer et des sous-baux, subrogations, cessions et rétrocessions de baux, réglé par l'art. 69 de la loi du 22 frimaire, § III, nº 2, à un franc par cent francs sur le montant des deux premières années, et à vingt-cinq centimes par cent francs sur celui des autres années, est réduit à soixante-quinze centimes par cent francs sur les deux premières années, et à vingt centimes par cent francs sur le montant des années suivantes.

S'il est stipulé, pour une ou plusieurs années, un prix différent de celui des autres années du bail ou de la location, il sera formé un total du prix de toutes les années, et il sera divisé également, suivant leur nombre, pour la liquidation du droit.

EXTRAIT *du décret concernant le timbre des lettres de voiture, connaissemens, chartes-parties et polices d'assurances.*

Du 3 janvier 1809.

Art. 1er Les lettres de voiture, connaissemens, chartes-parties et police d'assurances continueront d'être assujettis au timbre de dimension. Les parties, pour rédiger ces actes, pourront se servir de telle dimension de papier timbré qu'elles jugeront convenable, sans être tenues d'employer exclusivement à cet usage du papier du timbre d'un franc.

2. Ne sont point assujettis à se pourvoir de lettres de voiture timbrées les propriétaires qui font conduire par leurs voituriers et propres domestiques ou fermiers les produits de leurs récoltes.

DÉCRET *portant que les révocations de procurations et de testamens pourront être faites et expédiées sur la même feuille que ces actes.*

Du 15 juin 1832.

Art. 1er A dater de la publication du présent décret, les révocations, soit des procurations, soit des testamens, jouiront de l'exception accordée par les premier et deuxième alinéas de l'art. 23 de la loi du 13 brumaire an 7 sur le timbre.

En conséquence, elles pourront être faites et expédiées sur la même feuille que ces actes.

EXTRAIT *de la loi sur les Finances*

Du 28 avril 1816.

Art. 43. Seront sujets au droit fixe de deux francs :

5° Les autorisations pures et simples ;

6° Les certificats de cautions et de cautionnemens ;

7° Les consentemens purs et simples ;

8° Les décharges également pures et simples, et les récépissés de pièces ;

14° Les lettres missives qui ne contiennent ni obligation, ni quittance, ni aucune autre convention donnant lieu au droit proportionnel ;

15° La nomination d'experts hors jugement ;

17° Les procurations et pouvoirs pour agir, ne contenant aucune stipulation ni clause donnant lieu au droit proportionnel ;

19° Les reconnaissances pures et simples ne contenant aucune obligation ni quittance.

44. Seront sujets au droit fixe de trois francs :

2° Les compromis ou nominations d'arbitres, qui ne contiennent aucune obligation de sommes et valeurs donnant lieu au droit proportionnel ;

6° Les connaissances ou reconnaissances de chargemens par mer ;

8° Les transactions, en quelque matière que ce soit, qui ne contiennent aucune stipulation de sommes et valeurs, ni disposition soumise à un plus fort droit d'enregistrement.

45. Seront sujets au droit fixe de cinq francs :

4° Les testamens et tous autres actes de libéralité qui ne contiennent que des dispositions soumises à l'événement du décès, et les dispositions de même nature qui sont faites par contrat de mariage entre les futurs, ou par d'autres personnes ;

51. Seront sujets au droit d'un franc par cent francs :

1° Les abonnemens pour faits d'assurance ou grosse aventure ;

Le droit sera perçu sur la valeur des objets abandonnés.

En temps de guerre, il ne sera dû qu'un demi-droit

2° Les actes et contrats d'assurance :

Le droit sera perçu sur la valeur de la prime ;

En temps de guerre, il n'y aura lieu qu'au demi-droit.

Prescription des droits d'enregistrement.

Après deux années à compter du jour de l'enregistrement, il y a prescription pour la demande des droits d'enregistrement, s'il s'agit d'un droit non perçu par une disposition particulière dans un acte, ou d'un supplément de perception insuffisamment faite, ou d'une évaluation dans une fausse déclaration et pour la constater par voie d'expertise.

Les parties sont également non-recevables, après le même délai, pour toute demande en restitution des droits perçus. (Loi du 22 frimaire an 7, art. 61.)

La date des actes sous signature privée ne peut cependant être opposée à la république pour prescription des droits et peines encourus, à moins que ces actes n'aient acquis une date certaine par le décès de l'une des parties ou autrement. (Id. art. 62.)

De l'exécution des actes sous seing-privé.

L'acte sous seing-privé n'est pas exécutoire de plein droit, par cela seul qu'il est revêtu de toutes les formalités voulues par la loi ; il faut encore qu'un jugement en ordonne l'exécution.

La partie qui se refuse à accomplir un acte sous seing-privé sera donc assigné devant les tribunaux, suivant les règles ordinaires de la compétence, pour s'y voir condamner à l'exécution de l'acte qu'elle a souscrit.

Par suite du jugement intervenu par la contestation, l'acte sous seing-privé aura le même effet qu'un acte authentique passé devant un officier public. Il sera revêtu par-là de la force exécutoire que lui confère le jugement.

PARTIE PRATIQUE.

MODÈLES D'ACTES.

La variété des actes peut être aussi étendue que les rapports d'homme à homme sont nombreux. Ce serait un travail superflu et sans objet que d'en constater les modifications diverses. Les obligations se réduisent en définitive à payer, donner, faire ou ne pas faire quelque chose. C'est donc dans ce cadre que nous pouvons trouver toutes les solutions désirables.

Modèle d'obligation pour argent dû.

« Je soussigné D... (*nom, prénoms, profession et demeure*), reconnais devoir à M. B. (*nom, prénoms, profession et demeure*) la somme de (*désigner en toutes lettres la somme*), pour... (*exprimer la cause*), laquelle somme je promets et m'oblige lui rendre avec intérêts, à raison de cinq pour cent par an, *ou* sans intérêts, le... (*désigner la date du jour, du mois, de l'an*), *ou* à sa première réquisition, en un seul paiement. A..., ce (*la date du jour et de l'an*).

(*Signature.*)

Observation. Si l'acte n'est pas écrit de la main de l'obligé, il doit approuver l'écriture, mettre un *bon* en toutes lettres de la somme qui y est contenue. Il en est de même pour tous les autres actes.

« Approuvé l'écriture ci-dessus. Bon pour la somme de... (*désigner cette somme.*) »

d'autre obligation également pour argent dû.

« Je soussigné D... reconnais devoir à S... la somme de... laquelle somme de... je promets et m'engage lui rembourser dans un an de ce jour, avec intérêts à cinq pour cent, en quatre paiemens égaux, de chacun......, dont le premier s'effectuera le...; le second, le...; le troisième, le...; et le quatrième et dernier, le... A..., ce... » (*Signature.*)

Modèle d'engagement de paiement à des époques déterminées.

« Entre nous soussigné P...., d'une part;

» Et V...., d'autre part;

» A été convenu ce qui suit; savoir :

» Le sieur P...., créancier du sieur V.... de la somme de...., en vertu d'une obligation sous seing-privé, en date du....., enregistré à...., le... exigible dès maintenant, consent, pour faciliter au dit sieur N.... le paiement de cette somme par lui due, lui accorder un délai de deux ans, à partir de ce jour, à condition qu'il effectuera le paiement de la totalité de ladite somme en douze paiemens égaux de chacun...., de deux mois en deux mois à partir du.... et qu'il paiera les intérêts de ladite somme à raison de cinq pour cent, lesquels intérêts seront joints à chaque paiement, et diminueront a fur et à mesure des remboursemens du capital ; à condition, en outre, qu'à défaut du paiement desdites portions du capital et des intérêts aux époques fixées, la totalité de la somme mentionnée en l'obligation ci-dessus, et les intérêts échus seront exigibles de suite, nonobstant les délais accordés par le présent, lesquels, en ce cas, seront considérés comme non avenus et nuls.

» De son côté, le sieur V.... s'engage à l'exécution du présent, et promet d'y satisfaire en tout son contenu.

Ainsi arrêté, fait et signé double. A...., ce.... »

(Signature).

Modèle d'engagement de paiement pour dommages et intérêts.

« Entre nous soussignés D...., d'une part ;

» Et C...., d'autre part ;

» A été convenu de ce qui suit, savoir :

» Le sieur D.... consent restreindre à cinq cents francs la somme de mille francs, montant des dommages et intérêts qui lui ont été adjugés contre le sieur C...., par jugement contradictoire rendu par le tribunal de...., le...., à condition que ledit sieur C... paiera la somme de cinq cents francs en deux paiemens égaux, de chacun deux cent cinquante francs, dont le premier aura lieu dans un mois de ce jour, et le second un mois après ; parce que dans le cas où ledit sieur C.... n'effectuerait pas lesdits paiemens aux époques ci-dessus fixées, il serait déchu du bénéfice de la remise présentement faite, et le sieur D.... reprendrait tous ses droits contre ledit sieur C.... : à l'effet de quoi le jugement ci-dessus mentionné conservera toute sa force et vigueur jusqu'au dit paiement.

» De son côté, le sieur C.... s'engage au paiement ci-dessus fixé, promet d'y satisfaire aux époques déterminées, sous les peines de déchéance stipulées au présent.

» Fait et signé double. A...., ce.... »

(Signatures).

Modèle de promesse de livrer des ouvrages à une époque fixée.

« Entre nous soussignés, d'une part;

» Et d'autre part;

» A été convenu de ce qui suit, savoir :

» Le sieur .... promet fournir au sieur ...., dans le courant d'un mois, à partir de ce jour .... pièces de...., payables comptant au moment de la livraison; à raison de .... fr. par chaque pièce, et si, à l'expiration dudit mois, ledit sieur .... n'a pas fourni audit sieur.... le nombre des.... pièces mentionnées ci-dessus, il promet fournir, dans le courant du mois suivant, ce qui restera pour compléter le nombre promis au sieur .... ; mais alors le prix de chacune de ces pièces ne sera plus que de .... francs au lieu de .... francs.

» Si le sieur..., à l'époque des livraisons, n'en effectuait pas le paiement comptant, le prix des dites pièces augmentera de .... par chaque quinzaine de retard, et, dans ce cas, le sieur .... aura même l'option de reprendre les pièces fournies non payées et de résoudre le présent, sans néanmoins qu'aucune des deux parties puisse exiger des dommages et intérêts de l'une envers l'autre.

» Ainsi arrêté fait et signé double. A...., ce...,»

Promesse de stipulation de dommages et intérêts en cas d'inexécution.

« Entre nous soussignés...., d'une part ;

» Et...., d'autre part ;

» A été convenu de ce qui suit ; savoir :

» Le sieur.... promet fournir et livrer dans le courant de ce mois, au sieur.... *(désigner l'objet)*, à raison de.... francs par chaque....

» Le sieur.... promet payer comptant lesdits.... aussitôt la livraison.

Si le sieur.... n'a pas fait au sieur.... la livraison desdits.... dans le courant du mois, lesdits.... resteront à la charge dudit sieur.... qui, en outre sera tenu de payer au sieur.... la somme de.... pour lui valoir de dommages et intérêts faute d'inexécution de la présente convention.

Si le sieur...., au moment de la livraison, ne satisfait pas au paiement desdits...., le sieur...., reprendra lesdits...., et le sieur...., sera tenu de lui payer la somme de...., pour lui valoir pareillement de dommages et intérêts pour cause d'inexécution de la présente convention.

» Ainsi arrêté, fait et signé double. A...., ce.... »

(Signatures).

Modèle d'obligation solidaire.

Nous soussignés D.... et M...., reconnaissons devoir à M. B...., la somme de.... pour *(désigner la chose)*, qu'il a fournie à tous deux conjointement, laquelle somme de.... nous promettons et nous nous obligeons solidairement, l'un pour l'autre, de payer, dans un mois de ce jour audit M. B.... avec les intérêts à raison de 5 pour 0/0 par an. A...., ce.... »

(Signatures).

Chacun des actes de la vie civile se produisant sous une formule, nous en donnerons le modèle au fur et à mesure que nous expliquerons ces divers actes.

CHAPITRE III.

COMPTES DE TUTELLE.

Lorsque le mineur a atteint sa majorité, son tuteur lui doit un compte de gestion et d'administration. Le compte est également dû au mineur émancipé. Ce compte est rendu à l'amiable; mais les contestations qui surviennent ne peuvent être jugées que par les tribunaux.

Voici les dispositions du Code civil à cet égard.

(Art. 469 du Code civ.) Tout tuteur est comptable de sa gestion lorsqu'elle finit.

470. Tout tuteur, autre que le père et la mère peut-être tenu, même durant la tutelle, de remettre au subrogé-tuteur des états de situation de sa gestion aux époques que le conseil de famille aura jugé à propos de fixer, sans néanmoins que le tuteur puisse être as-

treint à en fournir plus d'un chaque année. — Ces états de situation seront rédigés et remis sans frais, sur papier non timbré, et sans aucune formalité de justice.

471. Le compte définitif de tutelle sera rendu aux dépens du mineur, lorsqu'il aura atteint sa majorité ou obtenu son émancipation. Le tuteur en avancera les frais. — On y allouera au tuteur toutes dépenses suffisamment justifiées, et dont l'objet sera utile.

472. Tout traité qui pourra intervenir entre le tuteur et le mineur devenu majeur sera nul, s'il n'a été précédé de la reddition des comptes détaillés, et de la remise des pièces justificatives ; le tout constaté par un récépissé de l'ayant compte, dix jours au moins avant le traité.

473. Si le compte donne lieu à des contestations, elles seront poursuivies et jugées comme les autres contestations en matière civile.

474. La somme à laquelle s'élèvera le reliquat dû par le tuteur portera intérêt, sans demande, à compter de la clôture du compte. — Les intérêts de ce qui sera dû au tuteur par le mineur ne courront que du jour de la sommation de payer qui aura suivi la clôture du compte.

475. Toute action du mineur contre son tuteur, relativement aux faits de la tutelle, se prescrit par dix ans, à compter de la majorité.

480. Le compte de tutelle sera rendu au mineur émancipé, assisté d'un curateur qui lui sera nommé par le conseil de famille.

Art. 2045. Le tuteur ne peut transiger avec le mineur devenu majeur, sur le compte de tutelle, que conformément à l'art. 472.

Modèle de Compte de Tutelle rendu au mineur devenu majeur.

Compte de tutelle que rend le sieur M... au sieur B... fils mineur du défunt B..., devenu majeur ou émancipé par acte du.... Le présent compte est rendu par suite de la tutelle qu'a eu le sieur M..., depuis.... jusqu'à....

RECETTE.

Art. 1er Vente de meubles et effets mobiliers de la succession du sieur B..., mineur, suivant procès-verbal dressé par G...., huissier-priseur. Reçu.... *(en toutes lettres)*, ci. . . . . 0 fr. 0 c.

Art. 2. Reçu de M..., débiteur du sieur B...., défunt, en vertu de la somme de... francs, ci. . . . . 0 fr. 0 c.

Art. 3. Reçu du sieur P... la somme de... francs pour remboursement de la rente de...., constituée par lui au profit dudit sieur B...., par acte.... en date du...., ci. 0 fr. 0 c.

Art. 4. *(continuer ainsi toutes espèces de recettes)*.

Total. . . . . . 0 fr. 0 c.

DÉPENSE.

Art. 1er Payé pour opposition et levée des scellés après le décès dudit sieur B..., la somme de..., suivant la quittance du greffier dudit juge de paix, ci. . . . . . 0 fr. 0 c.

Art. 2. Payé au sieur G..., notaire à... qui a procédé à l'inventaire des meubles et effets, titres et papiers, après la reconnaissance et levée des scellés, la somme de..., suivant sa quittance, ci. . . . . . 0 fr. 0 c.

Art. 3. Payé pour frais d'inhumation dudit sieur B..., la somme de..., suivant les quittances de..., ci. . . . . 0 fr. 0 c.

Art. 4. Payé pour frais de maladie dudit sieur B..., la somme de...., suivant les quittances des sieurs...., ci. . . . . . 0 fr. c.

Art. 5. *(Continuer ainsi tous les paiemens faits)*.

Total. . . . . . . 0 fr. 0 c.

A RECOUVRER

Art. 1er Dû par le sieur N..., la somme de..., en vertu de..., et d'après les poursuites faites contre lui, et prouvées par..., ci. . . . . 0 fr. 0 c.

Art. 2. Dû, par le sieur T...., la somme de.... en vertu de...., non encore exigible, ci. . . . . 0 fr. 0 c.

Art. 3. Dû, par le sieur D..., absent depuis.... ans, la somme de...., en vertu...., ci. . . . . 0 fr. 0 c.

Art. 4. *(Continuer ainsi toutes les sommes à recouvrer)*.

Total. . . . . . . 0 fr. 0 c.

RECAPITULATION.

CHAPITRE I. *Recette*. . . . . 0 fr. 0 c.

CHAPITRE II. *Dépense*. . . . . 0 fr. 0 c.

CHAPITRE III. *Sommes à recouvrer*. . . 0 fr. 0 c.

« Du présent compte que déclare et affirme sincère et véritable ledit sieur M...., il résulte que la recette excédant la dépense de..., ledit sieur M.... est redevable audit sieur M...., fils, de la somme de.... ; *ou* la dépense excédant la recette de la somme de...., le dit sieur B.... fils est redevable audit sieur M.... de la somme de....

» Il résulte pareillement que ledit sieur M... a, par suite de sa gestion, encore à recouvrer, de différentes personnes, la somme de.... en totalité, lesquels recouvremens n'ont pu être faits par lui, ainsi qu'il en justifie. Fait à...., ce.... » *(Signatures).*

Décharge d'un compte de tutelle.

« Je soussigné B...., fils du défunt B...., reconnais que le sieur M...., mon tuteur, m'a rendu compte de la gestion et administration qu'il a eu pendant ma minorité de la succession de B...., mon père, depuis.... jusqu'à ce jour, et qu'après l'examen de ce compte, que j'ai trouvé juste, et la balance que j'ai faite de la recette avec la dépense, ledit sieur M...., s'étant trouvé mon redevable de la somme de...., m'a présentement remis ladite somme ; *ou*, qu'après la balance que j'ai faite de la recette avec la dépense, ledit sieur M.... s'est trouvé entièrement quitte avec moi ; je reconnais pareillement que ledit sieur m'a remis tous les titres et pièces concernant la succession dont il a eu l'administration pendant ma minorité, ainsi que tous titres et renseignemens concernant les recouvremens qui restent à faire, pourquoi je le tiens quitte et décharge. A...., ce.... »

(Signature.

Reconnaissance d'une somme due par un tuteur sur un compte de tutelle

« Je soussigné M.... , ayant eu la gestion et l'administration de la succession du sieur B.... , décédé le...., comme tuteur du sieur B.... , son fils mineur , et actuellement majeur , reconnais , d'après le compte de tutelle que j'ai rendu audit B.... fils , cejourd'hui , et dont il m'a donné quittance et décharge , ainsi que de la remise de tous les titres , pièces et papiers que je lui ai faite, être débiteur , sur ledit compte , envers le sieur B.... , de la somme de.... , laquelle somme je promets et m'engage lui payer, en un seul paiement , le.... (*l'époque*), *ou* en.... paiemens différens ; le premier, le... ; le second , le... le troisième, le... , avec intérêts à raison de cinq pour cent par an. A.... ce... , »

(*Signature*).

Reconnaissance d'une somme due à un tuteur sur un compte de tutelle.

« Je soussigné B...., fils de défunt B.... , reconnais que , sur le compte de tutelle que le sieur M.... , mon tuteur , m'a rendu cejourd'hui , et dont je le tiens quitte et décharge , ainsi que de la remise de tous les titres et papiers qui concernent la succession dont il a eu la gestion et l'administration pendant ma minorité , d'après l'examen que j'ai fait dudit compte et la balance de la recette avec la dépense , je lui suis , sur ledit compte , resté redevable de la somme de..... , laquelle somme je m'oblige à lui payer d'après les termes et délais qui seront convenus entre lui et moi.

(*Signature*).

Pièces justificatives du présent Compte, remises cejourd'hui à B... par M..., son tuteur.

1° Un dossier contenant.... pièces, qui sont les actes de tutelle, d'inventaire, d'émancipation, et une feuille où sont portées les recettes et dépenses diverses, les titres d'acquisitions des biens de...., etc., etc.

2° Un autre dossier contenant les mémoires et quittances formant la dépense du présent.

Fait à..., le..., an... (*Signature du Tuteur*).

CHAPITRE IV.

DES SUCCESSIONS ET DES ACTES AUXQUELS ELLES DONNENT LIEU.

Nous ne saurions mieux faire que de rapporter textuellement les dispositions du Code civil en cette matière. La gravité du sujet, et le soin avec lequel le législateur la traite, nous en font un devoir, et le lecteur y trouvera un avantage.

Du partage des successions et des rapports entre majeurs.

Art. 819. Si tous les héritiers sont présens et majeurs, l'apposition des scellés sur les effets de la succession n'est pas nécessaire, et le partage peut être fait dans la forme et par tel acte que les parties intéressées jugeront convenable.

823. Si l'un des cohéritiers refuse de consentir au partage, ou s'il s'élève des contestations soit sur le mode d'y procéder, soit sur la manière de le terminer, le tribunal prononce comme en matière sommaire ; on commet, s'il y a lieu, pour les opérations du partage, un des juges, sur le rapport duquel il décide les contestations.

824. L'estimation des immeubles est faite par experts choisis par les parties intéressées, ou, à leur refus, nommés d'office.

Le procès-verbal des experts doit présenter les bases de l'estimation ; il doit indiquer si l'objet estimé peut être commodément partagé ; de quelle manière ; fixer enfin, en cas de division, chacune des parts qu'on peut en former, et leur valeur.

825. L'estimation des meubles, s'il n'y a pas eu de prisées dans un inventaire régulier, doit être faite par gens à ce se connaissant, à juste prix et sans crue.

826. Chacun des cohéritiers peut demander sa part en nature des meubles et immeubles de la succession : néanmoins, s'il y a des créanciers saisissans ou opposans, ou si la majorité des cohéritiers juge la vente nécessaire pour l'acquit des dettes et charges de la succession, les meubles sont vendus publiquement en la forme ordinaire.

827. Si les immeubles ne peuvent pas se parta[illegible] commodément, il doit être procédé à l[illegible]ger [illegible] licitation devant le tribunal. [illegible]u vente par

Cependant, les part[illegible] [illegible]es, si elles sont toutes majeures, peuvent [illegible]ousentir que la licitation soit faite devant un notaire sur le choix duquel elles s'accordent.

828. Après que les meubles et immeubles ont été estimés et vendus, s'il y a lieu, le juge commissaire renvoie les parties devant un notaire dont elles conviennent, ou nommé d'office, si les parties ne s'accordent pas sur le choix. — On procède, devant cet officier, aux comptes que les copartageans peuvent se devoir, à la formation de la masse générale, à la composition des lots, et aux fournissemens à faire à chacun des copartageans.

829. Chaque cohéritier fait rapport à la masse, suivant les règles qui seront ci-après établies, des dons qui lui ont été faits, et des sommes dont il est débiteur.

830. Si le rapport n'est pas fait en nature, les cohéritiers à qui il est dû prélèvent une portion égale sur la masse de la succession. — Les prélèvemens se font, autant que possible, en objets de même nature, qualité et bonté que les objets non rapportés en nature.

831. Après ces prélèvemens, il est procédé, sur ce qui reste dans la masse, à la composition d'autant de lots égaux qu'il y a d'héritiers copartageans, ou de souches copartageantes.

832. Dans la formation et composition des lots, on doit éviter, autant que possible, de morceler les héritages et de diviser les exploitations; et il convient de faire entrer dans chaque lot, s'il se peut, la même quantité de meubles, d'immeubles, de droits ou de créances de même nature et valeur.

833. L'inégalité des lots en nature se compense par un retour, soit en rente, soit en argent.

834. Les lots sont faits par l'un des cohéritiers, s'ils peuvent convenir entre eux sur le choix, et si celui qu'ils avaient choisi accepte la commission : dans le cas

contraire, les lots sont faits pâr un expert que le juge commissaire désigne. — Ils sont ensuite tirés au sort.

835. Avant de procéder au tirage des lots, chaque copartageant est admis à proposer ses réclamations contre leur formation.

836. Les règles établies pour la division des masses à partager sont également observées dans la subdivision à faire entre les souches copartageantes.

837. Si, dans les opérations renvoyées devant un notaire, il s'élève des contestation, le notaire dressera procès-verbal des difficultés et des dires respectifs des parties, les renverra devant le commissaire nommé pour le partage, et au surplus, il sera procédé suivant les formes prescrites par les lois sur la procédure.

838. Si tous les cohéritiers ne sont pas présens, ou s'il y a parmi eux des interdits, ou des mineurs, même émancipés, le partage doit être fait en justice, conformément aux règles prescrites par les articles 819 et suivans, jusques et compris l'article précédent. S'il y a plusieurs mineurs qui aient des intérêts opposés dans le partage, il doit leur être donné à chacun un tuteur spécial et particulier.

842. Après le partage, remise doit être faite à chacun des copartageans, des titres particuliers aux objets qui lui seront échus. — Les titres d'une propriété divisée restent à celui qui a la plus grande part, à la charge d'en aider ceux de ses copartageans qui y auront intérêt, quand il en sera requis. — Les titres communs à toute l'hérédité sont remis à celui que tous les héritiers ont choisi pour en être le dépositaire, à la charge d'en

aider les copartageans, à toute réquisition. — S'il y a difficulté sur ce choix, il est réglé par le juge.

843. Tout héritier, même bénéficiaire, venant à une succession, doit rapporter à ses cohéritiers tout ce qu'il a reçu du défunt, par donation entre-vif directement ou indirectement : il ne peut retenir les dons ni réclamer les legs à lui faits par le défunt, à moins que les dons et legs ne lui aient été faits expressément par préciput et hors-part, ou avec dispense du rapport.

985. Les testamens faits dans un lieu avec lequel toute communication sera interceptée, à cause de la peste ou autre maladie contagieuse, pourront être faits devant le juge de paix, ou devant l'un des officiers municipaux de la commune, en présence de deux témoins.

Du paiement des dettes.

870. Les cohéritiers contribuent entre eux au paiement des dettes et charges de la succession, chacun dans la proportion de ce qu'il y prend.

873. Les héritiers sont tenus des dettes et charges de la succession, personnellement pour leur part et portion virile, et hypothécairement pour le tout; sauf leur recours, soit contre leurs cohéritiers, soit contre les légataires universels, à raison de la part pour laquelle ils doivent y contribuer.

Frais de scellés.

Les frais de scellés, s'il en a été apposé, d'inventaire et de compte, sont à la charge de la succession. (Article 810. Code civ.

Tous ces frais ainsi que les frais funéraires, les frais de réparations nécessaires, d'entretien, d'administration, etc., sont portés par l'héritier bénéficiaire au chapitre des dépenses de son compte, et passent ainsi avant tous créanciers.

L'expression *s'il en a été apposé* indique qu'il n'est pas nécessaire absolument que des scellés aient été apposés avant de procéder à l'inventaire. Cependant il est de l'intérêt de l'héritier bénéficiaire de remplir cette formalité, pour écarter tout soupçon.

Pour arriver à la connaissance exacte des immeubles de la succession, les héritiers qui voudront procéder à l'amiable au partage des immeubles échus rédigeront un acte par lequel ils déclareront consentir, d'un commun accord, à choisir pour experts les sieurs... et pour tiers, pour les partager en cas de besoin, le sieur.... pour procéder à la visite et estimation desdits immeubles, déclarant les dispenser du serment, et renonçant à tout recours ou appel contre leur rapport, suivant lequel il devra être procédé au tirage et partage des lots.

Lesdits experts feront en conséquence, et d'après les termes du mandat qui leur est donné, leur visite et le rapport qui contiendra leur avis.

Modèle d'un acte de partage de succession entre héritiers majeurs.

Le... de l'an...

Entre nous soussignés, tous enfans et héritiers de... notre père, décédé à... le... 1° ... domicilié à... 2° ... demeurant à... etc.

A été procédé, ainsi qu'il suit, aux lots et partage de biens immeubles et rentes dépendant de sa succession lesquels consistent :

1° En une maison située à... rue..., n°..., consistant au rez-de-chaussée, etc.; ladite maison estimée... ci. » fr. » c

2° En une autre maison (*en faire la désignation, contenance déterminée et limite*), estimée à..., ci. » »

3° dans les héritages sis commune de... » »

Consistant en une maison sise à.... estimée à..., ci.

Et dix pièces de terre :

La première de la contenance de... hectares... ares... centiares, limitée au nord par... au midi par... à l'est par... à l'ouest par...

La seconde... comme ci-dessus.

La troisième et les suivantes, (idem).

Aux immeubles trouvés dans la succession, il faut ajouter, les valeurs qui s'y trouvent en outre, telles que rentes, capitaux, et en faire le partage d'après les règles indiquées.

Cela fait, les experts remettent leur travail aux héritiers, qui choisissent l'un d'eux pour faire les lots; il se composera sur le modèle suivant :

Lots.

Le premier lot se compose, 1° de la maison sise à... n°.... ci-dessus, bornée et désignée dans l'état où elle se trouve actuellement;

2° D'une autre maison sise à...., n°...., ci-devant désignée.

2ᵉ *Lot.*

Se compose : 1° d'une maison sise commune de.... ;

2° D'une pièce de terre sise audit lieu, de la contenance de... hectares... ares, triége, limitée.

3° D'une autre pièce de terre etc.

3ᵉ *et dernier Lot.*

Se compose de dix pièces de terres labourables situées communes de...

La 1re... etc.

La 2..., etc.

Ainsi de suite.

Les lots ainsi faits, nous déclarons les admettre, et n'avoir aucunes réclamations à faire contre leur formation ; ensuite nous avons tiré au sort : le 1er lot est échu à..., le 2e à..., et le 3e à..., pour, par nous, en faire jouir et disposer en toute propriété, comme de choses à nous appartenant à dater de ce jour.

Les présens lots seront garans les uns des autres.

Les maisons ou terres qui composent les présens lots seront pris dans l'état sans répétition de mesure ni de surmesure.

Chacun des copartageans sera tenu de souffrir les servitudes existant sur son lot, si aucunes existent : sauf à s'en défendre à ses risques et périls et sans appeler ses cohéritiers aux contestations qui pourraient naître à cet égard.

Nous reconnaissons en outre que les meubles ont été partagés et les dettes payées en commun ; s'il s'en découvrait d'autres, elles serait pareillement acquittées par chacun nos parts contributives, et que les titres des propriétés ont été également remis à chacun de sous concernant chaque lot, ainsi que ceux des rentes.

Les droits de mutation dus pour la succession, les frais d'enregistrement et de timbre du présent acte seront payés par portions égales.

Fait et signé triple après lecture à l'an et jour susdits.

(Les signatures, avec approbation d'écriture.)

Aux termes du Code, l'inégalité des lots en nature se compense par un retour, soit en rente, soit en argent, art. 33, il faudrait ajouter aux lots ce qui suit : la maison qui fait l'objet du premier lot demeure affectée par hypothèque aux sommes et rentes que ledit lot est chargé d'acquitter : en conséquence, le s.... s'oblige, à la première réquisition soit du s.... ou.... de déclarer acte devant notaire, et à ses frais, que ladite maison est affectée par privilége et hypothèque aux sommes et rentes qu'il doit, afin que le s.... puisse prendre inscription sur ladite maison.

2109. Le cohéritier ou copartageant conserve son privilége sur les biens de chaque lot ou sur le bien licité, pour les soultes et retour de lots, ou pour le prix de la licitation, par l'inscription faite, à sa diligence, dans soixante jours, à dater de l'acte de partage ou de l'adjudication par licitation ; durant lequel temps aucune hypothèque ne peut avoir lieu sur le bien chargé de soulte ou adjugé par licitation, au préjudice du créancier de la soulte ou du prix.

CHAPITRE V.

DES TESTAMENS.

Les testamens étant une source des plus grandes discussions entre cohéritiers, il est bon d'y apporter quelque attention.

Du Testament olographe, ou sous seing-privé.

967. Toute personne pourra disposer par testament, soit sous le titre d'institution d'héritier, soit sous le titre de legs, soit sous toute autre dénomination propre à manifester sa volonté.

968. Un testament ne pourra être fait dans le même acte par deux ou plusieurs personnes, soit au profit d'un tiers, soit à titre de disposition réciproque et mutuelle.

969. Un testament pourra être olographe ou fait par acte public ou dans la forme mystique.

970. Le testament olographe ne sera point valable, s'il n'est écrit en entier, daté et signé de la main du testateur : il n'est assujetti à aucune autre forme.

999. Un Français qui se trouvera en pays étranger, pourra faire ses dispositions testamentaires par acte sous signature privée, ainsi qu'il est prescrit en l'article 770,

ou par acte authentique, avec les formes usitées dans le lieu où cet acte sera passé.

1001. Les formalités auxquelles les divers testamens sont assujettis par les dispositions de la présente section et de la précédente, doivent être observées à peine de nullité.

De la portion des Biens disponibles.[1]

913. Les libéralités, soit par acte entre-vifs, soit par testamens, ne pourront excéder la moitié des biens du disposant, s'il ne laisse à son décès qu'un enfant légitime, le tiers, s'il laisse deux enfans, le quart, s'il en laisse trois ou un plus grand nombre.

914. Sont compris dans l'article précédent, sous le nom d'*enfans*, les descendans en quelque degré que ce soit; néanmoins, ils ne sont comptés que pour l'enfant qu'ils représentent dans la succession du disposant.

915. Les libéralités, par actes entre-vifs ou par testament, ne pourront excéder la moitié des biens si, à défaut d'enfans, le défunt laisse un ou plusieurs ascendans dans chacune des lignes paternelle et maternelle, et les trois quarts, s'il ne laisse d'ascendans que dans une ligne. — Les biens ainsi réservés au profit des ascendans seront par eux recueillis dans l'ordre où la loi les appelle à succéder : ils auront seuls le droit de cette réserve, dans tous les cas où un partage en concurrence avec des collatéraux ne leur donnerait pas la quotité des biens à laquelle elle est fixée.

916. A défaut d'ascendans et de descendans, les libéralités par actes entre-vifs ou testamentaires pourront épuiser la totalité des biens.

917. Si la disposition par acte entre-vifs ou par testament est d'un usufruit ou d'une rente viagère dont la valeur excède la quotité disponible, les héritiers au profit desquels la loi fait une réserve auront l'option, ou d'exécuter cette disposition, ou de faire l'abandon de la propriété de la quotité disponible.

918. La valeur et pleine propriété des biens aliénés, soit à charge de rente viagère, soit à fonds perdus, ou avec réserve d'usufruit, à l'un des successibles en ligne directe, sera imputée sur la portion disponible : et l'excédant, s'il y en a, sera rapporté à la masse. Cette imputation et ce rapport ne pourront être demandés par ceux des autres successibles en ligne directe qui auraient consenti à ces aliénations, ni, dans aucun cas, par les successibles en ligne collatérale.

919. La quotité disponible pourra être donnée en tout ou en partie, soit par acte entre-vifs, soit par testament, aux enfans ou autres successibles du donateur, sans être sujette au rapport, par le donataire ou le légataire venant à la succession, pourvu que la disposition ait été faite expressément à titre de préciput ou hors part.

De la Réduction des Donations et Legs.

920. Les dispositions soit entre-vifs, soit à cause de mort, qui excéderont la quotité disponible, seront réductibles à cette quotité lors de l'ouverture de la succession.

926. Lorsque les dispositions testamentaires excéderont, soit la quotité disponible, soit la portion de cette quotité qui resterait après avoir déduit la valeur des donations entre-vifs, la réduction sera faite au marc le franc, sans aucune dinstinction entre les legs universels et les legs particuliers.

927. Néanmoins, dans tous les cas où le testateur aura expressément déclaré qu'il entend que tels legs soit acquitté de préférence aux autres, cette préférence aura lieu, et le legs qui en sera l'objet ne sera réduit qu'autant que la valeur des autres ne remplirait pas la réserve légale.

Modèle de testament olographe.

Je soussigné (*noms, prénoms, profession et domicile*), étant en santé de corps et d'esprit, et voulant disposer pour le temps où je n'existerai plus, donne et lègue à (*nom, profession et domicile du légataire, parens ou amis*), tous mes biens meubles et immeubles, dont il m'est permis de disposer, conformément à la loi. Fait à..., le..., an...

Autre Formule.

Je soussigné (*comme en la précédente*) donne et lègue à..., pour en jouir après mon décès, la somme de... fr., une fois payée.

Je donne et lègue à..., la somme de... f., de rente viagère ou perpétuelle.

Je donne et lègue à..., etc. Je veux que le surplus, de mes biens soit partagé entre tous mes héritiers, en conformité de la loi : telles sont mes dispositions de dernière volonté. A..., le..., an...

Autre formule.

Je soussigné, etc... donne et lègue à M. (*désigner l'objet.*), comme un gage de ma reconnaissance, pour toutes ses peines et soins. A..., le..., an...

Le testament olographe ne sera point valable s'il n'est écrit en entier, *daté et signé* de la main du testateur; il n'est assujetti à aucune autre forme (art. 970.)

La date consiste, comme on sait, dans l'énonciation de l'an, du mois, et du jour où l'acte a été passé. Elle est nécessaire pour juger à cette époque la capacité du testateur; pour savoir, parmi plusieurs testamens, celui qui est postérieur et révoque les autres. Elle peut se mettre en chiffres; sa place n'est pas déterminée, il suffit qu'elle soit avant la signature.

CHAPITRE VI.

ACTES RELATIFS A L'ÉTAT CIVIL DES PERSONNES, D'APRÈS LE CODE CIVIL.

—

De la Minorité.

388. *Code civ.* Le mineur est l'individu de l'un et de l'autre sexe qui n'a point encore l'âge de vingt-un ans accomplis.

De la Majorité.

488. La majorité est fixée à vingt-un ans accomplis; à cet âge on est capable de tous les actes de la vie civile, sauf la restriction portée au titre du mariage.

Obligations qui naissent du mariage.

203. Les époux contractent ensemble, par l'effet seul du mariage, l'obligation de nourrir, d'entretenir et d'élever leurs enfans.

1409. La communauté se compose : des alimens des époux, de l'éducation et entretien des enfans, et de toute autre charge du mariage.

1448. La femme qui a obtenu la séparation de biens doit contribuer, proportionnellement à ses facultés et à celles du mari, tant au frais du ménage qu'à ceux d'éducation des enfans communs. Elle doit supporter entièrement ces frais, s'il ne reste rien au mari.

217. La femme, même non commune, ou séparée de biens, ne peut donner, aliéner, hypothéquer, acquérir à titre gratuit ou onéreux, sans le concours du mari dans l'acte, ou son consentement par écrit.

1558. L'immeuble dotal peut être aliéné avec permission de justice, pour fournir des alimens à la famille dans le cas prévu par l'art. 203.

7. *Code de Com.* Les femmes marchandes publiques peuvent également engager, hypothéquer, aliéner leurs immeubles.

Toutefois, les biens stipulés dotaux, quand elles sont mariées sous le régime dotal, ne peuvent être hypothéqués ni aliénés que dans les cas déterminés, et avec les formes réglées par le Code civ.

De l'Adoption.

349. L'obligation naturelle, qui continuera d'exister entre l'adopté et ses père et mère, de se fournir des alimens dans les cas déterminés par la loi, sera considérée comme commune à l'adoptant et à l'adopté, l'un envers l'autre.

De la Puissance paternelle.

71. L'enfant, à tout âge, doit honneur et respect à ses père et mère.

372. Il reste sous leur autorité jusqu'à sa majorité ou son émancipation.

373. Le père seul exerce cette autorité durant le mariage.

374. L'enfant ne peut quitter la maison paternelle sans la permission de son père, si ce n'est pour enrôlement volontaire, après l'âge de dix-huit ans révolus.

384. Le père, durant le mariage, et, après la dissolution du mariage, le survivant des père et mère, auront la jouissance des biens de leurs enfans jusqu'à l'âge de dix-huit ans accomplis, ou jusqu'à l'émancipation qui pourrait avoir lieu avant l'âge de dix-huit ans.

385. Les charges de cette jouissance seront, n° 2, la nourriture, l'entretien et l'éducation des enfans, selon leur fortune ; n° 4, les frais funéraires et ceux de dernière maladie.

De la Tutelle des père et mère.

389. Le père est, durant le mariage, administrateur des biens personnels de ses enfans mineurs.

450. Le tuteur prendra soin de la personne du mineur ; et le représentera dans tous les actes civils.

Il administrera ses biens en bon père de famille, et répondra des dommages intérêts qui pourraient résulter d'une mauvaise gestion.

Il ne peut, ni acheter les biens du mineur, ni les prendre à ferme, à moins que le conseil de famille, n'ait autorisé le subrogé-tuteur à lui en passer bail, ni accepter la session d'aucun droit ou créance contre son pupille.

454. Lors de l'entrée en exercice de toute tutelle, autre que celle des père et mère, le conseil de famille réglera, par aperçu, et selon l'importance des biens régis, la somme à laquelle pourra s'élever la dépense annuelle du mineur, ainsi que celle d'administration de ses biens.

455. Ce conseil déterminera positivement la somme à laquelle commencera, pour le tuteur, l'obligation d'employer l'excédant des revenus sur les dépenses.

457. Le tuteur, même le père ou la mère, ne peut emprunter pour le mineur, ni aliéner ou hypothéquer ses biens immeubles, sans y être autorisé par un conseil de famille.

Cette autorisation ne devra être accordée que pour cause d'une nécessité absolue, ou d'un avantage évident.

Dans le premier cas, le conseil de famille n'accordera son autorisation qu'après qu'il aura été constaté par un compte sommaire présenté par le tuteur, que les derniers effets mobiliers et revenus des mineurs sont insuffisans.

Le conseil de famille indiquera, dans tous les cas, les immeubles qui devront être vendus de préférence, et de toutes les conditions qu'il jugera utiles.

467. Le tuteur ne pourra transiger au nom du mineur qu'après avoir été autorisé par le conseil de famille, et de l'avis de trois jurisconsultes désignés par le procureur du roi près le tribunal de première instance.

La transaction ne sera valable qu'autant qu'elle aura été homologuée par le tribunal de première instance, après avoir entendu le procureur du roi.

2045. Le tuteur ne peut transiger pour le mineur ou l'interdit, que conformément à l'art. 467, au titre de la minorité, de la tutelle et de l'émancipation.

2. *Code de Com.* Tout mineur émancipé de l'un et de l'autre sexe, âgé de dix-huit ans accomplis, qui voudra profiter de la faculté que lui accorde l'art. 487 du Code civil, de faire le commerce, ne pourra en commencer les opérations, ni être réputé majeur, quant aux engagemens par lui contractés pour faits de commerce, 1° s'il n'a été préalablement autorisé par son père, ou, à défaut du père et de la mère, par une délibération du conseil de famille, homologuée par le tribunal civil; 2° si, en outre, l'acte d'autorisation n'a été enregistré et affiché au tribunal de commerce du lieu où le mineur veut établir son domicile.

6. Les mineurs marchands autorisés, comme il est dit ci-dessus, peuvent engager et hypothéquer leurs immeubles.

Ils peuvent même les aliéner, mais en suivant les formalités prescrites par les art. 457 et suivans du Code civil.

De l'Émancipation.

476. *Code civ.* Le mineur est émancipé de plein droit par le mariage.

477. Le mineur, même non marié, pourra être émancipé par son père, ou, à défaut de père par sa mère, lorsqu'il aura atteint l'âge de quinze ans révolus.

Cette émancipation s'opérera par la seule déclaration du père ou de la mère, reçue par le juge de paix assisté de son greffier.

478. Le mineur resté sans père ni mère pourra aussi, mais seulement à l'âge de dix-huit ans accomplis, être émancipé, si le conseil de famille l'en juge capable.

En ce cas, l'émancipation résultera de la délibération qui l'aura autorisée, et de la déclaration que le juge de paix, comme président du conseil de famille, aura faite dans le même acte, que le mineur est émancipé.

481. Le mineur émancipé passera les baux, dont la durée n'excédera point neuf ans; il recevra ses revenus, donnera décharge et fera tous les actes qui ne sont que de pure administration, sans être restituable contre ces actes, dans tous les cas où le majeur ne le serait pas lui-même.

482. Il ne pourra intenter une action immobilière, ni y défendre, même recevoir ou donner décharge d'un capital mobilier, sans l'assistance de son curateur, qui, au dernier cas, surveillera l'emploi du capital reçu.

483. Le mineur émancipé ne pourra faire d'emprunts, sous aucuns prétextes, sans une délibération

du conseil de famille, homologuée par le tribunal de première instance, après avoir entendu le procureur du roi.

484. Il ne pourra non plus vendre ni aliéner ses immeubles, ni faire aucun autre acte que ceux de pure administration, sans observer les formes prescrites au mineur non émancipé

A l'égard des obligations qu'il aurait contractées, par voie d'achats ou autrement, elles seront réductibles en cas d'excès ; les tribunaux prendront, à ce sujet, en considération la fortune du mineur, la bonne ou mauvaise foi des personnes qui auront contracté avec lui, l'utilité ou l'inutilité des dépenses.

487. Le mineur émancipé qui fait un commerce est réputé majeur pour les faits relatifs à ce commerce.

De l'Interdiction.

489. *Code civ.* Le majeur qui est dans un état habituel d'imbécilité, démence ou de fureur, doit être interdit, même lorsque cet état présente des intervalles lucides.

501. Tout arrêt ou jugement portant interdiction ou nomination d'un conseil, sera, à la diligence des demandeurs, levé, signifié à partie, et inscrit, dans les dix jours, dans les tableaux qui doivent être affichés dans la salle de l'auditoire et dans les études des notaires de l'arrondissement.

502. L'interdiction ou la nomination d'un conseil aura son effet du jour du jugement ; tous actes passés postérieurement par l'interdit, ou sans l'assistance du conseil, seront nuls de droit.

503. Les actes antérieurs à l'interdiction pourront être annulés, si la cause de l'interdiction existait notoirement à l'époque où ces actes ont été faits.

509. L'interdit est assimilé au mineur, pour sa personne et pour ses biens; les lois sur la tutelle des mineurs s'appliqueront à la tutelle des interdits.

512. L'interdiction cesse avec les causes qui l'ont déterminée; néanmoins la main-levée ne sera prononcée qu'en observant les formalités prescrites pour parvenir à l'interdiction, et l'interdit ne pourra reprendre l'exercice de ses droits qu'après le jugement de main-levée.

Du Conseil judiciaire.

513. Il peut être défendu aux prodigues de plaider, de transiger, d'emprunter, de recevoir un capital mobilier et d'en donner décharge, d'aliéner ni de grever leurs biens d'hypothèques, sans l'assistance d'un conseil, qui leur est nommé par le tribunal.

514. La défense de procéder sans l'assistance d'un conseil peut être provoquée par ceux qui ont droit de demander l'interdiction; leur demande doit être instruite et jugée de la même manière.

Cette défense ne peut être levée qu'en observant les mêmes formalités.

515. Aucun jugement, en matière d'interdiction ou de nomination du conseil, ne pourra être rendu, soit en première instance, soit en cause d'appel, que sur les conclusions du ministère public.

CHAPITRE VII.

DE LA VENTE.

De la nature et de la forme de la vente.

1582. La vente est une convention par laquelle l'un s'oblige à livrer une chose et l'autre à la payer. — Elle peut être faite par acte authentique ou sous seing privé.

1583. Elle est parfaite entre les parties; et la propriété est acquise de droit à l'acheteur à l'égard du vendeur, dès qu'on est convenu de la chose et du prix, quoique la chose n'ait pas encore été livrée ni le prix payé.

1584. La vente peut être faite purement et simplement, ou sous une condition soit suspensive, soit résolutoire.

Elle peut aussi avoir pour objet deux ou plusieurs choses alternatives.

Dans tous les cas, son effet est réglé par les principes généraux des conventions.

1585. Lorsque des marchandises ne sont pas vendues en bloc, mais au poids, au compte ou à la mesure, la vente n'est point parfaite, en ce sens que les choses vendues sont aux risques du vendeur jusqu'à ce qu'elles soient pesées, comptées ou mesurées; mais l'acheteur peut en demander ou la délivrance ou des dommages-intérêts, s'il y a lieu, en cas d'inexécution de l'engagement.

1586. Si, au contraire, les marchandises ont été vendues en bloc, la vente est parfaite, quoique les marchandises n'aient pas encore été pesées, comptées ou mesurées.

1588. A l'égard du vin, de l'huile et des autres choses que l'on est dans l'usage de goûter avant d'en faire l'achat, il n'y a point de vente tant que l'acheteur ne les a point goûtées et agréées.

1588. La vente faite à l'essai est toujours présumée faite sous une condition suspensive.

1589. La promesse de vente vaut vente, lorsqu'il y a consentement réciproque des deux parties sur la chose et sur le prix.

1590. Si la promesse de vente a été faite avec des arrhes, chacun des contractans est maître de s'en départir. Celui qui les a données en les perdant, et celui qui les a reçues en restituant le double

1591. Le prix de la vente doit être déterminé et désigné par les parties.

592. Il peut cependant être laissé à l'arbitrage d'un tiers; si le tiers ne veut ou ne peut faire l'estimation, il n'y a point de vente.

1593. Les frais d'actes et autres accessoires à la vente sont à la charge de l'acheteur.

1594. Tous ceux auxquels la loi ne l'interdit pas peuvent acheter ou vendre.

1598. Tout ce qui est dans le commerce peut être vendu lorsque des lois particulières n'en ont pas prohibé l'aliénation.

1599. La vente de la chose d'autrui est nulle : elle peut donner lieu à des dommages intérêts, lorsque l'acheteur a ignoré que la chose fût à autrui

1601. Si au moment de la vente la chose vendue était périe en totalité, la vente serait nulle. — Si une partie seulement de la chose est péri, il est au choix de l'acquéreur d'abandonner la vente ou de demander la partie conservée en faisant déterminer le prix par la ventilation.

1602. Le vendeur est tenu d'expliquer clairement ce à quoi il s'oblige. — Tout pacte obscur ou ambigu s'interprète contre le vendeur.

1603. Il a deux obligations principales, celle de délivrer et celle de garantir la chose qu'il vend.

1604. La délivrance est le transport de la chose vendue en la puissance et possession de l'acheteur.

1606. La délivrance des effets mobiliers s'opère, — Ou par tradition réelle, — Ou par la remise des clefs des bâtimens qui les contiennent, — Ou même par le seul consentement des parties, si le transport ne peut pas s'en faire au moment de la vente, ou si l'acheteur les avait déjà en son pouvoir à un autre titre.

1608. Les frais de la délivrance sont à la charge du vendeur, et ceux de l'enlèvement à la charge de l'acheteur, s'il n'y a eu stipulation contraire.

1609. La délivrance doit se faire au lieu où était, au temps de la vente, la chose qui en a fait l'objet, s'il n'en a ete autrement convenu.

1610. Si le vendeur manque à faire la délivrance dans le temps convenu entre les parties, l'acquéreur pourra, à son choix, demander la résolution de la vente, ou sa mise en possession, si le retard ne vient que du fait du vendeur.

1611. Dans tous les cas, le vendeur doit être condamné aux dommages et intérêts, s'il résulte un préjudice pour l'acquéreur, du défaut de délivrance au terme convenu.

1612. Le vendeur n'est pas tenu de délivrer la chose, si l'acheteur n'en paie pas le prix et que le vendeur ne lui ait pas accordé un délai pour le paiement.

1613. Il ne sera pas non plus obligé à la délivrance, quand même il aurait accordé un délai pour le paiement, si, depuis la vente, l'acheteur est tombé en faillite ou en état de déconfiture, en sorte que le vendeur se trouve en danger imminent de perdre le prix, à moins que l'acheteur ne lui donne caution de payer le prix au terme.

1614. La chose doit être délivrée en l'état où elle se trouve au moment de la vente.

Depuis ce jour tous les fruits appartiennent à l'acquéreur.

1615. L'obligation de délivrer la chose comprend ses accessoires et tout ce qui a été destiné à son usage perpétuel.

1650. La principale obligation de l'acheteur est de payer le prix au jour et au lieu réglés par la vente.

1651. S'il n'a rien été réglé à cet egard lors de la vente, l'acheteur doit payer au lieu et dans le temps où doit se faire la délivrance.

1652. L'acheteur doit l'intérêt du prix de la vente jusqu'au paiement du capital, dans les trois cas suivans : — S'il a été ainsi convenu lors de la vente ; — Si la chose vendue et livrée produit des fruits ou autres revenus ; — Si l'acheteur a été sommé de payer. — Dans ce dernier cas, l'intérêt ne court que depuis la sommation.

1653. Si l'acheteur est troublé ou a juste sujet de craindre d'être troublé par une action, soit hypothécaire, soit en revendication, il peut suspendre le paiement du prix, jusqu'à ce que le vendeur ait fait cesser le trouble, si mieux n'aime celui-ci donner caution, ou à moins qu'il n'ait été stipulé que, nonobstant le trouble, l'acheteur paiera.

1654. Si l'acheteur ne paie pas le prix, le vendeur peut demander la résolution de la vente

1657. En matière de vente, de denrées et effets mobiliers, la résolution de la vente aura lieu de plein droit, et sans sommation, au profit du vendeur, après l'expiration du terme convenu pour le retirer.

De la vente d'Objets mobiliers et Marchandises.

L'an...., le...., entre les sieurs V.... et M...., soussignés.

A été arrêté les conventions suivantes : que le sieur V.... déclare par le présent vendre avec garantie de revendication ou autres empêchemens quelconques au sieur M.... qui accepte les meubles effets et marchandises dont le détail suit :

Une commode en acajou, à quatre tiroirs, à dessus de marbre (continuer à détailler, ainsi que les marchandises).

Tous lesquels objets ci-dessus détaillés, appartenant au sieur V...., ont été par lui livrés, à l'instant, au sieur M.... qui reconnaît les avoir en sa possesion pour faire et en disposer à sa volonté, ainsi qu'il avisera, comme de chose à lui appartenant présentement.

Ladite vente est faite moyennant le prix et somme de.... fr. que le sieur M.... à payé à l'instant à M. V..., qui le reconnaît et en donne d'autant quittance et décharge.

Fait et signé double après lecture, l'an et jour susdits.

(Signatures avec approbation).

(Si la livraison ne se faisait au moment de la vente et que le paiement fût à termes, il faudrait insérer cette clause.)

Tous les meubles présentement vendus, ci-dessus détaillés et désignés, seront livrés par le sieur V.... à son domicile, le.... prochain, à M. M... pour être à sa disposition, les enlever, en faire et disposer de la manière qu'il avisera, comme de chose à lui appartenant en propriété.

La présente vente est faite pour le prix et somme de... fr., que le sieur M... s'oblige à payer au sieur V... ou à son domicile; en trois termes et paiemens égaux, le premier le..., le deuxième le..., et le troisième et dernier le...; pour solde, sur les quittances qui lui seront données par le sieur V...; ces paiêmens étant effectués, le sieur M... sera valablement quitte et déchargé du prix de ladite vente, et le double de la vente lui sera remis.

Fait et signé double après lecture faite, l'an et jour susdits.

Prescription.

2279. *Code civ.* En fait de meubles, la possession vaut titre. — Néanmoins, celui qui a perdu, ou auquel il a été volé une chose peut la revendiquer pendant trois ans, à compter de la perte ou du vol, contre celui dans les mains duquel il la trouve; sauf à celui-ci son recours contre celui duquel il la tient.

2280. Si le possesseur actuel de la chose volée ou perdue l'a achetée dans une foire ou dans un marché, ou dans une vente publique, ou d'un marchand vendant des choses pareilles, le propriétaire originaire ne peut se la faire rendre qu'en remboursant au possesseur le prix qu'elle lui a coûté.

Vente de la Coupe d'un Bois taillis.

L'an ... le .., entre les sieurs, domiciliés à ..., soussignés.

A été fait marché au prix, charge, clause et condition suivantes, savoir : ledit sieur vend par le présent au sieur..., qui accepte, sous la caution ci-après, 1° la coupe d'environ... hectares... ares centiares, revenant à ... ares de bois taillis de l'âge de ... sans fourniture ni répétition de surmesure, telle qu'elle se comporte, faisant partie de la plus grande pièce, nommée vulgairement le bois..., situé sur la commune de.., appartenant audit..., la portion vendue est limitée D. C. D. C. D. B. D. B.

2° Le nombre de 174 chênes étant dans ledit bois taillis vendus, numérotés depuis le numéro 1er jusqu'à celui 174, avec une rouane, les chênes qui sont au bord de l'allée du milieu des quatre allées et tous ceux non marqués :

Lesdits chênes et coupe de bois taillis ci-devant désignés, vendus à la charge par ledit acheteur :

1° De faire abattre lesdits bois cet hiver à coupe blanche, et finir ledit abattis pour le 1er... prochain au plus tard ;

2° De laisser les chênes modernes et anciens baliveaux non marqués comme dessus et 16 nouveaux baliveaux par arpent, et de se conformer au surplus pour ladite exploitation à l'ordonnance des forêts ;

3° De ne pouvoir rien prétendre ni toucher aux lisières de bois qui appartiennent à M..., en vertu de leur héritage qui borne ladite coupe de bois, et ce pour autant qu'ils ont usage d'en couper, et de répondre des frais et dommages qu'on pourrait obtenir contre lui sieur..., vendeur : en cas d'anticipation dudit... qui ne pourra couper ni prétendre prendre aucune portion, hors dans les bois dudit..., non vendus par le présent ;

4° Les bois provenant de cette coupe seront voiturés du côté du midi, à l'endroit le plus convenable pour arriver au chemin, afin de ne pas commettre de dégâts, à peine d'être poursuivis en dommages-intérêts.

La présente vente faite, en outre les clauses ci-ant par et moyennant le prix et somme de... fr , dont moitié a été payée présentement par le sieur .....acheteur, au sieur..., dont quittance; et pour le surplus, qui est de fr. ... c., sera payé par ledit..., acheteur, au sieur .., à son domicile, savoir, la somme de..., le ... prochain, et pareille somme le... suivant.

Au présent est intervenu le sieur..., domicilié à..., lequel s'est obligé solidairement avec le sieur ..., un d'eux seul pour le tout, au paiement du prix y porté, et à l'exécution des clauses, charges et conditions.

Fait et signé triple, à ..., après lecture, l'an et jour susdits. *(Signature avec approbation.)*

Les lois et réglemens défendent aux propriétaires de bois, 1° d'abattre des arbres futaies épars ou en plein bois, sans déclaration préalable, à peine d'amende *(Décision du 15 avril 1811)*; 2° d'envoyer paître les bêtes à laine dans les bois particuliers *(Ordonnance de 1669, titre 19, article 13)*, 3° de détourner, sous aucun prétexte, les arbres marqués, sur les propriétés particulières, pour le service de la marine. *(Loi, 9 floréal an 11.)*

Le taillis est réglé en coupes ordinaires de 10 ans au moins, à la charge expresse de laisser 16 baliveaux de l'âge du bois en chaque arpent, entre les anciens et modernes, qui seront pareillement réputés futaies, et, comme tels, réservés dans toutes les coupes ordinaires, sans qu'en aucun cas on puisse y toucher *(Ordonn. de 1669, tit. 24, art. 3)*. Les propriétaires et fermiers sont tenus d'en réserver aussi aux coupes ordinaires de futaies, pour en disposer néanmoins à leur profit, après l'âge de 40 ans pour le taillis, et 126 ans pour la futaie. *(Ordonn. de 1667 tit. 26, art. 1er.)*

4..

Troisième
CONSERVATION

—

INSPECTION
de

....

Département
de....
Arrondissement
cantonnal de...
Justice de paix
de....

—

Commune de...

—

Service forestier
de
la marine

—

Loi du 9 floréal.
an 11.

—

Ordonnance
du 28 août 1816.

—

Administration générale des Forêts.

DÉCLARATION

DE VOLONTÉ D'ABATTRE.

Je soussigné..., propriétaire du bois appelé.., situé commune de.. justice de paix de.. arrondissement cantonnal de... département de... déclare être dans l'intention d'abattre dans ce bois la quantité de... arbres de l'âge, essence et dimensions ci-après désignés, et que je m'oblige, conformément à la loi du 9 floréal an 11, et à l'ordonnance du 28 août 1816, à ne faire exploiter qu'après la visite qui en sera faite dans le délai de six mois, par le contre-maître chargé, dans cet arrondissement, du marte lage des bois propres aux constructions navales, sauf le cas où la visite aurait lieu avant ce délai.

NOMS des BOIS.	ETENDUE du terrain sur lequel se trouvent les arbres déclarés.	NOMBRE D'ARBRES. Chênes.	NOMBRE D'ARBRES. Ormes.	GROSSEUR moyenne des arbres prise à 1 mètre du sol.	OBSERVAT.
	ares. cent. » »	30	40	mètres. cent.	

Présenté à. . le

(Signature du propriétaire.)

VENTE D'IMMEUBLES.

L'an..., le ..., nous soussigné F..., propriétaire, demeurant à..., et M..., demeurant à...,

Avons fait les accords et conventions comme acte synallagmatique ou bilatéral, dont la teneur et conditions sont ainsi qu'il suit :

Que moi F..., de mon gré, franche et libre volonté, et sans force ni contrainte, ai, par le présent, vendu, cédé, quitté et délaissé, dès maintenant et pour toujours, avec garantie de tous troubles, évictions, dettes, charges, hypothèques et autres empêchemens généralement quelconques, sous l'obligation générale et spéciale de tous mes biens meubles et immeubles, présens et à venir,

Au sieur M..., demeurant à ..., acquéreur ou acceptant pour lui, ses héritiers ou ayant cause;

C'est à savoir les pièces de terre ci-après désignées, au nombre de sept, situées commune de..., canton de..., département de... :

La première, au triége de..., contenant... hectares... ares... centiares, limitée D. C.., D. C.., D. B... et D. B...

La deuxième, au triège de (*comme ci-dessus, continuer jusqu'à la dernière.*

Lesdites pièces de terres labourables en l'état qu'elles sont et se comportent, sans recherche de mesure, fourniture ni répétition de surmesure, soit du plus ou du moins, lequel sortira au profit de l'acquéreur, le tout appartenent au vendeur, au droit de l'acquisition qu'il en a faite du sieur G..., par acte passé devant Me.., notaire à..., le... (*ou* à lui échues de la succession de..., suivant lots et partages en date du..., *etc.*)

Pour de la propriété, possession et jouissance être prises par le sieur M..., acquéreur, à l'expiration du bail fait au sieur B... par le vendeur, le...; signé double, enregistré à...., le....; et, en attendant, le vendeur s'oblige de payer et tenir compte à l'acquéreur de l'intérêt de son argent, faisant le principal de la présente vente, à raison de cinq pour cent, intérêt permis par la loi, par chacun an à l'échéance de ce jour, pour commencer le premier paiement dans un an, et continuer jusqu'à la prise de jouissance qui en sera faite par l'acquéreur, à l'époque de..., à laquelle l'intérêt cessera de courir et sera éteint, pour, par l'acquéreur, faire et disposer de la propriété, à ladite époque, comme de chose à lui appartenant, ainsi et de la manière qu'il avisera bien; en conséquence, le sieur F... le met et subroge dans tous ses droits, noms, raisons et actions.

A l'effet de ce que dessus, nous nous obligeons respectivement d'accomplir et exécuter la présente vente en tout son contenu, y affectant en tant que besoin tous nos biens meubles et immeubles, présens et à venir.

Ladite vente est faite moyennant la somme de..., pour le prix principal d'icelle, laquelle a été à l'instant payée par le sieur M..., acquéreur, en or et argent, espèces sonnantes, au sieur F..., vendeur, qui reconnaît l'avoir reçue; pour quoi il tient quitte et décharge le sieur M.. dudit prix, dont d'autant quittance.

Fait et rédigé double, après lecture, à..., les jour et en susdits. (*Signature avec approbation.*)

(Si les biens ne sont pas affermés, il faudra mettre la convention suivante, et retirer celle ci-dessus.

Pour de la propriété, possession et jouissance desdites pièces de terre en jouir, faire et disposer par ledit acquéreur, à compter de ce jour ; à l'effet de quoi, moi vendeur, subroge l'acquéreur dans tous mes droits, noms, raisons, actions, possessions, priviléges et hypothèques ; et, dans le cas de troubles et évictions, je m'oblige, comme gage spécial, de mettre en propriété et jouissance ledit acquéreur de la même quantité, valeur et bonté de terrain, présentement vendu à dire d'experts-arbitres, choisis par les parties pour en faire le choix et estimation à véritable valeur, et mettre de suite en possession et jouissance l'acquéreur du terrain, dont estimation sera faite sur les propriétés appartenant à moi vendeur, lesquelles pièces seront désignées par les experts-arbitres.

Autre Formule de Vente d'Immeubles.

L'an..., le..., entre les sieurs N... et V..., cultivateurs, et.... son épouse, domiciliés à..., soussignés, a été arrêté ce qui suit :

Que le sieur N... vend, avec toute garantie contre tous troubles, évictions, dettes, charges et hypothèques généralement quelconques,

Au sieur V... et à dame Z..., son épouse, qu'il autorise, demeurant ensemble à..., acquéreurs et acceptans pour eux et leur ayant cause, conjointement et solidairement.

Les biens immeubles en labour ci-après désignés,

Commune de...

Art. 1er. Une pièce de terre, au triége de..., servant de masure à filasse, plantée d'arbres fruitiers, contenant... hectares... ares... centiares, joignant d'un côté, vers le midi..., d'autre côté, l'article ci-après, d'un bout; vers le levant..., et d'autre bout plusieurs.

Art. 2. Une pièce de terre, au triège de...; en nature de labour, contenant... (*comme ci-dessus.*)

Commune de...

Art. 3. Une pièce de terre plantée en luzerne, au triège de..., contenant..., limitée D. C..., D. C..., D. B... et D. B...

Commune de...

Art. 4. Une pièce de terre plantée en landes, etc.

Les biens immeubles dont la désignation précède sont vendus sans, pour les contenances ci-dessus exprimées, aucunes fournitures ni augmentation de prix pour cause de surmesure.

A ce moyen, le plus ou le moins de mesure, s'il y en a, fût-il de plus d'un vingtième, sera au profit ou à la perte des acquéreurs.

Etablissement de la Propriété.

Les biens immeubles vendus appartiennent audit sieur N.., ainsi qu'il le déclare, pour les avoir acquis du sieur G... et de..., son épouse, civilement séparée, quant aux biens, dudit sieur G..., avec autres biens non aliénés par le présent, suivant acte reçu en minute par le notaire résidant à..., le... dûment enregistré et en forme.

Entrée en Jouissance.

Les acquéreurs auront les réelles propriété, possession et jouissance de ce jour, et, à l'avenir, des biens immeubles ici aliénés, et dont la désignation précède, le tout aux lieu et place dudit sieur N..., vendeur, qui met et subroge les acquéreurs dans tous les droits de propriété, causes, noms, raisons, actions, privilèges et hypothèques qui lui appartiennent sur les biens immeubles présentement vendus, s'en dessaisissant au profit des acquéreurs, sans exception ni réserve, si ce n'est les fruits existant actuellement aux arbres croissant sur les biens vendus, desquels fruits le vendeur fait réserve à son profit.

Remise des Titres.

Le sieur N... promet et s'engage saisir ou aider les acquéreurs de tous les titres qu'il peut avoir ou qu'il pourra recouvrer, ce qui est subordonné à sa bonne foi, concernant la propriété des biens ainsi aliénés.

Les acquéreurs reconnaissent que le sieur N... leur a remis à l'instant l'acte d'acquisition susdaté, à la charge par eux d'en aider, et sous récépissé, les diverses personnes auxquelles le sieur N..., a fait vente de partie des biens qu'il a, comme dit est, acquis des sieur et dame G...

Acquit des Impôts.

Les acquéreurs paieront et acquitteront les impôts pour raison des biens qui leur sont ainsi vendus à partir du... prochain, et non avant, attendu que ceux de la présente année restent à la charge du sieur N...

Prix de la Vente.

Cette vente est faite aux conventions qui précèdent, en outre moyennant la somme de... fr. de prix principal et pour toutes choses.

Laquelle somme les acquéreurs promettent et s'engagent conjointement et solidairement sans division ni discussion, sous les renonciations aux bénéfices de droit, payer audit N..., vendeur à..., en son domicile, savoir : la somme de... fr. le... prochain ; celle de... fr le... prochain ; et enfin celle de... le...

Au paiement de laquelle somme dans les termes ci-dessus fixés, les biens immeubles ici vendus demeurent affectés et hypothéqués par privilége spécial expressément réservé au vendeur.

Ventilation.

Du prix principal de cette vente il s'en applique la somme de... fr. pour la valeur de la pièce de terre située sur la commune de... désignée en l'article... ci-dessus, et le surplus pour la valeur des autres pièces.

Déclaration d'Emploi.

Le sieur V... et ladite..., son épouse, déclarent qu'ils se libèreront du prix de leur présente acquisition, savoir : la femme V... pour la somme de... fr. à elle provenant et faisant le prix de la vente qu'elle a faite, autorisée de son mari, au sieur B... demeurant à..., de biens immeubles provenant du chef de..., suivant contrat passé en minute devant Me..., notaire à... le...

En conséquence, ledit sieur V..., et ladite... promettent et s'engagent à faire insérer dans les quittances que leur donnera le sieur N...., leur vendeur, toutes choses utiles et convenables, tendant non-seulement à prouver l'origine des deniers, mais même pour opérer en faveur de ladite femme... le remploi de ses propres aliénés, et qu'en outre ledit sieur V... ait et acquiert toutes sûretés sur les biens immeubles, comme dit est, acquis en remploi de ceux de ladite femme, vendus audit sieur par le contrat ci-dessus daté ; ce qui est consenti par ledit sieur V..., et formellement et expressément accepté par ladite..., son épouse, qui renonce à jamais aucunement troubler, inquiéter ni rechercher ledit sieur V... dans l'effet de son acquisition dudit jour.

Et ledit sieur V..., pour une somme de... fr. de ses propres deniers.'

De cette déclaration d'emploi, il résulte que ladite femme V.... est acquéreur par indivis dans les biens immeubles ci-dessus désignés jusqu'à concurrence de la somme de... fr., et ledit sieur V..., son mari, jusqu'à celle de... fr.

Transcription, inscription.

Les acquéreurs pourront, si bon leur semble, faire transcrire le présent acte, mais à leurs frais, aux bureaux des hypothèques dans l'arrondissement desquels les biens immeubles sus-désignés sont situés ; et si lors de cette transcription, il existe des inscriptions, ou qu'il survienne, en temps de droit (procédant du fait dudit N... et ceux des sieur et dame G..., ses vendeurs, portant au surplus celui-là toute garantie aux acquéreurs, en cas qu'ils fussent troublés) ledit sieur M..., promet et s'engage d'en fournir aux acquéreurs mainlevée et certificat de radiation dans la quinzaine de la dénonciation qu'ils lui en feraient faire, et de leur en rembourser les frais qu'elles auraient occasionés, à peine, etc.

Malgré l'obligation ci-dessus contractée par le vendeur de fournir main-levée et certificat de toute inscription frappant les biens ici aliénés, comme dit est, procédant du fait dudit.... et ceux desdits sieur et dame...., ses vendeurs, il est néanmoins convenu qu'arrivant le cas où les acquéreurs seraient troublés dans la jouissance de la pièce de terre située à..., et désignée en l'acte qui précède, ledit sieur N... ferait tout ce qui serait en son pouvoir pour empêcher ce trouble; mais que ne pouvant y parvenir, il répéterait de suite aux acquéreurs qui l'acceptent, en numéraire métallique, la somme de.... fr.

Déclaration par le Vendeur.

Ledit sieur N..., vendeur, déclare, 1° qu'il n'est tuteur d'aucuns mineurs, ni curateur d'aucuns interdits; 2° que..., son épouse, a une hypothèque légale sur ses biens, pour raison de ses apports mobiliers, dont il n'a pas fait faire ni requis l'inscription sur bordereaux.

En conséquence, les acquéreurs pourront, s'ils avisent que bien soit, mais à leurs frais, remplir les formalités voulues par la loi pour en purger cette hypothèque légale.

Et depuis il est convenu que l'acte d'acquisition, devant énoncé, reste en la possession du sieur N...., vendeur, qui promet et s'engage d'en aider les acquéreurs à toute réquisition et sous récépissé.

Les frais de cet acte seront payés par les acquéreurs.

C'est ainsi que les parties sont de tout ce qui précède convenues et restées d'accord.

Dont acte, qui sera passé et renouvelé devant notaire à la première réquisition des parties.

Fait et signé double, après lecture, à..., le..., les jour et an susdits.

(Signatures avec approbation).

Vente d'une maison et Transport de Rente.

L'an...; le..., entre les soussignés, il a été convenu et arrêté ce qui suit :

Que le sieur L... et..., son épouse, qu'il autorise à l'effet des présentes, demeurant ensemble en la ville de...

Déclarent, par ses présentes, vendre, céder, transporter et abandonner dès maintenant et pour toujours, promettent et se sont obligés solidairement, sans division, sous les renonciations au bénéfice de discussion, garantir et défendre, savoir, pour l'immeuble ci-après désigné, de tous troubles, dons, douaires, dettes, hypothèques, inscriptions, évictions, et pour la rente en principal et arrérages aussi ci-après exprimés, de toutes saisies et oppositions, et enfin de tous autres empèchemens généralement quelconques, sous la garantie et l'obligation de tous leurs autres biens, et sous celle spéciale de l'objet ci-après désigné.

Au sieur G..., demeurant à..., acceptant acquéreur et transportuaire, pour lui, ses héritiers et ayant cause :

1° Une partie de maison, sise en la ville de..., composée d'une cuisine à cheminée, une chambre froide, deux autres à feu avec alcove, une cave y attenant, sur laquelle un petit grenier, une allée et une petite cour contenant environ douze mètres carrés, le tout B. D.

C. M..., D. C..., D. B. les vendeurs, et D. B. la grande route de..., sur le bord de laquelle donnent lesdits bâtimens;

2° La somme de 50 fr. de rentes annuelle et perpétuelle, au capital de 1000 fr., payable tous les ans, en deux termes et paiemens égaux, les... en laquelle s'est constitué le sieur D..., demeurant à..., qui en est encore débiteur envers et au profit du sieur L..., suivant acte passé devant Me..., notaire à..., le..., pour sûreté de laquelle inscription a été prise au bureau des hypothèques D..., le..., vol..., n°..., au profit du sieur L...., contre le sieur D...

Ainsi que ladite partie de la maison, en circonstances et dépendances, présentement vendue, se poursuit et comporte, sans aucune exception ou réserve.

Appartenant, ladite partie de maison vendue auxdits sieur et dame L..., au moyen de l'acquit que ceux-ci en ont fait, avec une autre partie, qu'ils conservent du sieur V..., suivant acte passé devant Me..., notaire à..., le..., enregistré le..., moyennant, entre autres prix, charges et conditions, la somme de 100 fr. de rente foncière et perpétuelle, au capital de 2,000 fr., exempte de retenue.

Pour, par ledit sieur G..., jouir faire et disposer de ladite partie de maison, en circonstances et dépendances et ladite rente en principal et arrérages, en toute propriété, et comme de chose lui appartenant totalement à commencer de ce jour,

Et en avoir la jouissance, savoir :

De ladite partie de maison, à commencer de ce jour, et des arrérages de ladite rente par la perception à son profit que le sieur G... en fera du sieur D... des six ois à échoir au jour de ...

Aux fins desquelles propriétés et jouissances le sieur L... et son épouse, ont mis le sieur G..., acquéreur et transportuaire, en leur lieu et place, et subrogé dans tous les droits, noms, raisons, actions et possessions, priviléges et hypothèques qu'ils avaient sur lesdites parties de maison et rentes vendues et transportées au présent, et ils se sont obligés d'aider au besoin, toutesfois et quantes, sous récépissé, le sieur G... de leur contrat d'acquêt sus-daté, qu'ils conservent en leurs mains, attendu qu'il concerne la propriété d'une autre partie de maison dont ils restent propriétaires, promettant de lui remettre sous quinzaine, grosse exécutoire de l'acte créatif de ladite rente devant énoncée,

Aux charges par l'acquéreur qui s'y oblige :

1° De supporter les servitudes passives dont ladite partie de maison vendue peut être grevée, parce qu'il s'éjouira de celles actives qui peuvent y être attachées et en dépendre ;

2° De souffrir la jouissance de ladite partie de maison, aux personnes qui justifieront y avoir droit par titre en forme, parce que dans ce cas, il en recevra les loyers, à commencer par ceux qui seront dus à la première échéance, ou autrement de s'arranger avec elles comme il avisera bien à cet égard, mais arrière des vendeurs, et en faisant en sorte qu'ils n'en éprouvent la plus légère inquiétude.

3°. D'acquitter la contribution foncière de ladite partie de maison à compter du...;

4° Et de payer les frais et droits du présent acte, son enregistrement, et le dépôt qui en sera fait ultérieurement.

Les présentes vente et transport sont ainsi faits, en outre des charges et conditions ci-dessus, moyennant la somme de 2,200 fr., dont 1,200 fr. pour la partie de maison, et 1,000 francs pour la rente de 50 francs en principal et arrérages, sur laquelle somme de 2,200 fr., ledit sieur G... a présentement payé comptant aux sieur et dame L..., qui s'en sont saisis, dont d'autant quittance;

Et quant au 2,000 fr. de surplus, ils sont et demeurent compensés entre les vendeurs et l'acquéreur contre pareille somme pour le capital d'une rente de 100 fr. dont les sieurs et dame L... sont débiteurs envers M. G..., par contrat passé devant Me... notaire à..., le..., au moyen de quoi le sieur G... est totalement libéré du prix des vente et transport à lui faits par le présent, par les sieur et dame L..., et ces derniers sont entièrement quittes et libérés de ladite rente de 100 fr. au capital de 2,000 dont les sieur et dame L... étaient tenus envers le sieur G..., ainsi qu'il est ci-devant dit, pourquoi à cet égard ils se donnent quittance respective.

Néanmoins, les inscriptions qui auraient pu être prise par le sieur V... au bureau des hypothèques de..., pour sûreté de la rente de 100 fr. en principal et arrérages, dont franchissement par compensation vient de s'opérer au présent, tiendra état jusqu'à la transcription et purgation légale du présent acte. Ces formalités remplies, les sieur et dame L... en apporteront main-levée et certificat de radiation, ainsi que toutes autres inscriptions et oppositions.

Les sieur et dame L... accordent au sieur G... et à ses représentans à toujours, par chez eux et par-dessus la partie de maison qu'ils conservent, droit de passage et tour d'échelle, conformément à la loi, sur leur terrain seulement, pour réparer, toutefois que besoin sera la partie de maison présentement vendue; de son côté ledit sieur G... accorde droit aux sieur et dame L... d'appuyer et bâtir sur le bout de la chambre faisant partie de la maison vendue.

A la sûreté et garantie de la présente vente et transport, les sieurs et dame L... ont affecté et hypothéqué le surplus de la maison vendue au présent dont ils restent propriétaires, consistant en deux creux de bâtimens et en un jardin, le tout tenant D. C... et D. B... à ladite partie de la maison vendue;

Sur lesquels ils consentent que le sieur G... prenne à ses frais inscription en garantie au bureau des hypothèques de..., dans l'arrondissement duquel ils sont situés.

Dont acte, qui sera passé toutefois et quantes devant notaire, aux frais de l'acquéreur, fait et signé double après lecture, à..., l'an et jour susdits.

Nota. Une maison doit être délivrée avec les clefs des portes et autres articles qui en dépendent, les titres, les plans et autres renseignemens sont aussi des accessoires, mais le vendeur n'est pas tenu d'en donner d'autres que ceux énoncés au contrat. (*Arrêt. Paris du 27 mai* 1808,) 1605. Code civ.

Formalités à observer pour la vente d'Immeubles.

Les actes sous seing-privé contenant vente d'immeubles peuvent être transcrits sur les registres du bureau des hypothèques du lieu où dépendent les biens pour conserver le privilége : ainsi décidé par avis du conseil d'état du 3 floréal an 13, approuvé le 12, conçu en ces termes :

« Le conseil d'état entendu , etc. ,

« Considérant qu'aucune disposition précise ne s'oppose à ce qu'un acte de vente sous signature privée, revêtu de la formalité de l'enregistrement , soit transcrit sur les registres du conservateur des hypothèques ; que cette transcription n'a d'autre effet que d'annoncer aux personnes intéressées que la propriété d'un immeuble a passé d'une main dans une autre , et qu'il n'y aurait pas de motifs pour prohiber les annonces du changement qui se serait opéré par acte sous signature privée, quand il est permis d'aliéner de cette manière ;

« Qu'on ne peut tirer aucune induction contraire de ce que l'inscription à l'effet d'acquérir hypothèque ne peut avoir lieu que sur le vu d'une expédition authentique du jugement ou de l'acte qui constitue hypothèque ;

Qu'enfin , lors de la discussion du titre du Code civil, des priviléges et hypothèques , la questisn fût proposée au conseil d'état , et qu'il parut si évident qu'on pouvait transcrire un acte sous signature privée , qu'on jugea superflu de faire une disposition pour le permettre, comme on peut s'en convaincre par la lecture du procès-verbal , séance du 10 ventôse an 12, (1er *mars* 1804). »

Conséquemment, on peut mettre à la transcription un acte sous seing-privé portant quittance du prix des biens vendus.

Si le prix n'est pas payé comptant, qu'il soit à termes, le conservateur pourrait refuser la transcription jusqu'à ce que les signatures apposées à l'acte sous seing-privé soient reconnues en justice ou que le dépôt en ait été fait devant notaire, attendu que, d'après l'art. 2108 du Code civil, le vendeur privilégié conserve son privilége par la transcription du titre qui a transféré la propriété à l'acquéreur, et qui constate que la totalité ou partie du prix lui est due, à l'effet de quoi la transcription du contrat faite par l'acquéreur vaudra inscription pour le vendeur.

Attendu que, par le même article, le conservateur des hypothèques est tenu, sous peine de tous dommages et intérêts envers les tiers, de faire d'office l'inscription sur son registre des créances résultant de l'acte translatif de propriété ; que cette inscription ne peut avoir lieu, faute d'authenticité de l'acte, il convient donc préalablement, de faire reconnaître les signatures par un jugement, en conformité des articles 2123 et 193 du Code de Procédure civile, ou par un dépôt de l'acte devant notaire. (*Art.* 2127 *Code civ.*)

Lorsque le prix a été payé comptant, on est dispensé de ces formalités. Il y a lieu à transcription, comme il est expliqué plus haut.

De la Délivrance des Immeubles après la Vente.

1615. L'obligation de délivrer la chose comprend ses accessoires et tout ce qui a été destiné à son usage perpétuel.

1616. Le vendeur est tenu de délivrer la contenance telle qu'elle est portée au contrat, sous les modifications ci-après exprimées.

1617. Si la vente d'un immeuble a été faite avec indication de la contenance, à raison de tant la mesure, le vendeur est obligé de délivrer à l'acquéreur, s'il l'exige, la quantité indiquée au contrat ; — Et si la chose ne lui est pas possible, ou si l'acquéreur ne l'exige pas, le vendeur est obligé de souffrir une diminution proportionnelle du prix.

1618. Si, au contraire, dans le cas de l'article précédent, il se trouve une contenance plus grande que celle exprimée au contrat, l'acquéreur a le choix de fournir le supplément du prix, ou de se désister du contrat, si l'excédant est d'un vingtième au-dessus de la contenance déclarée.

1619. Dans tous les autres cas, — Soit que la vente soit faite d'un corps certain et limité, — Soit qu'elle ait pour objet des fonds distincts et séparés, — Soit qu'elle commence par la mesure, ou par la désignation de l'objet vendu suivie de la mesure, — L'expression de cette mesure ne donne lieu à aucun supplément de prix en faveur du vendeur, pour l'excédant de mesure, ni en faveur de l'acquéreur, à aucune diminution du prix pour moindre mesure qu'autant que la différence de la mesure réelle à celle exprimée au contrat est d'un vingtième en plus ou en moins, eu égard à la valeur de la totalité des objets vendus, s'il n'y a stipulation contraire.

1620. Dans le cas où, suivant l'article précédent, il y a lieu à augmentation de prix pour excédant de mesure, l'acquéreur a le choix ou de se désister du contrat, ou de fournir le supplément du prix, et ce avec les intérêts, s'il a gardé l'immeuble.

1621. Dans tous les cas où l'acquéreur a le droit de se désister du contrat, le vendeur est tenu de lui restituer, outre le prix, s'il l'a reçu, les frais de ce contrat.

1622. L'action en supplément de prix de la part du vendeur, et celle en diminution de prix ou en résiliation du contrat de la part de l'acquereur, doivent être intentées dans l'année, à compter du jour du contrat, à peine de déchéance.

1623. S'il a été vendu deux fonds par le même contrat, et pour un seul et même prix, avec désignation de la mesure de chacun, et qu'il se trouve moins de contenance en l'un et plus en l'autre on fait compensation jusqu'à due concurrence; et l'action, soit en supplément, soit en diminution du prix, n'a lieu que suivant les règles ci-dessus établies.

1624. La question de savoir sur lequel, du vendeur ou de l'acquéreur, doit tomber la perte ou la détérioration de la chose vendue avant la livraison, est jugée d'après les règles prescrites au titre *des Contrats ou des Obligations conventionnelles en général.*

535. L'espression *biens meubles*, celle de *mobilier*, ou *d'effets mobiliers*, comprennent généralement tout ce qui est censé meubles d'après les règles ci-dessus établies. — La vente ou le don d'une maison meublée ne comprend que les meubles meublans.

558. La vente ou le don d'une maison avec tout ce qui s'y trouve ne comprend pas l'argent comptant ni les dettes actives et autrès droits dont les titres peuvent être déposés dans la maison; tous les autres effets mobiliers y sont compris.

Vente de Droits d'Hérédité.

L'an..., le..., entre les soussignés, J... et..., son épouse, qu'il autorise à l'effet des présentes, demeurant ensemble en la commune de...,

Lesquels, après ladite..., femme, qui a dit agir librement, et sans y être induite ni contraire, ont, par ces présentes, vendu, quitté, cédé et abandonné, dès maintenant et à toujours, avec promesse de faire valoir et garantir de tous troubles, évictions, dons, douaire, dettes, hypothèques et autres empêchemens généralement quelconques, conjointement et solidairement ensemble, un d'eux seul pour le tout, sans division, discussion ni fidéjussion,

A M. D..., propriétaire, et..., demeurant à..., ce acceptant, et acquéreur pour lui, ses successeurs et ayant-droit.

Les droits successifs et héréditaires appartenant pour un huitième à..., femme du sieur J..., dans les successions échues, tant mobilières qu'immobilières, de... ses père et mère, en général et sans aucune réserve, en quoi qu'ils puissent consister; lesquels biens immeubles provenus desdites successions consistent en maison, bâtimens, masures, terres labourables et prairies, situés tant en ladite commune de..., qu'en celle de... la désignation desquels par contenance, triège, bouts et côtés, n'a été requise en ces présentes, les parties ayant déclaré les bien connaître et être instruites à suffire.

Desquels droits successifs et héréditaires pour un huitième, vendus par ces présentes par lesdits J..., mariés, ledit acquéreur va jouir, faire et disposer propriétairement, de ce jour, à l'avenir, au lieu et place et à la subrogation des droits, noms, raisons, actions et possessions desdits J.., mariés, qui s'en démettent et dessaisissent en faveur dudit sieur D..., acquéreur, pourquoi ils l'autorisent de faire lots et partages avec leurs cohéritiers desdites successions.

La présente vente et cession ainsi faite moyennant 1° l'engagement entrepris par l'acquéreur de payer à partir du..., et à l'avenir, les contributions auxquelles le huitième des objets vendus est et se trouvera imposé;

2° L'obligation contractée par l'acquéreur de payer le huitième dont sont susceptibles les vendeurs, dans » fr. » c. de rente, de la nature qu'elle est due à celui ou à celle qui justifiera d'un titre en forme et non prescrit, commencera l'acquéreur à acquitter cette rente à la prochaine échéance, et continuera ainsi, d'année en année, et si bien et à temps, que les vendeurs ne puissent être inquiétés ni recherchés en principal et arrérages à l'avenir.

3° Aussi l'obligation contractée par l'acquéreur de payer le huitième dont sont susceptibles les vendeurs dans les droits d'enregistrement de la succession dudit.., décédé le...; la part qu'en doivent les vendeurs, déclarée pouvoir s'élever à » fr. » c.;

4° La somme de » fr. » c. de principal francs deniers venant au vendeurs, laquelle somme l'acquéreur leur paiera et s'oblige à leur payer le... prochain, sans intérêts jusqu'à cette époque, et ce d'aprés que le dit J..., vendeur, lui aura fourni bon et valable remplacement de pareille somme en fonds d'héritages, situés dans l'arrondissement de..., franc et quitte de toutes dettes et hypothèques.

Au paiement de laquelle susdite somme de... l'acquéreur oblige tous ses biens actuels et futurs, les objets par lui acquis y demeurant spécialement et en privilége affectés et hypothéqués, et sur lesquels il consent toute inscription hypothécaire pour sûreté du paiement de la susdite somme,

Pourra l'acquéreur s'il le juge convenable, faire transcrire ces présentes au bureau de la conservation des hypothèques de..., à l'effet de consolider son acquisition.

Seront, les frais des présentes et autres en résultant, à la charge de l'acquéreur, étant les parties ainsi convenues et demeurées d'accord.

Tous pouvoirs sont donnés au sieur D... de faire signifier le présent acte à qui besoin sera.

Le présent sera passé et renouvelé devant notaire à la première réquisition des vendeurs, également aux frais de l'acquéreur, qui sera tenu de remettre grosse exécutoire.

Fait et signé double, après lecture, à... les jour et an susdits. *(Signatures avec approbation.)*

Faire enregistrer cet acte et le signifier par huissier aux héritiers en la personne de l'un d'eux, chargé de le faire savoir à ses cohéritiers, pour faire connaître la qualité de cessionnaire et venir à partage, avec défense d'y procéder hors sa présence et sans l'y appeler, et sans protester contre tout ce qui serait fait au préjudice : cette signification est exigée par les *art.* 1690 *et* 1691 *du code Civil*

1690. Le cessionnaire n'est saisi à l'égard des tiers que par la signification du transport faite au débiteur. — Néanmoins le cessionnaire peut être également saisi par l'acceptation du transport faite par le débiteur dans un acte authentique.

1691. Si avant que le cédant ou le cessionnaire eût signifié le transport au débiteur, celui-ci avait payé le cédant, il sera valablement liquidé.

Le cessionnaire peut être écarté du partage, en lui remboursant le prix de la cession (*art.* 841 *du Code civ.*), à moins que ce soit un cohéritier.

841. Toute personne, même parente du défunt, qui n'est pas son successible, et à laquelle un cohéritier aurait cédé son droit à la succession, peut être écartée du partage, soit par tous les cohéritiers, soit par un seul, en lui remboursant le prix de la cession.

Rescision en matière de Partage.

889. L'action n'est pas admise contre une vente de droit successif faite sans fraude à l'un des cohéritiers, à ses risques et périls, par ses autres cohéritiers ou par l'un d'eux.

On ne peut vendre la succession d'une personne vivante, même de son consentement. (*Art.* 1600 *du C. civ.*)

Celui qui vend une hérédité, sans en spécifier en détail les objets, n'est tenu de garantir que sa qualité d'héritier (1696).

780. La donation, vente ou transport que fait de ses droits successifs un des cohéritiers, soit à un étranger, soit à tous ses cohéritiers, soit à quelques-uns d'eux, emporte de sa part acceptation de la succession. — Il en est de même, 1° de la renonciation, même gratuite, que fait un des cohéritiers au profit d'un ou de plusieurs de ses cohéritiers; — 2° de la renonciation qu'il fait même au profit de ses cohéritiers indistinctement, lorsqu'il reçoit le prix de sa renonciation.

1697. S'il avait déjà profité des fruits de quelque fonds ou reçu le montant de quelque créance appartenant à cette hérédité, ou vendu quelques effets de la succession, il est tenu de les rembourser à l'acquéreur, s'il ne les a expressément réservés lors de la vente.

1698. L'acquéreur doit de son côté rembourser au vendeur ce que celui-ci a payé pour dette et charge de la succession, et lui faire raison de tout ce dont il était créancier, s'il n'y a stipulation contraire.

888. L'action en rescision est admise contre tout acte qui a pour objet de faire cesser l'indivision entre cohéritiers, encore qu'il fût qualifié de vente, d'échange et de transaction, ou de toute autre manière. — Mais après le partage, ou l'acte qui en tient lieu, l'action en rescision n'est plus admise contre la transaction faite sur les difficultés réelles que présentait le premier acte, même quand il n'y aurait pas eu à ce sujet de procès commencé.

CHAPITRE VIII.

DE L'ECHANGE.

1702. *Code civ.* L'échange est un contrat par lequel les parties se donnent respectivement une chose pour une autre.

1703. L'échange s'opère par le seul consentement, de la même manière que la vente.

1704. Si l'un des copermutans a déjà reçu la chose à lui donnée en échange, et qu'il prouve ensuite que l'autre contractant n'est pas propriétaire de cette chose, il ne peut pas être forcé à livrer celle qu'il a promise en contre échange, mais seulement à rendre celle qu'il a reçue.

1705. Le copermutant qui est évincé de la chose qu'il a reçue en échange a le choix de conclure à des dommages et intérêts, ou de répéter sa chose.

1706. La rescision pour cause de lésion n'a pas lieu dans le contrat d'échange.

1707. Toutes les autres règles prescrites pour le contrat de vente s'appliquent d'ailleurs à l'échange.

Actes d'échange de Propriétés.

Du... de l'an..., entre le sieur V..., demeurant à..., et le sieur M... domicilié à...,

Il a été arrêté l'échange ci-après, savoir : que le sieur V... cède et abandonne au sieur M... toutes les terres qu'il a acquises en la commune de... et vendues au nom du gouvernement comme confisquées sur l'émigré C..., suivant adjudication du..., faite au sieur B... qui les a retrocédées au sieur V..., par acte passé devant Me Z..., notaire à..., le...,

Et le sieur M... cède et abandonne les terres qu'il a acquises du gouvernement, sises en la commune de..., confisquées sur V..., suivant adjudication du...

Les parties ayant déclaré bien connaître les objets réciproquement cédés, elles ont bien voulu se passer de désignation, et elles se sont aussi réciproquement remises aux mains les actes d'adjudication qui en contiennent le détail, ainsi que les quittances finales du receveur des domaines nationaux à...

Les conditions du présent échange, qui est pur et simple, sont que chacun entrera en jouissance par la récolte prochain ou par les fermage représentatifs, que chacun paiera ou acquittera la contribution foncière à compter de l'an..., y compris, comme aussi que tous les labours donnés aux terres cédées seront payés à ceux qui les ont faits, et ce, aussi réciproquement de manière que le sieur V... paiera les labours donné aux terres que lui cède le sieur M..., et celui-ci ceux donnés aux terres que cède le sieur V...

Le sieur V... aidera au besoin le sieur M... de l'acte notarié dont a été parlé, le sieur V... le retenant en ses mains parce qu'il contient la cession d'objets non compris au présent; et au surplus, ils demeurent obligés de s'aider réciproquement de tous actes nécessaires à cause des fermages dus jusqu'à ce moment.

Par ce moyen chacune des parties devient dès ce jour propriétaire incommutable de l'objet à elle cédé

Le présent acte sera, à la première réquisition, enregistré et déposé devant notaires, à communs frais.

Dont et du tout lesdites parties sont convenues et demeurées d'accord, sous la simple garantie de leurs faits et promesses; en conséquence, elles ont signé au présent fait double, après lecture, à..., l'an et jour susdits. (*Signatures, avec approbation.*)

(Si l'échange est fait avec retour, on en fera mention dans l'acte.

Dans un échange qui a été consommé, lorsque l'un des copermutans prouve que la chose par lui reçue n'appartient pas à l'autre contractant, il ne peut, tant qu'il n'est pas troublé dans sa possession, contraindre celui-ci à restituer la chose qu'il a livrée en contre-échange. (*Cass. sect. civ.* 11 *décembre* 1815. *Pal.* : *t.* 1, *de* 1816, *p.* 516.)

TRANSPORT DE CRÉANCE ET DE RENTE.

1689. Dans le transport d'une créance, d'un droit ou d'une action sur un tiers, la délivrance s'opère entre le cédant et le cessionnaire par la remise du titre.

1692. La vente ou cession d'une créance comprend les accessoires d'une créance, tels que caution, privilége et hypothèque.

1693. Celui qui vend une créance ou autre droit incorporel doit en garantir l'existence au temps du transport, quoiqu'il soit fait sans garantie.

1694. Il ne répond de la solvabilité du débiteur que lorsqu'il s'y est engagé, et jusqu'à concurrence seulement du prix qu'il a retiré de la créance.

1695. Lorsqu'il a promis la garantie de la solvabilité du débiteur, cette promesse ne s'entend que de la solvabilité actuelle, et ne s'étend pas au temps à venir, si le cédant ne l'a expressément stipulé.

Transport de Créance.

Le..., l'an...,

Entre les sieurs S..., domiciliés à..., et T..., demeurant à..., soussignés,

A été convenu ce qui suit :

Que le sieur S... déclare par le présent céder et transporter, avec promesse de bonne et valable garantie, et même avec obligation de payer, à défaut d'exécution de la part du débiteur ci-après nommé, après simple mise en demeure et insolvabilité,

A M. T..., ce acceptant,

La somme de » fr. » c., que ledit sieur T... garan. avoir droit de demander et prétendre sur M. V.., pour cause de...; plus, les intérêts que ladite somme a produits, et ce qu'elle produira jusqu'au remboursement, sans aucune exception ni réserve (*ou* à prendre et recevoir de M. V..., suivant acte, *etc.*)

Pour, par mondit sieur T.., être et demeurer propriétaire du tout, à compter de ce jour, au lieu et place du cédant, qui le met et subroge dans tous ses droits, noms, raisons et actions, possessions, priviléges et hypothèques, s'en dessaisissant au profit du sieur T...

Ce transport est ainsi fait et consenti moyennant la somme de » fr. » c. que M. S.... reconnaît avoir reçue à l'instant, en argent, de M. T..., en bonnes espèces, pour quoi quittance.

Pour faire signifier le présent, tous pouvoirs nécessaires et suffisans sont donnés à M. T...: le coût du timbre et enregistrement du présent sont à sa charge; dont acte, à..., les jour et an susdits, signé lecture faite. (*Signature, avec approbation.*)

Il est besoin d'un double, dans le cas où le prix du transport ne serait pas acquitté, pour rester aux mains du cédant.

Transport de Rentes.

(*Même intitulé.*)

Lequel sieur B... déclare, par le présent, vendre, céder, transporter, sous toute garantie de fait et de droit.

Au sieur C.., acceptant pour lui, ses successeurs ou ayant-cause.

La somme de » fr. de rente annuelle et hypothécaire, exempte d'impositions, échéant le...,

A prendre et avoir sur le sieur G..., demeurant à.., qui l'a créée au profit dudit sieur B..., moyennant le capital de » fr. » c., suivant acte passé devant Me.., notaire à... le..., spécialement affectée et hypothéquée sur la maison dudit sieur G..., sise à..., en circonstances et dépendances, qu'il a déclaré lui appartenir, suivant l'acquisition qu'il en a faite du sieur..., par acte passé devant Me.., notaire à..., le...,

Pour, par le sieur C..., en avoir la propriété, possession et jouissance, dès ce jour, et en percevoir même les arrérages tant dus et échus qu'à échoir, le tout au lieu et place du sieur B..., qui le met et subroge en tous ses droits, possessions, priviléges et hypothèques, notamment dans l'effet de l'inscription par lui prise, en vertu desdits actes, au bureau des hypothèques de...: le..., volume..., n°...;

En conséquence, le sieur B... a remis à l'instant au sieur C... la grosse du titre de création et le bordereau d'inscription.

Le présent transport est fait moyennant la somme de » fr. » c., payée en argent par le sieur C... au sieur B..., qui reconnaît s'en être saisi, dont quittance

Fait et signé à..., après lecture, l'an et jour susdits.

(*Signature, avec approbation.*)

Ces actes enregistrés, il faut les faire signifier par huissier aux débiteurs, avec défense de payer en d'autres mains qu'en celles des cessionnaires : cette formalité est exigée par les art. 1690 et 1691, déjà cités, pour se garantir des oppositions ou saisies-arrêts qui pourraient être faites par les créanciers du cédant, ou d'un nouveau transport, qui aurait la préférence s'il était signifié avant le premier.

CHAPITRE IX.

ACTES DE LOUAGE.

Baux de Maisons et de Biens ruraux ; Louage d'Ouvriers, de Voituriers ; Devis et Marchés ; Bail à Cheptel.

1714. *Cod. civ.* On peut louer ou par écrit, ou verbalement.

1715. Si le bail fait sans écrit n'a encore reçu aucune exécution, et que l'une des parties le nie, la preuve ne peut être reçue par témoins, quelque modique qu'en soit le prix, et quoiqu'on allègue qu'il y a eu des arrhes données. — Le serment peut seulement être déféré à celui qui nie le bail.

1716. Lorsqu'il y aura contestation sur le prix du bail verbal dont l'exécution a commencé, et qu'il n'existera point de quittance, le propriétaire en sera cru sur son serment, si mieux n'aime le locataire demander l'estimation par experts; auquel cas les frais de l'expertise restent à sa charge, si l'estimation excède le prix qu'il a déclaré.

1717. Le preneur a le droit de sous-louer, et même de céder son bail à un autre, si cette faculté ne lui a pas été interdite. — Elle peut être interdite pour le tout ou partie. — Cette clause est toujours de rigueur.

1718. Les articles du titre *du Contrat de Mariage et des Droits respectifs des Epoux*, relatifs aux baux des biens des femmes mariées, sont applicables aux baux des biens des mineurs.

1719. Le bailleur est obligé, par la nature du contrat, et sans qu'il soit besoin d'aucune stipulation particulière, — 1° de délivrer au preneur la chose louée; — 2° d'entretenir cette chose en état de servir à l'usage pour lequel elle a été louée; — 3° d'en faire jouir paisiblement le preneur pendant la durée du bail.

1720. Le bailleur est tenu de délivrer la chose en bon état de réparations de toute espèce. — Il doit y faire pendant la durée du bail, toutes les réparations qui peuvent devenir nécessaires, autres que les locatives.

1721. Il est dû garantie au preneur pour tous les vices ou défauts de la chose louée qui en empêchent l'usage, quand même le bailleur ne les aurait pas connus lors du bail. — S'il résulte de ces vices ou défauts quelque perte pour le preneur, le bailleur est tenu de l'indemniser.

1722. Si pendant la durée du bail, la chose louée est détruite en totalité par cas fortuit, le bail est résilié de plein droit; si elle n'est détruite qu'en partie, le preneur peut, suivant les circonstances, demander ou une diminution du prix, ou la résiliation même du bail. Dans l'un et l'autre cas, il n'y a lieu à aucun dédommagement.

1723. Le bailleur ne peut, pendant la durée du bail, changer la forme de la chose louée.

1724. Si durant le bail, la chose louée a besoin de réparations urgentes et qui ne puissent être différées jusqu'à sa fin, le preneur doit les souffrir, quelque incommodité qu'elles lui causent, et quoiqu'il soit privé, pendant qu'elles se font, d'une partie de la chose louée. — Mais, si ces réparations durent plus de quarante jours, le prix du bail sera diminué à proportion du temps et de la partie de la chose louée dont il aura été privé. — Si les réparations sont de telle nature qu'elles rendent inhabitable ce qui est nécessaire au logement du preneur et de sa famille, celui-ci pourra faire résilier le bail.

1725. Le bailleur n'est pas tenu de garantir le preneur du trouble que des tiers apportent par voies de fait à sa jouissance, sans prétendre aucun droit sur la chose louée, sauf au preneur à les poursuivre en son nom personnel.

1726. Si, au contraire, le locataire ou le fermier ont été troublés dans leur jouissance par suite d'une action concernant la propriété du fonds, ils ont droit à une diminution proportionnée sur le prix du bail à loyer ou à ferme, pourvu que le trouble et l'empêchement aient été dénoncés au propriétaire.

1727. Si ceux qui ont commis les voies de fait prétendent avoir quelque droit sur la chose louée, ou si le preneur est lui-même cité en justice pour se voir condamner au délaissement de la totalité ou de partie de cette chose, ou à souffrir l'exercice de quelque servitude, il doit appeler le bailleur en garantie, et doit être mis hors d'instance, s'il l'exige, en nommant le bailleur pour lequel il possède.

1728. Le preneur est tenu de deux obligations principales. — 1° D'user de la chose louée en bon père de famille, et suivant la destination qui lui a été donnée par le bail, ou suivant celle présumée d'après les circonstances, à défaut de conventions; — 2° de payer le prix du bail au terme convenu.

1729. Si le preneur emploie la chose louée à un autre usage que celui auquel elle a été destinée, ou dont il puisse résulter un dommage pour le bailleur, celui-ci peut, suivant les circonstances, faire résilier le bail.

1730. S'il a été fait un état des lieux entre le bailleur et le preneur, celui-ci doit rendre la chose telle qu'il l'a reçue, suivant cet état, excepté ce qui a péri ou a été dégradé par vétusté ou force majeure.

1731. S'il n'a pas été fait d'état des lieux, le preneur est présumé les avoir reçus en bon état de réparations locatives, et doit les rendre tels, sauf la preuve contraire.

1732. Il répond des dégradations ou des pertes qui arrivent pendant sa jouissance, à moins qu'il ne prouve qu'elles ont eu lieu sans sa faute.

1733. Il répond de l'incendie, à moins qu'il ne prouve. — Que l'incendie est arrivé par cas fortuit, force majeure, ou par vice de construction, — Ou que le feu a été communiqué par une maison voisine.

1734. S'il y a plusieurs locataires, tous sont solidairement responsables de l'incendie, — A moins qu'il ne prouvent que l'incendie a commencé dans l'habitation de l'un d'eux, auquel cas, celui-là seul en est tenu; — Ou que quelques-uns ne prouvent que l'incendie n'a pu commencer chez eux, auquel cas ceux-là n'en sont pas tenus.

1735. Le preneur est tenu des dégradations et des pertes qui arrivent par le fait des personnes de sa maison ou de ses sous-locataires.

1736. Si le bail a été fait sans écrit, l'une des parties ne pourra donner congé à l'autre qu'en observant les délais fixés par l'usage des lieux.

1737. Le bail cesse de plein droit à l'expiration du terme fixé, lorsqu'il a été fait par écrit, sans qu'il soit nécessaire de donner congé.

1738. Si, à l'expiration des baux écrits, le preneur reste et est laissé en possession, il s'opère un nouveau bail dont l'effet est réglé par l'article relatif aux locations faites sans écrit.

1739. Lorsqu'il y a un congé signifié, le preneur, quoiqu'il ait continué sa jouissance, ne peut invoquer la tacite réduction.

1740. Dans le cas des deux articles précédens, la caution donnée pour le bail ne s'étend pas aux obligations résultant de la prolongation.

1741. Le contrat de louage se résout par la perte de la chose louée, et par le défaut respectif du bailleur et du preneur, de remplir leurs engagemens.

1742. Le contrat de louage n'est point résolu par la mort du bailleur, ni par celle du preneur.

1743. Si le bailleur vend la chose louée, l'acquéreur ne peut expulser le fermier ou le locataire qui a un bail authentique ou dont la date est certaine, à moins qu'il ne se soit réservé ce droit par le contrat de bail.

1744. S'il a été convenu, lors du bail, qu'en cas de vente, l'acquéreur pourrait expulser le fermier ou locataire, et qu'il n'ait été fait aucune stipulation sur les dommages et intérêts, le bailleur est tenu d'indemniser le fermier ou locataire de la manière suivante.

1745. S'il s'agit d'une maison, appartement ou boutique, le bailleur paie, à titre de dommages et intérêts, au locataire évincé, une somme égale au prix du loyer, pendant le temps qui, suivant l'usage des lieux, est accordé entre le congé et la sortie.

1746. S'il s'agit de biens ruraux, l'indemnité que le bailleur doit payer au fermier est du tiers du prix du bail pour tout le temps qui reste à courir.

1747. L'indemnité se réglera par experts, s'il s'agit de manufactures, usines, ou autres établissemens qui exigent de grandes avances.

1748. L'acquéreur qui veut user de la faculté réservée par le bail, d'expulser le fermier ou locataire en cas de vente, est, en outre, tenu d'avertir le locataire au temps d'avance usité dans le lieu pour les congés. — Il doit aussi avertir le fermier de biens ruraux, au moins un an à l'avance.

1749. Les fermiers ou locataires ne peuvent être expulsés qu'ils ne soient payés par le bailleur, ou, à son défaut, par le nouvel acquéreur, des dommages et intérêts ci-dessus expliqués.

1750. Si le bail n'est pas fait par acte authentique, ou n'a point de date certaine, l'acquéreur n'est tenu d'aucuns dommages et intérêts.

1751. L'acquéreur à pacte de rachat ne peut user de la faculté d'expulser le preneur, jusqu'à ce que par l'expiration du délai fixé pour le réméré, il devienne propriétaire incommutable.

1752. Le locataire qui ne garnit pas la maison de meubles suffisans peut être expulsé, à moins qu'il ne donne des sûretés capables de répondre du loyer.

1753. Le sous-locataire n'est tenu envers le propriétaire que jusqu'à concurrence du prix de sa sous-location, dont il peut-être débiteur au moment de la saisie, et sans qu'il puisse opposer des paiemens faits par anticipation. — Les paiemens faits par le sous-locataire, soit en vertu d'une stipulation portée en son bail, soit en conséquence de l'usage des lieux, ne sont pas réputés faits par anticipation.

1754. Les réparations locatives ou de menus entretien dont le locataire est tenu, s'il n'y a clause contraire, sont celles désignées comme telles par l'usage des lieux, et, entre autres, les réparations à faire, — Aux âtres, contre-cœurs, chambranles et tablettes de cheminées; — Au récrépiment du bas des murailles des appartemens et autres lieux d'habitation, à la hauteur d'un mètre; — Aux pavés et carreaux des chambres, lorsqu'il y en a quelques-uns de cassés; — Aux vitres, à moins qu'elles ne soient cassées par la grêle, ou autres accidens extraordinaires et de force majeure, dont le locataire ne peut être tenu; — Aux portes, croisées, planches de cloisons ou de fermetures de boutiques, gonds, targettes et serrures.

1755. Aucune des réparations réputées locatives n'est à la charge des locataires, quand elles ne sont occasionnées que par vétusté ou force majeure.

1756. Le curement des puits et celui des fosses d'aisance sont à la charge du bailleur, s'il n'y a clause contraire.

1757. Le bail des meubles fournis pour garnir une maison entière, un corps de logis entier, une boutique, ou tous autres appartemens, est censé fait pour la durée ordinaire des baux de maisons, corps de logis, boutiques ou autres appartemens, selon l'usage des lieux.

1758. Le bail d'un appartement meublé est censé fait à l'année, quand il a été fait à tant par an; — Au mois, quand il a été fait à tant par mois; — Au jour, s'il a été fait à tant par jour. — Si rien ne constate que le bail soit fait à tant par an, par mois ou par jour, la location est censée faite suivant l'usage des lieux.

1759. Si le locataire d'une maison ou d'un appartement continue sa jouissance après l'expiration du bail par écrit, sans opposition de la part du bailleur, il sera censé les occuper aux mêmes conditions, pour le terme fixé par l'usage des lieux, et ne pourra plus en sortir ni en être expulsé qu'après un congé donné suivant le délai fixé par l'usage des lieux.

1760. En cas de résiliation par la faute du locataire, celui-ci est tenu de payer le prix du bail pendant le temps nécessaire à la relocation, sans préjudice des dommages et intérêts qui ont pu résulter de l'abus.

1761. Le bailleur ne peut résoudre la location, encore qu'il déclare vouloir occuper par lui-même la maison louée, s'il n'y a eu convention contraire.

1762. S'il a été convenu dans le contrat de louage que le bailleur pourrait venir occuper la maison, il est tenu de signifier d'avance un congé aux époques déterminées par l'usage des lieux.

1763. Celui qui cultive sous la condition d'un partage de fruits avec le bailleur ne peut ni sous-louer ni céder, si la faculté ne lui en a été expressément accordée par le bail.

1764. En cas de contravention, le propriétaire a droit de rentrer en jouissance, et le preneur est condamné aux dommages et intérêts résultant de l'inexécution du bail.

1765. Si, dans un bail à ferme, on donne aux fonds une contenance moindre ou plus grande que celle qu'ils ont réellement, il n'y a lieu à augmentation ou diminution de prix pour le fermier, que dans les cas et suivant les règles exprimées au titre *de la Vente*.

1766. Si le preneur d'un héritage rural ne le regarnit pas des bestiaux et des ustensiles nécessaires à son exploitation, s'il abandonne la culture, s'il ne cultive pas en bon père de famille, s'il emploie la chose louée à un autre usage que celui auquel elle a été destinée, ou, en général, s'il n'exécute pas les clauses du bail, et qu'il en résulte un dommage pour le bailleur, celui-ci peut, suivant les circonstances, faire résilier le bail.

En cas de résiliation provenant du fait du preneur, celui-ci est tenu des dommages et intérêts, ainsi qu'il est dit en l'article 1764.

1767. Tout preneur de bien rural est tenu d'engranger dans les lieux à ce destinés d'après le bail.

1768. Le preneur d'un bien rural est tenu, sous peine de tous dépens, dommages et intérêts, d'avertir le propriétaire des usurpations qui peuvent être commises sur les fonds.

Cet avertissement doit être donné dans le même délai que celui qui est réglé en cas d'assignation, suivant la distance des lieux.

1769. Si le bail est fait pour plusieurs années, et que, pendant la durée du bail, la totalité ou la moitié d'une récolte au moins soit enlevée par des cas fortuits, le fermier peut demander une remise du prix de sa location, à moins qu'il ne soit indemnisé par les récoltes précédentes.

S'il n'est pas indemnisé, l'estimation de la remise ne peut avoir lieu qu'à la fin du bail, auquel temps il se fait une compensation de toutes les années de jouissance.

Et cependant le juge peut provisoirement dispenser le preneur de payer une partie du prix en raison de la perte soufferte.

1770. Si le bail n'est que d'une année, et que la perte soit de la totalité des fruits, ou au moins de la moitié, le preneur sera déchargé d'une partie proportionnelle du prix de la location.

Il ne pourra prétendre aucune remise, si la perte est moindre de moitié.

1771. Le fermier ne peut obtenir de remise, lorsque la perte des fruits arrive après qu'ils sont séparés de la terre, à moins que le bail ne donne au propriétaire une quotité de la récolte en nature; auquel cas le propriétaire doit supporter sa part de la perte, pourvu que le premier ne fût pas en demeure de lui délivrer sa portion de récolte.

Le fermier ne peut également demander une remise, lorsque la cause du dommage était existante et connue à l'époque où le bail a été passé.

1772. Le preneur peut être chargé des cas fortuits par une stipulation expresse.

1773. Cette stipulation ne s'entend que des cas fortuits ordinaires, tels que grêle, feu du ciel, gelée ou coulure.

Elle ne s'entend pas des cas fortuits extraordinaires, tels que les ravages de la guerre, ou une inondation, auxquels le pays n'est pas ordinairement sujet, à moins que le preneur n'ait été chargé de tous les cas fortuits prévus ou imprévus.

1774. Le bail, sans écrit, d'un fonds rural, est censé fait pour le temps qui est nécessaire, afin que le preneur recueille tous les fruits de l'héritage affermé.

Ainsi le bail à ferme d'un pré, d'une vigne et de tout autre fonds dont les fruits se recueillent en entier dans le cours de l'année, est censé fait pour un an.

Le bail des terres labourables, lorsquelles se divisent par soles ou saisons, est censé fait pour autant d'années qu'il y a de soles.

1775. Le bail des héritages ruraux, quoique fait sans écrit, cesse de plein droit à l'expiration du temps pour lequel il est censé fait, selon l'article précédent.

1776. Si à l'expiration des baux ruraux écrits, le preneur reste et est laissé en possession, il s'opère un nouveau bail dont l'effet est réglé par l'art. 1774.

1777. Le fermier sortant doit laisser à celui qui lui succède dans sa culture, les logemens convenables et autres facilités pour les travaux de l'année suivante; et, réciproquement, le fermier entrant doit procurer à celui qui sort les logemens convenables et autres facilités pour la consommation des fourrages, et pour les récoltes restant à faire.

Dans l'un et l'autre cas, on doit se conformer à l'usage des lieux.

1778. Le fermier sortant doit aussi laisser les pailles et engrais de l'année, s'il les a reçus lors de son entrée en jouissance; et quand même il ne les aurait pas reçus, le propriétaire pourra les retenir suivant l'estimation.

Le bail est nul envers les créanciers qui font saisir les immeubles du bailleur, s'il n'a date certaine. (Art. 91. Code de procédure civ.

1328. *C. civ.* Les actes sous-seing privé n'ont de date contre les tiers que du jour où ils ont été enregistrés, du jour de la mort de celui ou de l'un de ceux qui les ont souscrits, ou du jour ou leur substance est constatée dans des actes dressés par des officiers publics, tels que procés-verbaux de scellés ou d'inventaire.

Bail à loyer.

Entre les soussignés...., demeurant à...., stipulés, représentés par..., suivant procuration passée devant Me..., notaire à..., le..., d'une part,

Et le sieur..., demeurant à..., d'autre part,

A été convenu ce qui suit :

Que le dit..., donne à titre de bail audit sieur..., pour trois, six ou neuf années, au choix des parties, en s'avertissant six mois d'avance.

Une maison, en circonstance et dépendance, située à..., avec le... qui en dépend et le droit d'aller aux latrines, ladite maison telle qu'elle est et se comporte, sans réserve ni exception et tout et autant qu'en jouit le sieur..., pour, par ledit..., entrer en jouissance à... et la quitter à pareille époque des trois, six ou neuf années.

Le présent bail est fait pour et moyennant... fr. de loyer par an, payable en deux termes égaux, St.-Michel et Pâques, pour être le premier terme payé à la St.-Michel de la première année, le deuxième à..., pour ainsi continuer jusqu'en fin de jouissance.

Paiera ledit... l'impôt des portes et fenêtres à partir d... de la présente année.

Les droits d'enregistrement du présent bail, s'il est nécessaire de le faire enregistrer, seront supportées par ledit...

Il est reconnu que dans la chambre...; enfin que dans... on a substitué..., et ledit..., ne sera tenu que de les remettre dans le même état.

Il est aussi reconnu qu'il y a dans les appartemens...

Le sieur... ne sera point tenu à la fin de sa jouissance de faire peindre les appartemens, vu qu'ils ne lui ont point été donnés en bon état de peinture.

Il est convenu entre les parties que le prix des réparations que ledit... a fait faire en entrant, se compensera contre la jouissance qu'il a eue de ladite maison plusieurs semaines avant l'époque fixée par le présent bail.

Sera le présent enregistré, déposé et reconnu devant

notaire, aux frais du preneur, si le bailleur l'exige et à sa première réquisition.

Le présent fait et signé double à..., le..., etc.

Autre bail à loyer.

Je soussigné..., reconnais, par le présent, avoir donné à titre de bail à loyer et prix d'argent, pour neuf années qui commenceront à... prochain et finiront à pareil jour de l'an...,

Au sieur.., prenant et acceptant, audit titre aussi soussigné, c'est à savoir :

Une maison d'habitation, sise à..., rue..., portant le n°..., à usage de..., consistant...

Il est expressément convenu que...

Se réserve le bailleur de faire des changemens, et s'oblige d'acquitter l'impôt foncier seulement.

A la charge par le preneur d'habiter ladite maison par lui-même, et de ne pouvoir sous-bailler les objets loués sans le consentement du bailleur, et de les entretenir en bon état de réparation, ainsi qu'il est d'usage, etc.

Le présent bail est ainsi fait par et moyennant le prix et somme de... fr. par an... payable, etc.

Pour le vin du présent bail le preneur a présentement payé la somme de.., fr. au bailleur, qui le reconnaît, dont quittance.

Fait et signé double à..., le..., après lecture.

Bail à ferme.

Je soussigné..., stipulant au nom et comme usufruitier des biens d..., reconnais avoir par le présent cédé à titre de bail à ferme, pour le temps et espace de neuf années entières et consécutives qui commenceront par la récolte de... et finiront par celle de l'an..., pendant lequel temps il promet faire jouir paisiblement,

Au sieur... ici présent, preneur et acceptant audit titre, aux charges, clauses et conditions ci-après, qu'il promet d'exécuter ponctuellement, c'est à savoir :

Une ferme sise à... composée, 1° de cour édifiée de bâtimens ; 2°... acres de terres labourables ; 3° etc. : le tout sera pris ainsi qu'il est, sans fourniture ni répétition de mesure, quelle que soit la différence en plus ou en moins qui pourrait s'y rencontrer.

Déclarant le sieur..., parfaitement connaître les objets à lui affermés pour les avoir vus et parcourus, pourquoi il n'en a été exigé d'autres détails ; il est à observer que lesdites terres sont situées tant à... qu'en la commune de..., et autres circonvoisines.

Ou... acres de terres labourables environ, en plusieurs pièces, situées sur les communes d..., sans fourniture de mesure ni répétition de surmesure (clause expresse), telles qu'elles sont et se comportent en plus ou en moins et qu'en jouit à titre de fermier le preneur ; lequel a dit bien connaître les bornemens, situations et contenances, et n'en vouloir plus ample désignation ; ne font point partie du présent... et tout autant que le bailleur en aurait acquis du sieur... seulement.

Ou, dont le détail suit, par triége et bornement.

A la charge par le preneur

1° De bien labourer, fumer, ensemencer et cultiver lesdites terres ; sans les dessoler, dessaisonner ni décompoter, ainsi qu'il est d'usage.

2° De maintenir et conserver, pendant le courant du présent, les propriétés ci-dessus affermées, de manière qu'il ne soit fait aucune usurpation, parce qu'en cas contraire le preneur intentera action à ses frais et dépens, et la fera juger en justice de paix et en donnera connaissance au bailleur, sauf au dernier, si bon lui semble, à suivre l'instance en cause d'appel.

3° De payer et avancer sans diminution du prix ci-après fixé, pendant le courant du présent, tous les impôts prévus et imprévus, établis et à établir, sous quelques dénominations que ce puisse être, auxquels les objets ci-dessus affermés pourront être imposés, et d'en justifier et représenter les quittances tous les ans au bailleur.

4° De faire arracher pendant le courant du présent, les arbres qui mourront ou tomberont par impétuosité des vents, existant sur lesdites terres, de les faire casser, mettre le branchage en bourrée, et de les rendre à..., à ses frais et à la résidence du sieur..., bailleur.

5° Sera obligé le preneur de faire écheniller, de trois ans en trois ans, et émouder lesdits arbres, faire ôter le bois sec qui reviendra à son profit et rechausser lesdits arbres.

6° De remettre à la fin de sa jouissance les objets affermés en état de culture.

7° Reconnaîtra le preneur, à ses frais, le présent devant notaire, à la première réquisition du bailleur, et lui en délivrera une grosse exécutoire.

Ce bail est ainsi fait et en outre les charges, clauses et conditions ci-dessus, moyennant le prix et somme de... fr. de fermage par an, payable, etc.

S'obligeant même ledit preneur à l'exécution dudit bail par corps, comme s'agissant de fermage de biens ruraux.

Autre bail à ferme.

Je soussigné..., reconnais, par le présent, avoir cédé à tire de bail à ferme pour neuf années, et neuf récoltes consécutives, la première ayant commencé par l'an..., pour finir par celle d... inclusivement.

Au sieur .., à ce présent, preneur et acceptant, audit titre de bail à ferme, et pour ledit temps; savoir :

... Pièces de terre en labour, situées sur la commune de..., et contenant ensemble :

La première... au triage D. B. D. C.

Lesdites... pièces de terre affermées telles qu'elles sont et se comportent, sans exception ou réserve, et sans fourniture ni répétition de mesure, et qu'elles appartiennent au bailleur, au droit de l'acquisition qu'il en a fait de..., suivant acte passé.

A la charge, par le preneur, 1° de garder et conserver les droits et possession du bailleur, sans souffrir qu'il soit fait aucune entreprise sur lesdites terres, ainsi que de les bien labourer, fumer, cultiver et ensemencer, comme les voisins bons ménagers, sans pouvoir les dessoler ni dessaisonner.

2° De payer les contributions foncières et autres, etc.

3° De supporter, sans recours ni indemnité, les pertes qu'il éprouverait pour grêle, inondation, intempérie, stérilité, épidémie ou autres événemens.

4° L'obligeant même à l'exécution du bail par corps, comme s'agissant de fermage de biens ruraux;

5° Reconnaîtra devant notaire le présent à ses frais et en délivrera grosse exécutoire au bailleur.

Le présent bail est ainsi fait et moyennant... fr. par an, payable le...

Fait, arrêté et signé double, après lecture, à... le an...

Clause pour les Contributions.

De payer à l'acquit du bailleur, si bien et de manière qu'il n'en puisse être inquiété ni recherché, sans aucune diminution principale ci-après, l'impôt foncier quel qu'il soit ou puisse être, au commencement ou pendant la durée du présent bail, même celui qualifié d'extraordinaire de guerre, taxes, surcharge ou autrement. Renonçant le preneur à tout bénéfice de réglement ou dispositions législatives à ce contraire; d'en apporter l'acquit ou les quittances au bailleur à la fin de chaque année.

Stipulations pour les Contributions.

La clause relative aux impôts mis à la charge du fermier, quoique très-formelle et très-expresse, n'est pas tellement absolue qu'il ne puisse arriver que le propriétaire soit tenu d'y contribuer éventuellement, parce qu'il est possible qu'une loi de circonstance le veuille ainsi.

Les impôts extraordinaires de 1813 et de 1814, la taxe de guerre de 1815, et l'emprunt de cent millions établi en la même année, en fournissent de nombreux et récens exemples.

Ces impôts extraordinaires, cette taxe de guerre, nonobstant les stipulations des baux qui chargeaient les fermiers de toutes les contributions prévues et imprévues dans les termes les plus généraux et les plus expressifs, ont cependant été mis moitié à la charge du propriétaire, et moitié à la charge du fermier, et l'emprunt de cent millions à la seule charge du propriétaire.

Ce qui est arrivé plusieurs fois peut encore arriver, parce que, en matière d'impôts, les conventions particulières sont dans la dépendance de la loi, qui peut à son gré y déroger, les modifier, même les rendre sans effets.

Cette puissance législative pourrait aisément se justifier; mais il n'en est pas besoin, il suffit de savoir qu'elle existe... Il n'y a pas de Français qui puisse en douter.

DE LA CONTRAINTE PAR CORPS

EN MATIÈRE CIVILE.

Contre les Fermiers, pour le paiement des fermages des biens ruraux.

Art. 2062. *Code civil.* La contrainte par corps ne peut être ordonnée contre les fermiers pour le paiement des fermages des biens ruraux, si elle n'a été stipulée formellement dans l'acte du bail. Néanmoins, les fermiers et les colons partiaires peuvent être contraints par corps, faute par eux de représenter, à la fin du bail, le cheptel de bétail; les semences et les instrumens aratoires qui leur ont été confiés; à moins qu'ils ne justifient que le déficit de ces objets ne procède point de leur fait.

2065. Elle ne peut être prononcée pour une somme moindre de 300 francs.

2067. La contrainte par corps, dans le cas même où elle est autorisée par la loi, ne peut être appliquée qu'en vertu d'un jugement.

Bail à ferme à trois particuliers.

L'an... le..., entre les soussignés P... : domiciliés à..., d'une part.

M......
D...... } domiciliés à..., d'autre part,
N......

A été convenu et arrêté ce qui suit :

Que M. B..., donne par le présent, à titre de bail à ferme, prix d'argent et faisances, pour le temps et espace de neuf années entières et consécutives, à partir de jouissance du jour Saint-Michel dernier, pour lever jachères, ensemencer l'année prochaine, récolter en l'an..., et finir à pareil jour Saint-Michel après la révolution et accomplissement desdites neuf années, à MM. M..., D... et N..., tous trois acceptant et preneurs pour ledit temps, aux prix, charges, clauses et conditions ci-après :

La quantité de... hectares... ares... centiares environ (ou.. acres, ancienne mesure) de terre labourable située en la commune de..., au triège de..., qui est le lot de terre dont jouissait il y a... ans M..., suivant bail passé devant Me.., . notaire..., le..., et desquels biens il n'a point été donné par ces présentes d'autres ni plus amples désignations, attendu que les preneurs déclarent les bien connaître et savoir par situation, contenances, bouts et côtés, les avoir vus et visités précédemment, que M. B..., bailleur, dit lui appartenir propriétairement et par acquêt en forme,

Pour, par lesdits preneurs, en jouir, pendant le cours du présent bail, par portions distinctes et séparées, savoir :

M. M..., de... hectares... ares.. environ ou... acres, ancienne mesure) ;

M. D... de pareille quantité...,

Et ledit sieur N... de... hectares... ares... centiares qu'ils partageront et diviseront à l'amiable à la même totalité qui leur est affermée, et s'il arrive qu'il y en ait plus ou moins, les preneurs en auront le profit, en supporteront la perte, au prorata de chacun leur teneur, à quoi ils apereront arrière et sans y appeler ledit bailleur, qui, à ce moyen, les afferme sans fourniture ni répétition de mesure, aux charges, par les preneurs, de bien et dûment labourer, fumer, semer et cultiver lesdites terres en temps et saisons, comme les voisins et bons ménagers, suivant l'usage du pays, sans les dessaisonner, ni décompoter, en conserver les possessions sans y souffrir aucune entreprise, sous peine d'en répondre personnellement et d'en acquitter les impositions prévues et imprévues pendant le courant de ce bail, à partir de... sans espoir de diminution ou compensation sur leurs fermages, et de justifier des quittances du percepteur au bailleur à chaque terme.

Les preneurs remettront au bailleur, à la fin du bail, la quantité de... bottes de paille du poids de... kilogrammes chaque, et ce au prorata de ce qui est affermé à chacun d'eux, parce qu'ils en recevront de lui à l'entrée de leur jouissance le même nombre et même poids qu'ils partageront de la même manière de celle qu'ils doivent rendre, aux fins par eux de les convertir en fumier pour l'engrais de leurs fermages respectifs.

Le présent bail est fait moyennant la somme de...
pour ce qui regarde l'article M. M.... » fr. » c.
Pareille somme pour le lot de M. D... » fr. » c.
Et celle de... pour l'art. de M. N.... » fr. » c.

Somme égale...... » fr. « c.

de fermage par chacun an, à raison et sur le pied de... fr. par hectare, ou représentant... acre ancienne mesure, formant les sommes ci-dessus, pour chacun desdits preneurs qu'ils paieront séparément audit bailleur, en son domicile, en trois termes et paiemens égaux, qui seront, pour les premiers, à échoir et exigible le... de l'année... pour ainsi continuer jusqu'à fin du bail aux mêmes échéances; plus, délivrer deux dindes pesant chacun six kilogrammes, deux couples de poulets, une couple de chapon tous les ans, à partir du... prochain, au bailleur, à son domicile; pour les faisances, les preneurs s'entendront ensemble, si mieux ils n'aiment payer la somme de... fr... c. approximée pour la valeur d'icelle au choix du bailleur, le tout sans aucune solidarité entre eux, mais bien pour chacun leur fait et regard.

Les droits d'enregistrement du present bail seront acquittés, par portions égales, par les preneurs au bailleur qui en fera l'avance.

Fait et signé quadruple, après lecture, à... le jour et an susdits.

(Signatures, avec approbation.)

Bail de deux Moulins à Farine.

Les soussignés..., demeurant...., et...., domiciliés à...

Copropriétaires indivis des biens ci-après désignés, d'une part,

Et madame veuve..., meuniere et marchande de farine, demeurant à..., d'autre part,

Ont fait et arrêté ce qui suit :

Les sieurs... donnent par le présent, à loyer, à madame veuve..., qui l'accepte pour trois, six, neuf années, entières et consécutives, au choix du preneur, et ce à compter de ce jour, sous les réserves qui seront exprimées ci-après,

Deux moulins à eau faisant de blé farine, établis sur deux bras de la rivière de..., commune de..., garnis de leurs meules, ustensiles, tournans et travaillans; ils se composent, en ce moment, de deux cages, unies entre elles par un corps de bâtiment servant à l'habitation, de divers autres corps de bâtimens formant les écuries et les étables, et de constructions commencées dont l'achèvement sera déterminé entre les parties.

Les dépendances territoriales consistent en plusieurs pièces de terre, prés, bois, jardins, îlots, contenant en tout environ... arpens, d'après le plan que les propriétaires remettront à madame...

Se trouve nommément compris dans la location le droit de chasse et de pêche, tel qu'il est transmis aux propriétaires par le contrat d'acquisition.

Madame... entrera en jouissance desdits biens dès aujourd'hui même, pour les récoltes à faire, qui sont encore sur pied, et qui n'ont point été adjugées.

Elle entretiendra les moulins et les bâtimens en dépendant, et les rendra, à la fin du bail, en bon état de toutes les réparations locatives; elle rendra, également à la même époque, les tournans et travaillans, les meubles et ustensiles, en bon état, conformément à la prisée qui en sera faite entre les parties immédiatement après l'achèvement des réparations que les bailleurs s'obligent à faire faire de suite. Après lesdites réparations, il sera fait entre les parties, et à l'amiable, une prisée et estimation des tournans, virans, travaillans et ustensiles de moulins, pour qu'à la fin de la jouissance il soit fait une nouvelle estimation, et la plus value être remboursée à qui de droit.

Elle sera tenue de souffrir toutes les grosses réparations, sans pouvoir prétendre à aucun dédommagement ni indemnité, pourvu toutefois que les réparations ne durent pas plus de six mois; de ne faire aucune dégradation ni enlèvement de matériaux; de ne rien construire que du consentement par écrit des bailleurs : devra, au contraire, faire ramasser et serrer tous les matériaux qui proviendraient de dégradations par vétusté ou cas fortuit.

Elle sera tenue de faire faucher la rivière, et pendant la durée du bail, curer, aussi souvent que besoin sera, et de rigueur à la fin du bail, quelle que soit sa durée, les fossés et rigoles pour l'écoulement des eaux qui parcourent les dépendances de la propriété présentement louée, étant observé, à cet égard, que le premier curage, celui qui devra être fait immédiatement, le sera par les propriétaires et à leurs frais.

Elle aura soin d'élaguer les arbres qui sont dans l'usage de l'être, et qui se trouvent dans la propriété; de remplacer par des sujets jeunes et vigoureux ceux qui viendraient à mourir, à dépérir ou à être arrachés par les vents : dans ce cas, elle profitera des branches élaguées, des troncs des arbres morts ou arrachés et remplacés; et, dans tous les cas, elle ne pourra faire ces élagages et plantations qu'en temps et saison convenables. Toutefois seront seulement élagués les arbres désignés par les propriétaires, qui pourront toujours augmenter les plantations, les varier partout où ils jugeront convenable, pourvu qu'il n'en résulte aucun préjudice pour le preneur.

Il sera fait, de compte à demi entre les propriétaires et le preneur, dans les fossés et les lieux convenus entre eux, des plantations d'osier dont l'exploitation sera exclusivement confiée aux soins de madame..., elle sera, en outre chargée de les faire couper, apprêter, à frais communs, pour le produit de la vente être partagé par moitié entre elle et les bailleurs, après déduction faite des frais de toute nature : cette jouissance est établie sur cette base pour toute la durée du bail ; mais, à l'expiration, les plantations d'osier qui auront été faites seront abandonnées et resteront à la propriété.

Elle ne souffrira aucun usage qui pourrait passer en ervitude ; elle reste garant et responsable des négligences et de l'inobservation des règlemens relatifs à a levée des fausses vannes lorsque les moulins sont arrêtés.

Elle ne pourra s'opposer à la coupe, de la part des propriétaires, d'aucune partie de bois ou arbres que les bailleurs jugeront convenable de faire faire, et à leur remplacement en telle autre nature d'arbres ou de bois qu'il leur plaira.

Elle sera tenue d'habiter les bâtimens desdits moulins par elle-même avec ses domestiques, de garnir les lieux de meubles, effets, bestiaux et ustensiles d'exploitation suffisans et nécessaires pour bien faire valoir et pour assurer le paiement des loyers et l'exécution des charges, clauses et conditions du présent bail.

Elle pourra céder le droit au présent bail en restant elle-même caution, ou en faisant accepter aux bailleurs une caution bonne et solvable en son lieu et place.

A défaut de paiement des loyers aux époques, et lieux qui seront ci-après fixés, le bail sera résilié de plein droit, et les propriétaires exerceront soit envers le preneur, soit envers les cessionnaires, leurs recours avec les priviléges que leur accorde la loi.

Les contributions de toute nature étant même à la charge du preneur, madame... les paiera à compter de ce jour en l'acquit des propriétaires, devra justifier de ce paiement à toute réquisition de ces messieurs, par les quittances du receveur; en cas de décès de madame..., si elle exploitait elle-même, le bail se trouverait résilié de plein droit, sans que ses héritiers puissent interrompre le service du moulin. Si le bail avait été cédé par elle à un autre fermier, il continuerait d'avoir son effet. pourvu que celui-ci fournisse un autre caution au lieu et place de madame...

De leur côté, les bailleurs s'obligent solidairement de faire jouir madame... pendant le temps ci-dessus fixé, des moulins et dépendances compris dans le bail, et de faire achever, dans le délai le plus court, les augmentations et réparations convenues;

Ils s'obligent également de faire réparer et d'entretenir à leurs frais, pendant la durée du bail, les berges, rayéres, vannes, meurtières et et fausses dannes.

Ce bail est fait moyennant la somme de... de loyer annuel, outre les charges, que madame... s'oblige de payer au bailleur, en la demeure de l'un d'eux, de la manière suivante, vu les réparations à faire, et nonobstant la jouissance, commençant dès ce jour, les premiers six mois ne seront exigibles que le premier avril prochain, les seconds six mois, jusqu'à l'expiration du bail.

Par dérogation à tout ce qui précède, relativement à l'expression *bois* employée dans le cours du bail, il est expressément convenu qu'à madame..., seule, appartient le droit de couper les bois taillis, se conformant bien entendu à l'usage déjà établi pour la coupe et aux ordonnances des eaux et forêts.

Fait double, sous les seings des parties, après lecture, à..., le...

Bail d'un Moulin à Foulon et dépendance.

A titre de bail, un moulin à foulon, maison de foulonier, bâtimens, prés et côtes, et généralement toutes les dependances et autant qu'il en appartient à M..., dans la commune d..., où sont situés lesdits objets sans exception, si ce n'est seulement des deux pièces de terre en labour qu'il se réserve comme ne faisant pas partie de ce bail.

Du tout, il n'a été fait plus ample désignation, le preneur ayant déclaré en dispenser, pour connaître parfaitement lesdits objets.

Pour, par ledit... en jouir durant le présent, à la charge par lui,

1° De faire sa résidence dans ledit moulin et dépendances, et de nantir la maison et autres bâtimens d'un mobilier suffisant pour sûreté du fermage ci-après, sans pouvoir rétrocéder que du consentement du bailleur;

2° D'entretenir les bâtimens en bon état de réparations locatives, comme aussi d'entretenir le dedans du moulin et tous ses mouvemens, vannes et vannettes de décharges aussi en bon état, tels qu'ils sont à présent, ainsi que le preneur le reconnaît, pour rendre le tout de même à fin de jouissance;

3° D'entretenir les haies de clôture pour autant qu'il s'en trouve de nature à l'être, de tondre et émonder, dans les temps et saisons convenables et d'usage, lesdites haies, les saules et peupliers dont il aura les émondes;

4° De cerfoiner et rechausser les arbres fruitiers qui se trouvent tant dans les prés que sur la côte; tous les deux ans; d'épiner les jeunes arbres, afin que les bestiaux ne puissent les endommager;

5° De soigner et cultiver aussi le jardin et les arbres qui en dépendent, entretenir les îlots, prés et généralement les possessions affermées et louées, de sorte qu'il n'y soit commis aucune entreprise, auquel cas le preneur sera tenu d'en avertir le bailleur.

6° D'arroser et soigner les prairies, et de se conformer pour l'irrigation d'icelles, aux lois et ordonnances, de manière que le bailleur ne soit pour ce inquiété ni recherché, à peine de tous dépens, dommages et intérêts;

7° De curer la rivière, pour autant que ledit... peut y être tenu à raison de ses propriétés présentement affermées;

8° De continuer à ses frais l'agrandissement déjà commencé du noue dudit moulin dans la largeur de 162 millimètres (ou six pouces);

9° De payer, sans diminution du fermage ci-après, toutes les impositions foncières auxquelles peuvent et pourront être imposés les immeubles présentement affermés, pendant le cours de ce bail, et d'en représenter quittance au bailleur chaque année.

Le bailleur se réserve aussi de prendre et enlever toutefois et quantes tout ou partie des peupliers dont il pourra avoir besoin, sans que le preneur puisse exiger pour ce aucun dédommagement.

Le sieur (bailleur) ne sera tenu qu'à la fourniture de la pille et de l'abre tournant, brutes, dudit moulin, dans le cas seulement où ces deux objets viendraient à manquer, sans que, lors desdites réparations et reconstructions, le preneur puisse exiger aucunes indemnités pour raison de chômage.

Le présent bail est fait aux conditions ci-dessus, et en outre moyennant..., pour ainsi continuer de terme en terme et d'an en an jusqu'à la fin du présent, à l'exécution duquel le preneur oblige, ainsi que de droit, tous ses biens meubles et immeubles, présens et avenir; s'obligeant même ledit preneur, à l'expiration dudit bail, par corps, comme s'agissant de fermage de biens ruraux, etc.

Transaction concernant remise d'un bail à un copreneur.

Les soussignés... reconnaissent par le présent avoir transigé à l'amiable et de la manière qui suit, c'est à savoir qu'au moyen et parce que ledit... cède audit... la jouissance des terres tant en labour, etc., qu'ils tiennent à ferme et en société de M..., jusqu'à l'expiration du bail; ledit... se charge de payer la totalité des fermages dudit bail, d'en exécuter les conditions et d'en supporter les charges, déchargeant entièrement ledit.., de tout ce qui est relatif audit bail, ledit... pour indemniser ledit... de sa non-jouissance, lui abandonne celle des objets ci-après désignés et qui font partie dudit bail, savoir : 1°..., 2°...; sans par ledit... être tenu de payer, obligé envers qui que ce soit à payer pour lesdits objets aucuns fermages, pour par lui jouir desdits objets jusqu'à l'expiration du bail dont ils font partie, se charge ledit... d'aider ledit... de son cheval pour faire son blé cette année seulement.

S'oblige aussi ledit... de fournir audit... quatre voitures de fumier à deux chevaux, à prendre dans sa cour, sans que ledit... soit obligé à aucune indemnité envers ledit..., tant pour le travail de son cheval que pour le fumier à lui donné.

Jouira, ledit..., de la tonte des haies et arbres qui font partie des objets dont la jouissance lui est abandonnée par ledit... et jusqu'à l'expiration du bail précité : de tout ce que dessus nous sommes convenus et demeurés d'accord, et avons signés le présent, fait double, à...

Etat des Lieux.

Entre nous...,

A été fait et dressé l'état des lieux de la maison désignée par le bail du..., louée par ledit... audit... savoir :

Dans la cuisine..

Lequel état nous avons fait est signé double, à...

Bail des Meubles.

1728. Le preneur est tenu de deux obligations principales :

1° D'user de la chose louée en bon père de famille ; et suivant la destination qui lui a été donnée par le bail, ou suivant celle présumée d'aprés les circonstances, à défaut de convention ;

2° De payer le prix du bail aux termes convenus.

1741. Le contrat de louage se résout par la perte de la chose louée, et par le défaut respectif du bailleur et du preneur de remplir leurs engagemens.

1752. Le locataire qui ne garnit pas la maison de meubles suffisans peut être expulsé, à moins qu'il ne donne des sûretés capables de répondre du loyer.

Reconnais avoir donné à loyer les meubles dont la description est ci-après, savoir :

Tous lesquels meubles, ledit... reconnaît avoir en sa possession et déclare en être content pour en jouir le temps..., à l'expiration duquel il promet et s'oblige rendre lesdits meubles en bon état de réparations et d'entretien usuel, et même de remplacer ceux brisés, etc.

Résiliation volontaire de Bail.

Entre... déclarent, par le présent, volontairement se désister et départir de l'exécution du bail à loyer fait entre... le..., consentant l'un et l'autre réciproquement que ledit bail soit et demeure nul et résolu, sans aucuns dépens, dommages, intérêts et indemnités, pour le temps qui restera à expirer à compter du... prochain, auquel jour ledit... sera tenu et promet vider ladite maison, la rendre libre, en état de réparation, pour par ledit... en faire et disposer comme bon lui semblera sous la condition, néanmoins, que ledit sieur... acquittera audit jour, pour la cassation du bail, en faisant la remise des clés, les loyers alors échus, conformément audit bail, lequel, pour ce seulement, aura son entière force et vertu.

Fait double à...

Autre Résiliation volontaire de Bail.

Le..., entre..., lesquels, de consentement mutuel, ont par ces présentes résilié, comme de fait ils résilient le bail ci-dessus énoncé, pour qu'il cesse d'avoir son effet le... prochain, au plus tard, et plus tôt suivant le cas ci-après prévu.

Ledit sieur... aura la faculté de rester sur les lieux, si bon lui semble, jusqu'audit jour..., cependant, si avant cette époque M.... trouve un locataire, il devra quitter sur-le-champ sa jouissance, parce qu'il lui tiendra compte de ladite jouissance au prorata du temps.

Ensuite avons exercé le compte des loyers et frais en tous genres qui sont dus au sieur... jusqu'audit jour. Il en est résulté qu'il est dû à M... une somme de » fr. » c., pour ledit... demeurer quitte, tant des loyers qui échéront, que de tous frais faits jusqu'à ce jour.

Il est encore convenu que du moment où ledit... cessera d'habiter les lieux, il devra payer à M... la somme de » fr. » c. pour les trois mois de jouissance qui échéront le... prochain, sauf à M.... à lui tenir compte d'une portion de cette jouissance au prorata du temps, s'il trouve un autre locataire avant le terme ; et au moyen de la garantie qui va être donnée, ledit... pourra enlever ses meubles toutes fois et quantes.

Pour la plus grande sûreté du paiement de ladite somme de » fr. » c., le sieur... s'est rendu caution solidaire avec le sieur... en faveur de M..., auquel il paiera, s'il ne le fait pas, lorsqu'il quittera les lieux.

Ce fait sans déroger aux clauses du bail pour les réparations auxquelles il est tenu.

Autre Formule.

Il a été convenu et arrêté ce qui suit :

Que ledit... étant dans l'impossibilité de faire valoir la ferme qu'il occupe, appartenant à..., qu'il tient suivant bail, etc. ; il déclare, par le présent, de sa pleine volonté, sans force ni contrainte, faire remise et abandon de ladite ferme en faveur du sieur..., lequel en est caution, pour, par lui, la faire valoir à son profit, en acquittant le prix des charges portées audit bail précité ; n'exigent, ledit..., aucune indemnité pour raison de la remise envers ledit... En conséquence il pourra en jouir, faire et disposer à son gré, etc.

Bail à Loyer de Meubles.

Entre les soussignés F... domicilié à..., et M..., demeurant à...

A été convenu et arrêté ce qui suit :

Que M. F..., donne à titre de loyer pour le temps et espace de... ans, qui ont commencé le..., à courir du..., et finiront à pareille époque en l'an...,

A M. M..., acceptant et preneur pour le temps sus-exprimé,

Les effets mobiliers dont le détail va suivre et dont M. M.... a l'usage depuis ledit jour... de ce mois, existant ces effets mobiliers dans la maison qu'il occupe comme locataire, rue ..., n°...,

Une crémaillère, pelle, pincettes, deux chenets; (les détailler exactement, en faire la désignation), ces objets font partie de ceux qui ont été loués audit sieur M...., par M. F..., suivant bail sous seing, fait double à la date du..., enregistré le...,

Pour par le preneur user des choses ci-dessus détaillées en bon père de famille, à la charge de les rendre en bon état, lui ayant été livrées de même.

Ce contrat de louage est fait moyennant.... fr. de loyer par an, payable tous les six mois; le premier sera dû le..., le deuxième le..., pour ainsi continuer.

Fait et signé double, après lecture, à..., le..., an....

(*Signatures des parties.*)

CHAPITRE X.

DU PRÊT.

Le *prêt* est un acte par lequel une des parties livre à l'autre une ou plusieurs choses, à la charge par cette dernière de lui rendre en même nombre, espèce et qualité.

—L'obligation qui résulte d'un prêt en argent n'est toujours que de la somme numérique énoncée au contrat.

S'il y a eu augmentation ou diminution d'espèces avant l'époque du paiement, le débiteur doit rendre la somme numérique prêtée, et ne doit rendre que cette somme dans les espèces ayant cours au moment du paiement. (*Code civil, art.* 1895.)

Si ce sont des lingots ou des denrées qui ont été prêtés, quelle que soit l'augmentation ou la diminution de leur prix, le débiteur doit toujours rendre la même quantité et qualité, et ne doit rendre que cela. (*Code civil, art.* 1897.)

Le prêteur ne peut pas redemander les choses prêtées avant le terme convenu.

S'il n'a pas été fixé de terme pour la restitution, le juge peut accorder à l'emprunter un délai, suivant les circonstances.

S'il a été seulement convenu que l'emprunteur paierait quand il pourrait, ou quand il en aurait les moyens, le juge lui fixera un terme de paiement, suivant les circonstances. (*Id. art.*, 1899, 1900, 1901.)

Si l'emprunteur ne peut rendre les choses prêtées en même quantité, qualité, et au terme convenu, il est tenu d'en payer la valeur, eu égard au temps et au lieu où la chose devait être rendue d'après la convention.

Si ce temps et ce lieu n'ont pas été réglés, le paiement se fait aux prix du terme et du lieu où l'emprunt a été fait. (*Id.*, *art.* 1903.)

Si l'emprunteur ne rend pas les choses prêtées ou leur valeur au temps convenu, il en doit l'intérêt du jour de la demande en justice. (*Id.*, *art.* 1904.)

Simple reconnaissance de prêt d'argent.

« Je soussigné N... reconnais par le présent que le sieur D... m'a cejourd'hui prêté la somme de..., laquelle somme je promets et m'engage lui remettre et rembourser le... (*la date*). A..., ce.., »

(*Signature.*)

Reconnaissance de prêt de marchandises.

« Je soussigné N... reconnais par le présent que le sieur E... m'a cejourd'hui prêté... (*désigner la nature, la qualité, la quantité de marchandises*), lesquelles je promets et m'oblige lui rendre en telle (*nature, qualité et quantité*) que je les ai reçues.

» Dans le cas où je serais en retard ou dans l'impossibilité de rendre les mêmes marchandises en telle (*nature, qualité et quantité*), je promets et m'engage à payer audit sieur E... la valeur, eu égard au temps et au lieu où les choses prêtées, devaient être rendues, et à payer les intérêts du prix, à compter du jour fixé pour la restitution des choses prêtées, et sans qu'il soit besoin, par ledit sieur E...., d'en faire la demande en justice. A...., ce... »

(*Signature.*)

Reconnaissance de prêt avec déclaration d'emploi.

« Entre nous soussignés N.... d'une part;

» Et P..., d'autre part;

» A été arrêté ce qui suit, savoir :

» Moi N... reconnais que ledit sieur P... m'a prêté la somme de..., que je déclare n'avoir empruntée que pour servir au paiement du prix d'une maison, *ou* ferme, *ou* terre, sise... (*désigner l'objet, l'endroit où il est situé, en faire la description*), que j'ai achetée de...

(*nom du vendeur*) par acte (*ou* sous seing privé, *ou* devant notaire), en date du... (*la date*); laquelle somme je promets et m'oblige de rendre et restituer audit sieur P..., dans un an de ce jour, avec intérêts à cinq pour cent par an, *ou* en quatre paiemens égaux, de chacun..., de trois mois en trois mois, à commencer du...

» Et pour sûreté d'emploi de ladite somme de... conformément à la désignation ci-dessus, je promets et m'oblige de rapporter sous huitaine, audit sieur P..., copie en forme du contrat de vente contenant que, dans le paiement de ladite maison (*ou autre objet*), est entrée ladite somme de...., que ledit sieur P... m'a prêtée pour ladite acquisition, afin que ledit sieur P..., prêteur, ait privilége spécial et hypothèque sur ladite maison (*ou* ferme, *ou* terre), et soit subrogé, jusqu'à la concurrence de ladite somme de... par lui prêtée, aux droits du vendeur, et ce sous peine d'être contraint de suite, après huitaine, au remboursement de ladite somme en totalité.

» Ce que ledit sieur P... a consenti.

» Fait et signé double. A..., ce... »

(*Signatures.*)

Reconnaissance de prêt de mari et femme avec déclaration d'emploi.

« Entre nous soussignés N... et N..., épouse dudit N..., de lui dûment autorisée par le présent, à l'effet de ce qui suit, d'une part;

» Et G..., d'autre part;

» Nous... (*nom prénoms du mari et de la femme*), reconnaissons devoir audit sieur G... la somme de..., qu'il nous a présentement prêtée, et sous la déclaration que nous lui faisons d'emploi de ladite somme à payer en partie le prix de l'acquisition d'une maison sise à..., à nous vendue par le sieur G..., par acte passé sous seing privé (*ou* par-devant notaire), en date du... moyennant la somme de... dont moitié lui a été payée comptant, et l'autre moitié le sera sous huitaine; laquelle somme de... nous promettons et nous-nous obligeons de rembourser audit sieur G... dans un an de ce jour, en un seul paiement, avec intérêts de cinq pour cent.

» Et pour plus grande sûreté de l'emploi ci-dessus déterminé de ladite somme et de son remboursement, nous promettons de remetre, sous quinzaine, entre les mains dudit sieur G..., une copie en forme du contrat de la vente ci-dessus mentionnée à nous faite, contenant que dans le paiement de ladite acquisition est entrée la somme de... que ledit sieur G... nous a, à cet effet, prêtée, afin que ledit sieur G..., prêteur, ait privilége et hypothèque sur ladite maison, jusqu'à la concurrence de ladite somme de..., et ce à peine de remboursement de suite de ladite somme.

» Ce que ledit sieur G... a consenti.

» Fait et signé double. A... ce... »

(Signatures.)

Reconnaissance de prêt avec déclaration d'emploi et caution.

« Entre nous soussignés d'une part;

» Et H... d'autre part;

» A été convenu de ce qui suit; savoir :

» Moi N.... déclare devoir au sieur H.... la somme de..., qu'il m'a ce jourd'hui prêtée pour être employée en l'acquisition d'une maison sise à *(désigner le lieu)*, consistant en *(sa description)*, appartenant au sieur J... *(le nom du propriétaire)*, laquelle ledit J... est dans l'intention de vendre, moyennant la somme de..., et promets et m'oblige rendre audit sieur H... ladite somme de..., dans un an de ce jour avec intérêts à cinq pour cent par an.

» Et pour sûreté de l'emploi de ladite somme de..., conformément à la déclaration ci-dessus, je promets et m'oblige sous un mois de remettre entre les mains du sieur H... une copie conforme de ladite vente, contenant que dans le paiement du prix de l'acquisition de cette maison est entrée ladite somme de..., que ledit sieur H... m'a cejourd'hui prêtée pour compléter ledit paiement, afin que ledit sieur H..., prêteur, ait privilége spécial et hypothèque sur ladite maison, et soit subrogé, jusqu'à la concurrence de ladite somme de..., aux droits du vendeur, et ce sous peine d'être, dans un mois, à défaut de cette justification, contraint au remboursement en entier de ladite somme de..., prêtée par ledit sieur H...

» A ce était présent et est intervenu le sieur I... lequel s'est déclaré et constitué, en son nom personnel, caution envers ledit sieur H... pour le sieur N..., de l'emploi de ladite somme prêtée par ledit sieur H..., et de la justification dudit emploi, et s'est obligé solidairement avec ledit sieur N..., à défaut de cet emploi, remettre audit sieur H..., ladite somme de... par lui prêtée, et en cas d'emploi ci-dessus mentionné, au paiement de ladite somme et des intérêts dus dans un an de ce jour.

Fait et signé double à... ce...

(Signatures.)

Du Dépôt.

Le *dépôt* est un acte par lequel on reçoit la chose d'autrui, à la charge de la garder et de la restituer en nature.

Le dépôt doit être prouvé par écrit. La preuve testimoniale n'en est point reçue pour valeur excédant cent cinquante francs. (*Code civil, article* 1923.)

Le dépôt ne peut avoir lieu qu'entre personnes capables de contracter.

Néanmoins, si une personne incapable de contracter accepte le dépôt fait par une personne incapable de contracter, elle est tenue de toutes les obligations d'un véritable dépositaire; elle peut être poursuivie par le tuteur ou administrateur de la personne qui a fait le dépôt.

Si le dépôt a été fait par une personne capable à une personne qui ne l'est pas, la personne qui a fait le dépôt n'a que l'action en revendication de la chose déposée, tant qu'elle existe dans la main du dépositaire, ou une action en restitution, jusqu'à concurrence de ce qui a tourné au profit de ce dernier. (*Code civil, art.* 1925, 1926.)

Le dépositaire doit apporter dans la garde de la chose déposée les mêmes soins qu'il apporte dans la garde des choses qui lui appartiennent.

Il doit rendre identiquement la chose même qu'il a reçue.

Ainsi le dépôt de sommes monnayées doit être rendu dans les mêmes espèces qu'il a été fait, soit dans le cas d'augmentation, soit dans le cas de diminution de leur valeur.

Le dépositaire ne doit restituer la chose déposée qu'à celui qui la lui a confiée, ou à celui au nom duquel le dépôt a été fait, ou à celui qui a été indiqué pour le recevoir.

Le dépôt doit être remis au déposant aussitôt qu'il le réclame, quand même le contrat aurait fixé un délai déterminé pour la restitution, à moins qu'il n'existe entre les mains du dépositaire une saisie-arrêt, ou une opposition à la restitution et au placement de la chose déposée.

Celui qui a fait le dépôt est obligé de rembourser au dépositaire les dépenses qu'il a faites pour la conservation de la chose déposée, et l'indemniser de toutes les pertes que le dépôt peut lui avoir occasionées.

Reconnaissance de dépôt de divers objets.

« Je soussigné N... reconnais par le présent que M. K... m'a remis en dépôt... (*désigner la chose*), pour lui être rendu à sa première réquisition.

A..., ce... » (*Signature.*)

Reconnaissance de dépôt de marchandises.

« Je soussigné N... reconnais par le présent que M. L... m'a remis en dépôt... (*désigner les marchandises*), què je promets lui remettre, à sa réquisition ou à la personne fondée de pouvoirs de lui à cet effet, en tel état que je les ai reçues de lui; sauf le cas où, par événement imprévu ou force majeure, lesdites marchandises viendraient à périr. A... ce... »

(*Signature.*)

Reconnaissance de dépôt d'argent.

« Je soussigné N... reconnais que M. M... m'a remis en dépôt la somme de... en.. (*nombre*) pièces d'or de chacune.. *(la valeur)*, en.. *(nombre)* pièces d'argent dont... *(nombre)* de la valeur de..., et... *(nombre)* de la valeur de..., le tout renfermé dans un sac de *(désignation)*; laquelle somme de... je promets et m'oblige, par le présent, lui remettre à sa volonté ou à son fondé de pouvoirs pour la recevoir, en tel nombre de pièces ci-dessus désignées que je les ai reçues. A..., ce... » *(Signature.)*

Reconnaissance de dépôt en cas d'événement.

« Je soussigné reconnais que cejourd'hui... R..., forcé par... (*ou* incendie, *ou* inondation, *ou* écroulement de sa maison), de retirer de son domicile ses meubles et effets, a déposé dans ma maison les effets suivans.. *(les désigner)*, qui ont été placés *(indiquer les lieux)*; lesquels meubles et effets je promets et m'engage lui remettre toutes les fois qu'il le requerra, sans aucune indemnité ni rétribution quelconque. A..., ce.. » *(Signature.)*

Décharge de dépôt.

« Je soussigné reconnais que M. M... m'a remis cejourd'hui..., sur la demande que je lui en ai faite, les meubles et effets que j'avais déposés en sa maison le..., lesquels consistent en... *(Les désigner)*, et que j'ai trouvés en même état que je les avais déposés; pourquoi je le tiens quitte et décharge dudit dépôt A..., ce... » *(Signature.)*

Le *Séquestre* est le dépôt fait par une ou plusieurs personnes d'une chose contentieuse entre les mains d'un tiers qui s'oblige de la rendre, après la contestation terminée, à la personne qui sera jugée devoir l'obtenir.

Le séquestre peut avoir pour objet non-seulement des effets mobiliers, mais même des immeubles.

Le dépositaire chargé du séquestre ne peut s'en décharger avant la contestation terminées, que du consentement de toutes les parties intéressées, ou pour une cause jugée légitime.

Séquestre volontaire de marchandises.

« Entre nous soussignés N... , d'une part ;

» Et O..., d'autre part ;

» A été convenu de ce qui suit ; savoir :

» Que les marchandises.. *(leur désignation)* déposées maintenant... *(Lieu de leur dépôt)*, et qui sont la matière de la contestation qui existe entre nous, seront de notre consentement volontaire et réciproque, séquestrées dans les magasins du sieur P... où elles resteront jusqu'à ce que la contestation qui nous divise soit terminée, soit par arbitrage, soit par jugement du tribunal de..., sans qu'aucun de nous puisse retirer les dites marchandises desdits magasins du sieur P..., si ce n'est d'après la décision des arbitres ou du jugement qui l'y autorisera, sous peine, de la part de celui de nous qui contreviendrait à la présente convention de... *(désigner la somme)* de dommages-intérêts envers l'autre.

» En outre, que les frais de transport desdites marchandises dans les magasins dudit sieur P..., ainsi que ceux de séquestre, seraient payés audit sieur P..., par celui contre lequel la décision arbitrale ou le jugement du tribunal de... aurait prononcé.

» A ce est intervenu le sieur P..., lequel a déclaré

consentir se charger du séquestre desdites marchandises, et se conformer à la présente convention.

» Fait et signé triple. A.., ce... »

(*Signatures.*)

Séquestre volontaire d'un cheval.

« Entre nous soussignés N.... d'une part ;

» Et Q..., d'autre part :

» A été convenu de ce qui suit ; savoir,

» Que le cheval qui est l'objet de la contestation qui existe entre nous, lequel est maintenant dans l'écurie du sieur R..., sera mis en séquestre chez le sieur S..., où il restera jusqu'à ce que ladite contestation qui nous divise soit terminée ; qu'aucun de nous ne pourra le retirer dudit séquestre qu'après y avoir été autorisé par la décision des arbitres que nous choisirons, à peine de... dommages et intérêts envers l'autre ; que les frais de séquestre et de nourriture dudit cheval seront à la charge de celui contre qui les arbitres auront prononcé.

« Fait et signé double. A..., ce... »

(*Signatures.*)

Séquestre volontaire d'un immeuble.

» Entre nous soussignés N...., d'une part ;

» Et T..., d'autre part ;

» A été convenu de ce qui suit ; savoir :

» En attendant que le tribunal de... ait prononcé sur la contestation qui nous divise relativement à la maison... (*désigner le lieu où est située la maison, et pourquoi la contestation relative à cette maison*), de notre libre volonté et pour épargner des frais, nous nommons séquestre de ladite maison ledit sieur V..., lequel sera chargé de recevoir et garder en ses mains les loyers échus et à échoir, de payer les contributions de ladite maison, sans qu'aucun de nous puisse rien prétendre desdits loyers jusqu'à ce que le tribunal de... ait prononcé. Les frais du séquestre seront à la charge de celui contre lequel le tribunal de... aura prononcé.

» A ce est intervenu le sieur V.., lequel a déclaré accepter ledit séquestre, et a promis apporter tous ses soins à la conservation de ladite maison, en recevoir les loyers, en acquitter les impôts sur le produit desdits loyers, et conserver entre ses mains les fonds qui en proviendront, pour être remis, d'après le jugement du tribunal de..., à qui il appartiendra.

» Fait et signé triple. à..., ce...

(*Signatures.*)

CHAPITRE XI.

MANDAT OU PROCURATION.

De la Nature et de la Forme du Mandat.

Le mandat ou procuration est un acte par lequel une personne donne à une autre le pouvoir de faire quelque chose pour le mandant et en son nom. — Le contrat ne se forme que par l'acceptation du mandataire. (*Art. 1984. Cod civ.*)

1985. Le mandat peut être donné ou par acte public, ou par écrit sous seing privé, même par lettre. Il peut aussi être donné verbalement ; mais la preuve testimoniale n'en est reçue que conformément au titre *des Contrats ou des Obligations conventionnelles en général.*

L'acceptation du mandat peut n'être que tacite, et résulter de l'exécution qui lui a été donnée par le mandataire.

1986. Le mandat est gratuit, s'il n'y a convention contraire.

1987. Il est ou spécial et pour une affaire ou certaines affaires seulement, ou général ou pour toutes les affaires du mandant.

1988. Le mandat conçu en termes généraux n'embrasse que les actes d'administration.

S'il s'agit d'aliéner ou hypothéquer, ou de quelque autre acte de propriété, le mandat doit être exprès.

1989. Le mandataire ne peut rien faire au-delà de ce qui est porté dans son mandat : le pouvoir de transiger ne renferme pas celui de compromettre.

1990. Les femmes et les mineurs émancipés peuvent être choisis pour mandataires ; mais le mandant n'a d'action contre le mandataire mineur que d'après les règles générales relatives aux obligations des mineurs, et contre la femme mariée et qui a accepté le mandat sans autorisation de son mari, que d'après les règles établies au titre *du Contrat de mariage et des Droits respectifs des époux.*

1991. Le mandataire est tenu d'accomplir le mandat tant qu'il en demeure chargé, et répond des dommages et intérêts qui pourraient résulter de son inexécution.

Il est tenu de même d'achever la chose commencée au décès du mandant, s'il y a péril en la demeure.

1992. Le mandataire répond non-seulement du dol ; mais encore des fautes qu'il commet dans sa gestion.

Néanmoins la responsabilité relative aux fautes est appliquée moins rigoureusement à celui dont le mandat est gratuit qu'à celui qui reçoit un salaire.

1993. Tout mandataire est tenu de rendre compte de sa gestion, et de faire raison au mandant de tout ce qu'il a reçu en vertu de sa procuration, quand même ce qu'il aurait reçu n'eût point été dû au mandant.

1994. Le mandataire répond de celui qu'il s'est substitué dans sa gestion, 1° quand il n'a pas reçu le pouvoir de se substituer quelqu'un ; 2° quand ce pouvoir lui a été conféré sans désignation d'une personne, et que celle dont il a fait choix était notoirement incapable ou insolvable.

Dans tous les cas, le mandant peut agir directement contre la personne que le mandataire s'est substituée.

1995. Quand il y a plusieurs fondés de pouvoir ou mandataires établis par le même acte : il n'y a de solidarité entre eux qu'autant qu'elle est exprimée.

1996. Le mandataire doit l'intérêt des sommes qu'il a employées à son usage, à dater de cet emploi ; et de celles dont il est reliquataire, à compter du jour qu'il est mis en demeure.

1997. Le mandataire qui a donné à la partie avec laquelle il contracte en cette qualité, une suffisante connaissance de ses pouvoirs, n'est tenu d'aucune garantie pour ce qui a été fait au-delà, s'il ne s'y est personnellement soumis.

1998. Le mandant est tenu d'exécuter les engagemens contractés par le mandataire, conformément au pouvoir qui lui a été donné.

Il n'est tenu de ce qui a pu être fait au-delà, qu'autant qu'il l'a ratifié expressément ou tacitement.

1999. Le mandant doit rembourser au mandataire les avances et frais que celui-ci a faits pour l'exécution du mandat, et de lui payer ses salaires lorsqu'il en a été promis.

S'il n'y a aucune faute imputable au mandataire, le mandant ne peut se dispenser de faire ces remboursements et paiements, lors même que l'affaire n'aurait pas réussi, ni faire réduire le montant des frais et avances, sous le prétexte qu'ils pouvaient être moindres.

2000. Le mandant doit aussi indemniser le mandataire des pertes que celui-ci a essuyées à l'occasion de sa gestion, sans imprudence qui lui soit imputable.

2001. L'intérêt des avances faites par le mandataire lui est dû par le mandant, à dater du jour des avances constatées.

2002. Lorsque le mandataire a été constitué par plusieurs personnes pour une affaire commune, chacune d'elles est tenue solidairement envers lui de tous les effets du mandat.

2003. Le mandat finit,

Par la révocation du mandataire,

Par la renonciation de celui-ci au mandat.

Par la mort naturelle ou civile, l'interdition ou la déconfiture, soit du mandant, soit du mandataire.

2004. Le mandant peut révoquer sa procuration quand bon lui semble, et contraindre, s'il y a lieu, le mandataire à lui remettre, soit l'écrit sous seing privé qui la contient, soit l'original de la procuration, si elle a été délivrée en brevet, soit l'expédition, s'il en a été gardé minute.

2005. La révocation notifiée au seul mandataire ne peut être imposée aux tiers qui ont traité dans l'ignorance de cette révocation, sauf au mandant son recours contre le mandataire.

2006. La constitution d'un nouveau mandataire pour la même affaire vaut révocation du premier, à compter du jour où elle a été notifiée à celui-ci.

2007. Le mandataire peut renoncer au mandat, en notifiant au mandant sa renonciation.

Néanmoins, si cette renonciation préjudicie au mandant, il devra en être indemnisé par le mandataire, à moins que celui-ci ne se trouve dans l'impossibilité de continuer le mandat sans en éprouver lui-même un préjudice considérable.

2008. Si le mandataire ignore la mort du mandant, ou l'une des autres causes qui font cesser le mandat, ce qu'il a fait dans cette ignorance est valide.

2009. Dans les cas ci-dessus, les engagemens du mandataire sont exécutés à l'égard des tiers qui sont de bonne foi.

2010. En cas de mort du mandataire, ses héritiers doivent en donner avis au mandant, et pourvoir, en attendant, à ce que les circonstances exigent pour l'intérêt de celui-ci.

Pouvoir pour comparaître en Conciliation.

53. *Cod. de P. civ.* Les parties comparaîtront en personne; en cas d'empêchement, par un fondé de pouvoir.

Je soussigné..., domicilié à..., donne pouvoir au sieur... (*profession et demeure*) de, pour moi et en mon nom, se présenter le..., devant M. le juge de paix d..., au lieu ordinaire de ses audiences, en bureau de conciliation, sur l'action qui m'a été intentée, par le sieur..., (ou que j'ai intentée au sieur...), par exploit du ministère d..., en date du..., pour se concilier, si faire se peut; à cet effet, accorder délais, recevoir, donner quittance, traiter, composer, compromettre, transiger, passer et signer tous actes, faire tous dires, soutiens, réserves et protestations que les circonstances exigeront; à défaut de conciliation, demander le renvoi devant les juges compétens, requérir par suite les actes nécessaires pour continuer ladite action, en suivre les fins, constituer avoués, élire avocats; enfin faire tout ce qui sera utile dans mes intérêts.

Donné à..., le..., an..

Pouvoir pour comparaître devant le juge de paix.

9. *Code de Proc.* Au jour fixé par la citation, ou convenu entre les parties, elles comparaîtront en personne ou par leurs fondés de pouvoir, sans qu'elles puissent faire signifier aucune défense.

13. Les parties ou leurs fondés de pouvoir seront entendus contradictoirement. La cause sera jugée sur-le-champ, ou à la première audience; le juge, s'il le croit nécessaire, se fera remettre les pièces.

Je soussigné..., domicilié à..., donne pouvoir à M.... (profession et demeure), de, pour moi et en mon nom, se présenter à l'audience de la justice de paix de..., sur l'action qui sera intentée à ma requête contre le sieur..., demeurant à..., aux fins d'obtenir le paiement de la somme de... fr., pour, (expliquer les causes de la demande). En conséquence, conclure, plaider, fournir tous moyens valables, accorder délais, recevoir, donner quittance, composer, transiger, passer et signer tous actes, obtenir jugement, le faire expédier et mettre à exécution, former toutes saisies arrêts et opposition, faire procéder à toutes saisies mobilières, consentir et donner main-levée entière et définitive; élire domicile, appeler de tout jugement, y acquiescer, constituer avoués et avocats, les révoquer, comparaître à toutes assemblées de créanciers, promettant entière adhésion et agréant à l'avance ce qui sera fait.

Donné à..., le..., au...

(Signature du mandant.)

Nota. Si le mandant n'écrit pas lui-même le pouvoir, il met à la suite, lu et approuvé, avant d'apposer sa signature.

Il faut avoir soin d'indiquer la personne à laquelle le pouvoir est donné, et ne pas le donner en blanc, parce qu'on pourrait en abuser.

Pouvoir à donner à un huissier ou à un garde du commerce, pour mettre à exécution la Contrainte par corps.

556. La remise de l'acte ou du jugement à l'huissier vaudra pouvoir pour toutes exécutions autres que la saisie immobilière et l'emprisonnement, pour lesquels il sera besoin d'un pouvoir spécial. *(C. de p. c.)*

Je soussigné..., domicilié à..., donne, par le présent, plein et entier pouvoir à M....,

De poursuivre, et en mon nom, mettre à exécution par la voie de la contrainte par corps le jugement que j'ai obtenu contre le sieur..., demeurant à..., devant le tribunal de commerce d..., le..., duement expédié, enregistré en forme; en conséquence, capturer, emprisonner, écrouer ou recommander ce débiteur dans toutes prisons où besoin sera, consigner des alimens et faire toutes avances nécessaires, recevoir tout ou partie de ce que doit ce débiteur, lui en donner quittance, et généralement faire ce qui sera utile pour obtenir le recouvrement de ce qui m'est dû par le sieur..., en principal, intérets et frais, promettant l'avouer et avoir pour agréable;

Fait et donné à..., le... an...,

Nota. Faire légaliser la signature si le pouvoir est envoyé et que le mandant réside hors le département où les poursuites se dirigent.

Pouvoir pour se faire représenter à une faillite.

502. Tous les créanciers du failli seront avertis, à cet effet, par les papiers publics et par lettres des syndics, de se présenter, dans le délai de quarante jours, par eux ou par leurs fondés de pouvoir, aux syndics de la faillite; de leur déclarer à quel titre et pour quelle somme ils sont créanciers, et de leur remettre leurt titres de créance, ou de les déposer au greffe du tribunal de commerce. Il leur en sera donné récépissé (*Code de comm.*)

503. La vérification des créances sera faite contradictoirement entre le créancier ou son fondé de pouvoir et les syndics, et en présence du juge-commissaire, qui en dressera procès-verbal. Cette opération aura lieu dans les quinze jours qui suivront le délai fixé par l'article précédent.

Je soussigné..., donne pouvoir à M.... de, pour moi et en mon nom, me représenter à la faillite du sieur..., débiteur de la somme de...;

En conséquence, requérir toutes oppositions, reconnaissance, et levée de scellés; procéder à tous inventaires et récolemens; faire en procédant tous dires, réquisitions et réserves; concourir à la formation de la liste de présentation de candidats pour le syndicat provisoire; faire révoquer, s'il y a lieu, les syndics nommés; faire vérifier ma créance, en affirmer la sincérité, comme je l'affirme par ce présent pouvoir; comme aussi que je ne prête mon nom ni directement ni indirectement à qui que ce soit; vérifier, admettre ou rejeter tous titres produits par les autres créanciers, en constater la validité, se faire rendre compte de l'état de ladite faillite, prendre part à toutes les délibérations de créanciers, consentir toutes remises, accorder termes et délais; traiter, transiger, composer, à cet effet signer tous actes, tous concordats ou arrangemens particuliers, d'y opposer même par les voies extraordinaires; former tous contrats d'union à la majorité, nommer tous les syndics définitifs, caissier et gérant, les révoquer s'il y a lieu, et en nommer d'autres; remettre ou retirer tous titres et pièces; toucher tout dividende, en donner quittance, passer et signer tous actes, élire domicile, changer les élections, substituer, et généralement faire ce qui sera nécessaire, quoique non prévu en cas présent, promettant l'avouer.

Fait, etc.

Procuration pour recevoir des Arrérages de Rentes, etc.

Je soussigné (*noms, prénoms, profession et domicile*), donne pouvoir à (*ibid.*) que je constitue mon procureur général et spécial, de, pour moi et en mon nom, recevoir les arrérages de la rente de... fr. payable le... de chaque année, qui a été constituée à mon profit par le sieur F..., qui en est le débiteur, par acte passé devant Me..., notaire à..., le... (*ou suivant acte sous seing privé*), fait double le..., enregistré à..., le..., par M.... receveur qui a reçu... fr.; en conséquence toucher lesdits arrérages échus et à échoir, en donner quittance; à défaut de paiement faire diriger toutes poursuites, le traduire en justice devant tous tribunaux, obtenir jugement, requérir expédition, plaider, élire domicile, faire conduire toutes saisies-arrêts et oppositions, saisies mobilières, en donner main-levée, constituer avoués et avocats, les renvoyer, en constituer d'autres, opposer, appeler, transiger; et faire enfin ce que je ferais moi-même, promettant d'agréer tout ce qu'il pourra faire pour le recouvrement de ma créance.

Donné à..., le..., an...

Autre Formule pour faire reconnaître une Rente et passer titre-nouvel.

(*Même intitulé que la précédente*) se présenter devant tel notaire qu'il lui plaira de choisir, aux fins d'y faire reconnaître une rente de la somme de fr... à l'échéance du... de chaque année, due par... à mon profit (*ou envers...*) : le tout conformément au titre constitutif d'icelle rente passé devant Me ..., notaire à., le...; à cet effet faire passer titre-nouvel et reconnaissance et faire payer tous arrérages dus, et généralement faire tout ce que la circonstance nécessite; requérir défaut de non comparution, continuer les poursuites pour obtenir jugement à l'effet d'obtenir ledit titre-nouvel, louant, approuvant, agréant et ratifiant tout ce que ledit procureur constitué fera en notre nom, fût-il question de chose non exprimée en la présente. Donné à..., le..., an...

Autre Formule pour faire rendre compte à un Tuteur

(Même intitulé que la précédente) pour faire rendre compte à M.., demeurant à.., mon tuteur, à l'amiable si faire se peut, si non en justice, suivre les formalités que la loi indique aux fins de sa gestion et administration qu'il a eues des biens de la succession de... *(mon père ou autres parens)*, débattre s'il y a lieu ledit compte et l'arrêter, recevoir ce qui sera dû, en donner quittance et décharge valable, passer et signer tous actes; à défaut de reddition de compte et du paiement du reliquat, faire exercer toutes poursuites que la loi autorise, pour y contraindre mon tuteur, promettant avoir le tout pour agréable.

Donné à..., le..., an...

FIN

TABLE

DES MATIÈRES,

PAR ORDRE ALPHABÉTIQUE.

LIMOGES ET ISLE
Imprimerie Ardant Frères.

www.ingramcontent.com/pod-product-compliance
Ingram Content Group UK Ltd.
Pitfield, Milton Keynes, MK11 3LW, UK
UKHW031850260826
14628UKWH00002B/700

9 782329 588711

OBSERVATIONS
SUR
L'ESPRIT DES LOIX,
OU
L'ART
DE LIRE CE LIVRE,
DE L'ENTENDRE ET D'EN JUGER.

Par. M. ***.

Quæ in nemora, aut quos agor in specus?
Horat. Od. XIX. Lib. III.

A AMSTERDAM,
Chez PIERRE MORTIER, Libraire.

M. DCC. LI.

AVIS.

LE Livre de l'Esprit des Loix renferme de si grandes beautés, qu'on ne sçauroit trop exhorter le Public à le lire. Mais comme la méthode que l'Auteur a observée dans le cours de son Ouvrage, n'est point à la portée de la plûpart des Lecteurs ; ou plutôt, comme cet Ouvrage n'a point de methode bien suivie, on a crû pouvoir le présenter sous un arrangement différent, pour en faciliter la lecture. On trouvera ici ce qu'il y a de plus beau, de plus agréable, de plus intéressant ; ce qu'il y a de mieux dit, de mieux pensé dans tout le Livre. On a eu grand soin de ne rien omettre de ce qui peut donner une grande idée du génie noble & brillant de l'Auteur. Mais d'un autre côté on n'a point dissimulé les *défauts de l'Ouvrage ; & au milieu des plus beaux endroits , on a fait remarquer les taches considérables qui s'y trouvent. On ose se flatter qu'après avoir lû cette petite Brochûre , on connoîtra mieux le Livre dont elle rend compte , que si on lisoit le Livre même. On en sçaura mieux les beautés & les défauts , parce que les uns & les autres sont exposés ici dans tout leur jour.*

OBSERVATIONS
SUR L'ESPRIT DES LOIX,
OU
L'ART DE LIRE CE LIVRE,
DE L'ENTENDRE ET D'EN JUGER.

QU'UN bon Livre, un Livre bien fait, tire de l'obſcurité un Auteur inconnu, & donne de la célébrité à ſon nom, cela eſt dans l'ordre. Mais que le nom ſeul d'un Ecrivain célébre donne de la vogue à un Ouvrage défectueux, qu'on ait pour un Livre mal fait la même eſtime que pour ſon Auteur, c'eſt introduire dans le monde Litteraire les uſages du monde politique ; c'eſt attacher à la naiſſance des diſtinctions & des honneurs qui ne devroient être que le prix du mérite ; c'eſt accorder à des enfans, ſouvent pleins de défauts, des prérogatives & des hommages qui n'étoient dûs qu'à la vertu & aux belles actions de leur pere. Une haute naiſſance n'eſt qu'un engagement à la gloire, elle ne la donne pas; un livre n'en eſt donc que plus répréhenſible, lorſqu'en héritant du nom de celui qui l'a fait, il n'hérite point du mérite qui a rendu ce nom célébre; la nobleſſe eſt pour l'Auteur, & la roture pour l'ouvrage. Que les Grands ſe vantent d'avoir des Princes & des Rois parmi leurs ancêtres; s'ils n'ont pont d'autre gloire que celle de leurs ayeux, ſi leurs titres ſont leurs uniques vertus, s'il faut rappeller les ſiécles paſſés pour les trouver dignes de nos hommages, ſi toute leur grandeur eſt dans leur nom; on oppoſe ſans ceſſe leur nom à leur perſonne, & le ſouvenir de leurs ayeux devient leur opprobre. De même, quand un ouvrage eſt ſorti des mains d'un grand homme, s'il n'eſt recommandable que par la réputation de ſon Auteur, ſi le nom de l'Ecrivain fait ſon principal mérite, s'il faut ſe rappeller ſes autres écrits pour trouver celui-ci digne de notre attention; la comparaiſon qu'on en fait eſt juſtement ce qui le deshonore. J'avoue que tout le monde n'en jugera pas de même; il y aura des esprits superficiels qui se laisseront éblouir par la noblesse de son origine ; & sur quelques traits de grandeur qu'ils y remarqueront, ou qu'ils croiront y remarquer, ils décideront hardiment que l'Ouvrage entier est incomparable, & qu'il mérite tous nos éloges. S'il arrive que ce même Livre renferme du bon & du mauvais en même tems, si la même page dément & justifie tout à la fois l'idée qu'on s'étoit faite de l'Auteur ; c'est alors surtout que des Lecteurs peu intelligens, qui d'un côté se sont laissés prévenir par la réputation de l'Ecrivain, & qui trouvent de l'autre de quoi justifier une partie de leur admiration, s'aveuglent très-aisément sur tout le reste. Quelqu'un plus éclairé vient il ensuite pour leur désiller les yeux ? Ils s'offensent du service qu'on veut leur rendre ; la lumiere qu'on leur présente leur est odieuse, parce qu'elle leur fait voir le ridicule de leur préjugé ; & ils aiment mieux admirer ce qu'ils ne comprennent pas, que de comprendre qu'ils se sont trompés. Voilà en particulier ce qui est arrivé à l'égard de *l'Esprit des Loix*.

Cet Ouvrage admirable, dont tout le monde parle, & que très-peu de gens connoissent, parce qu'il y en a très-peu qui sçachent le lire, fait depuis long-tems le sujet de tous les entretiens; tant il est vrai qu'on peut s'entretenir long tems de ce que l'on entend le moins. Peut-être même est-ce parce qu'on ne l'entend pas qu'on en parle tant; faut-il donc s'étonner si on en parle mal? C'est pour rectifier là-dessus les idées d'une infinité de gens, c'est pour les mettre en état de suivre l'Auteur dans sa marche, toute irréguliere qu'elle est; ou plutôt, c'est pour corriger l'irrégularité de cette marche, & apprendre ce qu'il y a à louer ou à condamner dans ce Livre, que j'entre dans l'examen de toutes les parties qui le composent. Je sens à quoi m'engage une pareille entreprise; dans quelles forêts, dans quels antres me transporte un semblable dessein?

Quæ in nemora, aut quos agor in specus?

J'entre dans un labyrinthe où l'on

ne remarque aucune iſſue. Les ſentiers en ſont extrémement étroits ; encore y trouve-t-on à chaque pas une infinité de plantes étrangeres qu'on eſt obligé d'arracher pour ſe former un paſſage. On ſent quelquefois que l'on marche dans des chemins déja frayés ; mais tout-à-coup on ſe voit arrêté par des rochers eſcarpés, ou par des précipices dont il eſt impoſſible d'appercevoir la profondeur. D'autrefois on eſt tranſporté au milieu d'une riante campagne, dans une prairie émaillée, où mille petits ruiſſeaux ſerpentent agréablement entre les fleurs ; on eſt tout ſurpris enſuite, après avoir traverſé ces différentes routes, de ſe retrouver dans des chemins qu'on croyoit avoir quittés. Car voilà le caractere de cet ouvrage ; il faut aller chercher quelquefois à la fin du ſecond ou du troiſiéme volume, la ſuite de ce qu'on avoit commencé à lire dans le premier, & le plus ſouvent ce qui précéde n'a aucun rapport avec ce qui ſuit. Rien n'eſt à ſa place dans ce Livre ; & les plus belles choſes y perdent leur prix, parce qu'elles n'y sont presque jamais exposées dans le point de vûe qui leur est propre. L'obscurité y régne partout & jusques dans les titres mêmes, dont la plûpart n'annoncent pas toujours ce que le chapitre renferme. Prenons, par exemple, celui qui est à la tête de tous les autres, *de l'Esprit des Loix*. Que signifie ce titre dans le sens de l'Auteur ? Je n'ai encore trouvé personne qui ait sçû me le dire. M. de M. appelle les Loix, *des rapports qui dérivent de la nature des choses*. L'Esprit des Loix est donc l'esprit de ces raports ? Cela est-il bien clair ? Cela donne-t-il une idée nette de l'Ouvrage ? On dit communément l'esprit d'un Etat, d'un Corps, d'un Gouvernement, d'une Religion ; & l'on entend par-là le principe qui y fait agir, les vûes qu'on s'y propose, le but auquel on vise. On dit encore l'esprit d'un Arrêt, d'un Reglement, d'une Ordonnance, pour signifier leur vrai sens, ou les motifs qui y ont donné lieu. Il semble donc que par *l'Esprit des Loix* on devroit entendre aussi l'intention qu'ont eue les Législateurs qui les ont établies, & les raisons qui les ont fait recevoir. C'est proprement là ce que paroît annoncer d'abord le titre de ce Livre; mais ce n'est pas tout-à-fait ce que l'Ouvrage contient, ni ce que l'Auteur lui-même a entendu. C'est plutôt ici un Recueil de reflexions sur la constitution des Etats, sur leur nature, leurs principes, leurs mœurs, leur climat, leur étendue, leur puissance; sur les causes de leur établissement, de leur progrès, de leur conservation, de leur décadence, de leur ruine. On y parle en particulier de chaque sorte de gouvernement, de ce qui en forme l'esprit & le caractere, des récompenses qu'on y propose, des peines qu'on y décerne, des vertus qu'on y pratique, des fautes qu'on y commet, de l'éducation qu'on y donne, du luxe qui y regne, de la monnoye qui y a cours, de la Religion qu'on y professe. On y compare le commerce d'un peuple avec celui d'un autre; celui des anciens avec celui d'aujourd'hui; celui d'Europe avec celui des trois autres parties du monde. On y examine quelles Religions, quelles Loix conviennent mieux à certains climats, à certains gouvernemens. Voilà ce que l'Auteur appelle *l'Esprit des Loix*, & ce que je nommerois plus volontiers l'Ame du Monde, ou le Tableau Moral de l'Univers.

Bien des gens regardent ce Livre comme le meilleur qui ait paru depuis long-tems. Je crois que c'est le plus curieux, le plus étendu, le plus intéressant; mais ce n'est pas le mieux fait. Le plus curieux; puisqu'il a pour objet les Loix, les Coutumes & les divers usages de tous les peuples de la terre. Le plus étendu; puisqu'il embrasse toutes les Institutions qui sont reçues parmi les hommes. Le plus intéressant; puisque l'Auteur examine les pratiques qui conviennent le plus à chaque Société; qu'il en cherche l'origine, qu'il en découvre les causes, qu'il en expose les effets. L'idée, comme on voit, en est admirable, & l'on y trouve d'ailleurs une infinité de grands traits, d'images frappantes, de pensées neuves, de réflexions profondes qui prouvent bien certainement

ment que l'Auteur est un grand homme ; mais qui ne suffisent pas tout-à-fait pour faire un bon ouvrage. On souhaiteroit qu'il y eût plus de choix dans les matieres, de méthode dans la distribution, de netteté dans le style, de clarté dans les pensées, & surtout plus de justesse dans les raisonnemens; moins de liberté, de paradoxes, de longueurs même dans bien des endroits. Enfin, l'Auteur a imaginé un très-bon Livre qu'il a mal exécuté. Entrons dans le détail, & tâchons de mettre dans cet Extrait un peu plus d'ordre qu'il n'y en a dans tout le Livre.

Pour procéder avec méthode à l'examen de cet Ouvrage, je me garderai bien de m'engager dans la route que l'Auteur a suivie ; c'est un labyrinthe d'où je ne sortirois jamais. Son Livre est divisé en cinq cent quatre-vingt-treize Chapitres, qui ne servent qu'à y répandre la confusion, & à jetter de l'embarras dans l'esprit des Lecteurs. Je réduirai à cinq articles principaux, ou plutôt je réunirai sous cinq points de vûe différens, les diverses matieres qui sont renfermées dans ces trois volumes. Je parlerai d'abord de ce qui regarde la Religion ; ensuite de la Morale ; en troisiéme lieu, de la Politique ; quatriémement de la Jurisprudence ; & je finirai par ce qui concerne le commerce. Je ne considererai tout cela que par rapport au climat & au gouvernement. L'Auteur lui-même paroît n'avoir envisagé que ces deux rapports ; il semble donc, que pour donner à cet ouvrage décousu la liaison qui lui manque, il n'y avoit qu'à le diviser en cinq parties seulement, & faire voir quelle est la Religion, la Morale, la Politique, la Jurisprudence & le Commerce qui conviennent davantage à chaque climat, à chaque sorte de Gouvernement. Par cette division simple, claire, naturelle, le Lecteur eût vû du premier coup d'œil ce qu'il n'apperçoit qu'avec bien de la peine, ce que l'Auteur lui-même semble avoir voulu cacher. Quoi qu'il en soit, il est certain que c'est là principalement ce que renferme le Livre de l'Esprit des Loix ; c'est à ces cinq objets qu'on peut rapporter ce qui se trouve dispersé sans ordre dans tout le cours de cet Ouvrage. Voilà du moins l'idée que je m'en suis formée moi-même. Voilà sous quel aspect j'ai crû devoir le présenter au public.

ARTICLE I.

La Religion,

Considerée par rapport au Climat & au Gouvernement.

L'Auteur de l'Esprit des Loix, qui ne se donne point pour Théologien, ne parle ici de la Religion, que comme Philosophe. Ce n'est que comme Philosophe non plus, que j'examinerai ses principes; & si j'en trouve quelques uns qui me paroissent contraires aux idées de la raison, je ne me servirai que de ces mêmes idées pour les combattre.

L'Auteur, sans entrer d'abord dans le détail des Religions particulieres, prétend que la Religion en général, a plus de force & plus d'influence dans les Etats despotiques, que dans les Monarchies. Dans les premiers, dit-il, elle eſt la ſeule choſe qu'on puiſſe oppoſer à la volonté du Prince. „ On abandonnera ſon pere, „ on le tuera même, ſi le Prince l'or- „ donne; mais on ne boira pas de „ vin, s'il le veut & s'il l'ordonne. Les „ loix de la Religion ſont d'un pré- „ cepte ſupérieur, parce qu'elles ſont „ données ſur la tête du Prince, com- „ me ſur celle des ſujets; mais quant „ au droit naturel, il n'en eſt pas de „ même; le Prince eſt ſuppoſé n'être „ plus un homme.

L'Auteur ſuppoſe lui-même ici une choſe fauſſe, ſçavoir, que la Religion qui interdit l'uſage du vin, ne reprouve pas auſſi le parricide, & que Mahomet en preſcrivant à ſes peuples la ſobriété & la tempérance, ne leur a pas défendu en même-tems, & ſous des peines encore plus grieves, d'être injuſtes, cruels & inhumains envers leurs peres. N'eſt-ce pas vouloir confondre toutes les idées, que de ne pas reconnoître comme loi de Religion, ce que toutes les Religions du monde ont toujours regardé comme une de leurs loix les plus ſacrées? Certainement il n'eſt pas plus permis dans la Religion Mahométane, que dis-je ? Il eſt cent fois plus défendu d'attenter à la vie de ſon pere pour obéir aux caprices de l'Empereur que de boire du vin ; & un fils qui refuſeroit de commettre un parricide qui lui ſeroit ordonné par le Prince, ne feroit que ſe conformer à un des premiers préceptes de ſa loi. N'eſt-ce pas une choſe ſinguliere qu'on faſſe principalement conſiſter la loi de Mahomet à s'abſtenir de vin ? c'eſt comme ſi l'on vouloit réduire tous les devoirs d'un Chrétien à jeûner pendant le carême. S'il y a des gens à Conſtantinople, qui ſe feroient un ſcrupule d'en boire, & qui ne s'en feroient pas un de tuer leur pere, ſurtout ſi leur fortune ou l'ordre du Souverain l'exigeoient, ce ſont de faux dévots, comme on en voit partout ; & le Prince & le ſujet agiroient également contre leur Religion, l'un en ordonnant le parricide, l'autre en le commettant.

Mais ſur quoi ſe fonde l'Auteur, lorſqu'il prétend que la Religion a plus de force dans les Etats deſpotiques, que dans les Monarchies ? C'est, dit-il, parce qu'elle est l'unique chose qu'on puisse opposer à la volonté du despote. Mais pourquoi cette puissance étant seule, est-elle plus forte que si elle étoit accompagnée de celle des loix ? Deux pouvoirs réunis ne se soutiennent-ils pas mutuellement ; & n'est-ce pas par cette union là même qu'ils acquierent une nouvelle force ? D'ailleurs, dans un Etat où l'on ne ménage rien, où l'on abuse de tout, on ne respecte pas plus la Religion que tout le reste. Dans les Monarchies au contraire on a pour les loix du respect & de la soumission ; à plus forte raison en aura-t-on aussi pour la Religion, qui est la premiere & la plus respectable de toutes les loix. L'Auteur est néanmoins d'un sentiment bien opposé ; car il dit expressément qu'un „ Courtisan se croiroit ridicule dans „ une Monarchie, d'alléguer au Prince „ les loix de la Religion. „ Mais le grand Racine a-t-il paru ridicule au Parterre François, lorsqu'il a introduit sur notre Théatre un Courtisan qui adresse ces paroles à une Reine ?

Du Dieu que nous servons tel est l'ordre éternel.
Eh ! quoi, vous de nos Rois & la femme & la mere,
Etes-vous à ce point parmi nous étrangere ?
Ignorez-vous nos Loix ?

Voilà un Courtisan, qui, dans une Monarchie, ne rougit point d'alléguer à sa Souveraine les loix de sa Religion. J'avoue que tandis qu'Abner parle ainsi à Athalie, un autre tient à cette Reine un langage tout différent.

Est-ce aux Rois à garder cette lente justice !
Leur sûreté souvent dépend d'un prompt suplice.
N'allons point les gêner d'un soin embarrassant,
Dès qu'on leur est suspect, on n'est plus innocent.

C'est un Prêtre qui parle de la sorte ; mais l'homme de Cour qui l'entend, bien loin de lui applaudir, en est indigné, & il ne croit pas que ce soit une chose ridicule pour lui, quoique dans une Monarchie, de rappeller à ce mauvais Pontife, en présence de la Reine, les devoirs de son état & de sa religion.

Hé quoi, Mathan ! d'un Prêtre est-ce-là
le langage ?

Si quelqu'un de ces deux hommes doit rougir, c'est le Prêtre qui oublie son état, plutôt que le Courtisan qui l'y rappelle.

De la Religion en général, passons aux Religions différentes qui sont dans l'univers. Il y en a deux principales qui partagent presque aujourd'hui le monde entier ; la Chrétienne & la Mahométane.

„ La Religion Chrétienne, dit l'Auteur, est éloignée du pur despotisme ; c'est que la douceur étant si recommandée dans l'Evangile, elle s'oppose à la colere despotique avec laquelle le Prince se feroit justice, & exerceroit ses cruautés.

„ Cette Religion défendant la pluralité des femmes, les Princes y

„ ſont moins renfermés, moins ſépa-
„ rés de leurs ſujets, & par conſéquent
„ plus hommes : ils ſont plus diſpoſés
„ à ſe faire des Loix, & plus capables
„ de ſentir qu'ils ne peuvent pas tout.

„ Pendant que les Princes Maho-
„ métans donnent ſans ceſſe la mort
„ ou la reçoivent, la Religion chez
„ les Chrétiens rend les Princes moins
„ timides, & par conſéquent moins
„ cruels.

„ C'eſt la Religion Chrétienne, qui
„ malgré la grandeur de l'Empire &
„ le vice du climat, a empêché le deſ-
„ potiſme de s'établir en Ethiopie, &
„ a porté au milieu de l'Affrique les
„ mœurs de l'Europe & ſes loix.

„ La Religion Mahométane, qui
„ ne parle que de glaive, agit encore
„ ſur les hommes avec cet eſprit deſ-
„ tructeur qui l'a fondée.

Dans les Etats deſpotiques, pour adoucir & temperer le pouvoir arbitraire, „ il convient qu'il y ait quel-
„ que livre ſacré qui ſerve de regle,
„ comme l'Alcoran chez les Arabes,
„ les livres de Zoroaſtre chez les Per-
„ ſes, &c. Le Code Religieux ſup-

„ plée au code civil & fixe l'arbitrai-
„ re. Il n'est pas mal que dans les cas
„ douteux, les Juges consultent les
„ Ministres de la Religion : aussi en
„ Turquie les Cadis interrogent-ils
„ les Mollachs.

Sur tout ceci, voici comme je raisonne : s'il est vrai, comme l'Auteur le dit, & comme l'on ne doit pas en douter, que la Religion Chrétienne soit si douce & le despotisme si cruel ; s'il est vrai encore que la Religion Mahométane ne parle que de glaive, de massacre, de destruction : enfin, & c'est ici le point capital sur lequel tombe mon raisonnement ; s'il est vrai que ce soit à la Religion à adoucir & à temperer le pouvoir arbitraire, bien loin de conclure comme fait l'Auteur, que le Mahométisme soit plus convenable que l'Evangile au Gouvernement despotique, je tire une conséquence toute contraire, & je dis que c'est la Religion Chrétienne qui convient mieux que l'autre à la dureté de ce Gouvernement. Qu'on se souvienne au moins que c'est toujours dans les principes de l'Auteur que je raisonne. En effet, laquelle de ces deux Religions est la plus capable d'adoucir le pouvoir arbitraire, ou celle qui ne parle que de glaive & de destruction, ou celle dont la morale est si douce & si bienfaisante? celle dont la sévérité favorise la cruauté du Souverain, ou celle dont la douceur s'oppose continuellement à sa tyrannie? Celle qui rend les Princes plus humains en les tenant moins séparés de leurs sujets, ou celle qui en les rendant plus timides, les rend par conséquent plus cruels? C'est une façon bien singuliere de temperer le pouvoir excessif du despotisme, que de lui mettre en main un nouveau moyen de satisfaire sa barbarie, & de consacrer, pour ainsi dire, par la Religion, toutes les inhumanités de son Gouvernement. Comment peut-on écrire des choses si contradictoires? Et comment est-il arrivé que la plûpart des Lecteurs ne les ayent pas senties?

Ce n'est pas encore là tout: & je prétends non-seulément que l'Auteur s'est contredit; mais je soutiens de plus actuellement que ce caractere de sévérité qu'il donne partout à la Religion de Mahomet ne lui convient en aucune maniere. Elle ne parle, dit-il, que de glaive ; cela eſt vrai ; mais ce n'eſt que contre ſes ennemis qu'elle veut qu'on l'emploie, & non pas contre ceux qui la profeſſent. Mahomet a ordonné à ſes diſciples de ne pas épargner la tête de quiconque voudroit leur perſuader de quitter ſa loi pour en embraſſer une autre. Mais il leur a en même tems très-ſévérement défendu de ſe nuire mutuellement. Il n'a point permis aux Princes ſes ſucceſſeurs de tremper injuſtement leurs mains dans le ſang de leurs ſujets ; & il n'y a aucun dogme de ſa religion qui autoriſe les cruautés & les injuſtices à l'égard de ceux qui y ſont ſoumis. L'Auteur a parlé des Mahométans ſelon les idées populaires ; & il les repréſente toujours le bras levé, le ſabre à la main, uniquement occupés à couper des têtes. Il fait plus, & c'eſt dans leur religion même qu'il croit découvrir la cauſe de cette prétendue barbarie. Je conviens que cette religion eſt fauſſe, inſenſée, ridicule ; mais il ne s'enſuit pas qu'elle

ſoit

soit cruelle, barbare, inhumaine envers ses sectateurs. Toute fausse qu'elle est, elle peut être très douce dans sa morale; cela n'est point du tout incompatible. L'Auteur lui-même n'en disconvient pas, & il est étonnant qu'il ait si-tôt oublié ce qu'il avoit dit ailleurs; sçavoir que " dans un pays " où l'on a le malheur d'avoir une reli-" gion que Dieu n'a pas donnée, il est " toujours nécessaire qu'elle s'accorde " avec la morale; parce que la reli-" gion, même fausse, est le meilleur " garant que les hommes puissent " avoir de la probité des hommes. Aussi, continue-t-il, " les points prin-" cipaux de la Religion de ceux du " Pégu, sont de ne point tuer, de ne " point violer, de ne faire aucun dé-" plaisir à son prochain, de lui faire " au contraire tout le bien qu'on " peut. Avec cela, ils croyent qu'on " se sauvera dans quelque religion " que ce soit. Ce qui fait que ces " peuples, quoique fiers & pauvres, " ont de la douceur & de la compas-" sion pour les malheureux.

Pourquoi n'en seroit-il pas de même des Mahométans ? Pourquoi faire tomber sur leur religion les cruautés de leur gouvernement ? Pourquoi la rendre odieuse, tandis qu'elle n'est que ridicule ? J'avoue bien encore une fois qu'il y a parmi eux, comme par tout ailleurs, de faux dévots, des esprits superstitieux, des hypocrites qui se servent de son nom pour autoriser leur fureur, & qui croyent rendre gloire à Dieu en persécutant leurs freres.

L'amour de mon devoir & de ma nation, *
Et ma reconnoissance & ma *religion*,
Tout ce que les humains ont de plus respectable,
M'inspira des forfaits le plus abominable.

Tel est le langage d'un Fanatique Musulman ; mais un Disciple éclairé de Mahomet le desapprouve. Poursuivons.

La Religion Chrétienne est divisée en plusieurs partis : les principaux sont les Catholiques & les Protestans. Les Catholiques, dit l'Auteur, s'accommodent mieux de l'Etat Monar-

* M. de Voltaire.

chique ; le Gouvernement Républiquain convient davantage à la Religion Protestante. Mais je demande ; sur quoi tout cela est-il fondé, & ne pourroit-on pas soutenir également l'opinion contraire ? car enfin quelles sont les preuves que l'Auteur apporte pour établir son sentiment ? Les voici, & l'on en jugera.

« Quand la Religion Chrétienne « souffrit, il y a deux siécles, ce malheureux partage qui la divisa en « Catholique & en Protestante, les « peuples du Nord embrasserent la « Protestante, & ceux du Midi garderent la Catholique. C'est que les « peuples du Nord ont & auront toujours un esprit d'indépendance & « de liberté que n'ont pas les peuples « du Midi ; & qu'une Religion qui « n'a point de chef visible, convient « mieux à l'indépendance du climat « que celle qui en a un.

Voilà en vérité des raisons bien singulieres ! & moi je dis que si les pays du Nord sont devenus Lutheriens, si ceux du Midi sont restés Catholiques, si une partie de la Suisse eſt devenue Calviniſte, c'eſt uniquement parce que Luther & Calvin ont prêché leur doctrine en Suiſſe & en Allemagne, & qu'ils n'ont point pénétré vers le Midi de l'Europe. Pourquoi n'y ont-ils point pénétré ? c'eſt par la raiſon toute ſimple que Luther étoit un Allemand & Calvin un François refugié en Suiſſe. L'un eſt reſté dans ſon pays, parce qu'il y trouvoit de la protection ; l'autre a quitté le ſien, parce qu'il n'y trouvoit point ſa ſûreté. Si Luther eût débité ſes erreurs en Italie ou en Eſpagne, & que l'Inquiſition n'y eût point été établie, l'Eſpagne & l'Italie ſeroient peut-être Proteſtantes aujourd'hui comme la Saxe & le Brandebourg. Calvin s'eſt ſauvé en Suiſſe, & il y a enſeigné ſes opinions ; la Suiſſe eſt devenue Calviniſte ; cela eſt bien ſimple ; & la même choſe eût fort bien pû arriver, quand même les Cantons euſſent formé un Etat Monarchique. Pourquoi non ? La Suéde, le Dannemark, l'Angleterre ; les Electorats de Saxe, de Brandebourg, d'Hanovre formoient-ils des Républiques, lorſqu'ils ont embraſſé les nouvelles opinions ? & depuis qu'ils ſont devenus Proteſtans, ont-ils ceſſé d'être gouvernés par des Souverains ? D'ailleurs les Républiques de Pologne, de Veniſe, de Gènes, de Luques, de Saint Marin, de Raguſe ne ſe ſont-elles pas toujours parfaitement accommodées de la Religion Catholique ? aucune d'elles a-t-elle jamais crû qu'il lui convînt mieux de ſe faire Proteſtante, à raiſon de la forme de ſon Gouvernement ? En vérité, il eſt bien étonnant, que parmi les ſept ou huit Républiques que nous avons en Europe, il n'y en ait que deux ou trois qui ayent adhéré aux ſentimens de Luther & de Calvin, tandis qu'elles avoient toutes un ſi grand intérêt à les ſuivre ! plus étonnant encore, que parce que ces deux ou trois les ont ſuivis, on vienne nous dire ſérieuſement, que la Religion Proteſtante eſt celle qui convient le mieux à toutes les Républiques ! il n'eſt pas douteux, qu'un peuple libre & accoutumé à l'indépendance, comme ſont les Républicains, ne s'accommode toujours mieux de la Religion qui le gêne le moins, & que, par cette raison, il doit, humainement parlant, préférer la Protestante à la Catholique. Mais d'un autre côté on tireroit contre l'Auteur une conséquence tout-à-fait opposée à un de ses principes. Car s'il est vrai, que la Religion la plus commode est celle qui s'accorde le mieux avec le gouvernement le plus libre, il faut qu'il convienne nécessairement, que l'État le plus despotique doit être aussi le plus disposé à recevoir la Religion la plus gênante, la plus contraire à nos plaisirs, la moins conforme à nos goûts, à nos penchans, à nos inclinations; en un mot, la Religion Chrétienne. Cette conséquence, comme on voit, combat directement ce principe qu'il a avancé plus haut; sçavoir, que *le Gouvernement moderé convient mieux à la Religion Chrétienne; & le Gouvernement despotique à la Mahométane.*

M. de M. a dit dans un endroit de sa Préface, que plus on réfléchira sur les détails de son Livre, plus on sentira la certitude de ses principes. Tout le contraire m'est arrivé en lelisant. Ses principes m'avoient paru vrais au premier coup d'œil ; au premier coup d'œil j'avois cru, par exemple, que la Religion Catholique convenoit mieux au Gouvernement Monarchique que la Protestante, parce que je considerois la chose dans sa nature ; & voici quel étoit mon raisonnement : dans une Monarchie, c'est un homme seul qui gouverne ; la Religion Catholique n'est soumise également qu'à un chef : les Républicains aiment la liberté, & la liberté est plus grande dans la Religion Protestante que dans la nôtre : de-là je concluois qu'en effet, l'Etat Monarchique s'accommodoit mieux de notre Religion, & que l'autre convenoit davantage à une République. Mais après avoir réfléchi sur les détails dans lesquels l'Auteur est entré à ce sujet ; après avoir examiné attentivement ses raisons, j'ai commencé à croire que ce principe étoit faux ; & que la Religion Catholique convenoit également bien à l'un & à l'autre Gouvernement.

Avant d'aller plus loin & de considerer le rapport qu'a la Religion avec le climat, il est bon, pour délasser le Lecteur, de rapporter ici quelques endroits choisis de ce Livre; ils feront toujours connoître de plus en plus le génie brillant & sublime de l'Auteur.

„ L'homme pieux & l'Athée par-
„ lent toujours de la Religion; l'un
„ parle de ce qu'il aime, & l'autre de
„ ce qu'il craint.

„ Quand il seroit inutile que les
“ sujets eussent une Réligion, il ne le
“ seroit pas que les Princes en eussent,
“ & qu'ils blanchissent d'écume le seul
“ frein que ceux qui ne craignent
“ pas les loix humaines puissent avoir.
“ Un Prince qui aime la religion &
“ qui la craint, est un lion qui céde à
“ la main qui le flatte, ou à la voix
“ qui l'appaise. Celui qui craint la
“ religion & qui la hait, est comme
“ les bêtes sauvages qui mordent la
“ chaîne qui les empêche de se jetter
“ sur ceux qui passent. Celui qui n'a
“ point du tout de religion, est cet
“ animal terrible qui ne sent sa li-
“ berté que lorsqu'il déchire & qu'il
“ dévore.

„ Le soin que les hommes doivent „ avoir de rendre un culte à la Divi- „ nité, est bien différent de la magni- „ ficence de ce culte. Ne lui offrons „ point nos trésors, si nous ne voulons „ lui faire voir l'estime que nous fai- „ sons des choses qu'elle veut que „ nous méprisions.

„ Nous sommes extrêmement por- „ tés à l'idolâtrie, & cependant nous „ ne sommes pas fort attachés aux „ religions idolâtres ; nous ne som- „ mes guères portés aux idées spiri- „ tuelles, & cependant nous sommes „ très attachés aux Religions qui nous „ font adorer un Etre spirituel. Cela „ vient de la satisfaction que nous „ trouvons en nous-mêmes, d'avoir „ été assez intelligens pour avoir choisi „ une Religion, qui tire la Divinité de „ l'humiliation où les autres l'avoient „ mise.

„ Les Mahométans ne seroient pas „ si bons Musulmans, si d'un côté il „ n'y avoit pas des peuples idolâtres „ qui leur font penser qu'ils sont les „ vengeurs de l'unité de Dieu ; & de „ l'autre des Chrétiens, pour leur fai-

„ re croire qu'ils sont l'objet de ses
„ préférences.

„ Les hommes sont extrêmement
„ portés à espérer & à craindre ; &
„ une Religion qui n'auroit ni enfer
„ ni Paradis ne sçauroit guères leur
„ plaire.

„ Lorsque le culte extérieur a une
„ grande magnificence, cela nous
„ flatte, & nous donne beaucoup
„ d'attachement pour la Religion. Les
„ richesses des Temples & celles du
„ Clergé nous affectent beaucoup.
„ Ainsi la misere même des peuples
„ est un motif qui les attacbe à cette
„ Religion, qui a servi de prétexte à
„ ceux qui ont causé leur misere.

Entrons dans la seconde partie de cet article pour voir quel rapport l'Auteur de l'Esprit des loix trouve entre la Religion & le climat.

Si je prenois ici la qualité de Théologien, je dirois à M. de M. que la Religion Chrétienne doit être celle de tous les hommes, de tous les pays, de tous les climats. Que Jesus-Christ en ordonnant à ses Apôtres d'aller annoncer son Evangile, ne leur a point dit : vous n'irez qu'en France, qu'en Allemagne, en Angleterre, en Italie, en Portugal & en Eſpagne, parce qu'il n'y a que ces pays-là, où il ne faſſe ni trop chaud, ni trop froid, pour être Chrétien. Mais il leur a dit : allez & parcourez toute la terre; *ite in mundum univerſum*. Prêchez à tous les peuples du monde la loi que vous profeſſez. Annoncez-la aux nations qui habitent ſous la Zône torride, & à celles qui ſont les plus voiſines des Póles. Les unes & les autres ſont également intéreſſées à me connoître; & quelle que ſoit la température de l'air qu'elles reſpirent, dites-leur qu'il n'y a point de ſalut pour elles, ſi elles refuſent de nous reconnoître, vous pour mes Miniſtres; & moi pour leur Dieu. Tel eſt le raiſonnement dont je me ſervirois, s'il m'étoit permis d'employer contre un Philoſophe les armes que la Religion me fournit. Mais ce n'eſt qu'à la Philoſophie que je veux avoir recours, c'eſt-à-dire, à la raiſon. Elle ne ſera peut-être pas plus favorable aux principes de l'Auteur, que la Religion même. Voici d'abord deux propositions que je tire de son Livre.

„ L'ancienne Religion s'accorde „ avec le climat, & souvent la nou- „ velle s'y refuse.

„ Il semble, humainement par- „ lant, que ce soit le climat qui a „ prescrit des bornes à la Religion „ Chrétienne & à la Religion Maho- „ métane.

Je remarque d'abord dans la premiere de ces deux Propositions une contradiction manifeste avec la seconde; & c'est là un défaut dans lequel l'Auteur tombe assez souvent, comme on le verra dans la suite. Car qu'on lui demande quelle étoit en Asie l'ancienne Religion, lorsque celle de Mahomet y prit naissance? Il faudra bien qu'il convienne nécessairement que c'étoit la Religion Chrétienne. Donc, selon ses principes, c'étoit à elle, comme étant la plus ancienne, à s'accorder au climat, plutôt qu'à la Mahométane. Cependant, tout le contraire est arrivé, & la Religion Chrétienne, malgré son ancienneté, faute de pouvoir s'accorder avec le climat, a été obligée de céder ſa place à l'autre. Voilà donc le climat qui ſe déclare préſentement pour la nouvelle Religion au préjudice de l'ancienne, lui qui devoit il n'y a qu'un moment, préférer toujours l'ancienne à la nouvelle.

Outre cette contradiction qui me paroît bien ſenſible, je découvre encore dans la ſeconde propoſition que je viens de rapporter un défaut de raiſonnement qui étonne. L'Auteur prétend que c'eſt le climat qui a preſcrit des bornes à la Religion Chrétienne & à la Religion Mahométane; qu'il n'y a que les pays que ces deux Religions occupent actuellement, qui leur conviennent à l'une & à l'autre; & que partout ailleurs elles ne pourroient pas ſubſiſter long-tems. Eſt il poſſible que l'Auteur ait ignoré l'Hiſtoire des ſix premiers ſiécles de l'Egliſe? Il faut bien le croire, ſans doute, puiſque s'il en avoit eu la plus legere connoiſſance, il auroit vû que jamais la Religion Chrétienne n'a été plus floriſſante que dans le tems qu'elle habitoit les plus belles Provinces de l'Asie. C'est alors,

Qu'on les vit ces Chrêtiens remplissant tour à tour *
Les devoirs inspirés par le céleste amour.
Aucun ne se plaignoit de sa propre misere,
Et ne s'intéressoit qu'aux malheurs de son frere.
L'un, par de saints discours, préparoit à la mort
Un ami dont les maux alloient finir le sort.
Un autre, pour couvrir un vieillard vénérable,
S'exposoit aux rigueurs de l'air impitoyable;
Les peres au martyre encourageoient leurs fils,
Prêts à voir leur trépas sans en être attendris.
Des corps déja mourans & couverts de blessures,
Se sentoient soulagés par les mains les plus pures.

* *Campistron.*

Des Vierges à l'envi, par ces actes pieux,
Prudentes s'aſſuroient l'héritage des cieux ;
Et répétant des chants inventés par les
Anges,
De l'Eternel ſans ceſſe entonnoient les
louanges.

Eſt-il un endroit ſur la terre, où la Religion Chrétienne ait paru avec plus d'éclat, où elle ait produit des fruits plus excellens, que dans ces mêmes climats, avec leſquels cependant on veut nous faire croire qu'elle ne ſçauroit s'accorder ? Ils s'en ſont bien accommodés pendant plus de ſix cens ans ; pourquoi donc ne s'en accommoderoient-ils pas encore aujourd'hui ? D'ailleurs, eſt-il un pays dans le monde qui convienne mieux à la Religion Chrétienne, que celui où elle a pris naiſſance ? L'air qu'elle reſpire lui eſt naturel ; & ſi le climat lui a été favorable dans le tems qu'elle étoit encore foible, & qu'elle pouvoit à peine ſe ſoutenir, pourquoi lui ſeroit-il devenu contraire lorſqu'elle y fut plus ſolidement établie ? Ah ! c'est qu'auparavant le partage des terres n'avoit pas été fait ; le climat ne lui avoit point encore assigné ses limites.

Mais rien n'est plus bizarre, rien n'est plus inconstant que le climat ; celui du Jourdain voulut essayer de toutes les Religions : d'abord il favorisa l'idolâtrie ; ensuite il protegea la loi de Moyse ; après quoi il s'accorda avec la Religion Chrétienne ; & aujourd'hui il s'accommode mieux de celle de Mahomet. N'importe, malgré toutes ces variations, on veut le faire servir de regle à la chose du monde qui doit le moins varier.

En Norvége le climat est froid, on y est vêtu de peau. Chez nous où il est tempéré, on y est habillé de soye ou de laine. Aux Indes il fait plus chaud, on y porte des habits de toile ou de coton. Dans les endroits où la chaleur est excessive, on n'en porte point du tout. On veut qu'il en soit de même de la Religion, qu'on en change selon les climats;pourquoi pas aussi selon les saisons ? On dira donc bien-tôt la Religion d'hyver, la Religion d'été.

Voici de quelle maniere M. de M. diſtribue les différentes Religions. Il met la Mahométane en Aſie, la Chrétienne en Europe; il place la Proteſtante au Nord, la Catholique au Midi; c'eſt-à-dire, qu'étant ainſi placées, il cherche dans la nature du climat, les cauſes de cette diſpoſition. Un autre diroit tout ſimplement, que ſi l'Europe n'eſt pas Mahométane comme l'Aſie, c'eſt que Mahomet étoit en Aſie & non pas en Europe; cette raiſon eſt naturelle & vraie; mais elle n'a pas le mérite de la nouveauté; il ne faut pas beaucoup d'eſprit pour la découvrir; tout le monde eſt bon pour cela: au lieu que cette influence du climat eſt une découverte ingénieuſe qui ne peut être attribuée qu'à la pénétration d'eſprit de l'Auteur. Quoi de plus ſatisfaiſant que de trouver dans chaque choſe des rapports auxquels perſonne n'a jamais penſé? quoi de plus ingénieux, par exemple, que ce qui ſuit?

» L'opinion de la Métempſicoſe

„ est faite pour le climat des Indes.
„ L'excessive chaleur brûle toutes les
„ campagnes, on n'y peut nourrir que
„ très-peu de bétail ; on est toujours
„ en danger d'en manquer pour le la-
„ bourage ; les bœufs ne s'y multi-
„ plient que médiocrement, ils sont
„ sujets à beaucoup de maladies; une
„ loi de Religion qui les conserve est
„ donc très-convenable à la police du
„ pays.

Pytagore qu'on regarde comme le premier Auteur du sentiment de la Métempsycose, ne pensoit peut-être guères à tout cela, lorsqu'il a mis au jour son opinion; de même que Moyse ne songeoit guères non plus à la santé de ses freres lorsqu'il leur défendit de manger du cochon. Cependant, comme la chair de cet animal se transpire peu, & que même elle empêche beaucoup la transpiration des autres alimens ; comme le défaut de transpiration forme d'ailleurs ou aigrit les maladies de la peau ; M. de M. trouve que c'est pour cela que cette nourriture devoit être défendue dans la Palestine, où l'on est fort sujet à ces sortes de maladies ; c'est pour cela que chez les Juifs le cochon étoit un animal immonde.

Je reprens le livre de l'Esprit des Loix, voici encore ce que j'y trouve. „Il n'est presque pas possible que le „Christianisme s'établisse jamais à la „Chine. Les vœux de virginité, les „assemblées des femmes dans les „Eglises, leurs communications né-„cessaires avec les Ministres de la „Religion, leur participation aux „Sacremens, la Confession auricu-„laire, l'Extrême-onction, le mariage „d'une seule femme, tout cela ren-„verse les mœurs & les manieres du „pays ; & frappe encore du même „coup sur la Religion & sur les loix, „la Religion Chrétienne par l'éta-„blissement de la charité, par un „culte public, par la participation „aux mêmes Sacremens, semble de-„mander que tout s'unisse ; les Rites „des Chinois semblent ordonner que „tout se sépare.

La principale raison qui empêche

le Christianisme de faire de grands progrès à la Chine, c'est que ces peuples se regardent comme supérieurs à tous les autres. Ils ne sçauroient croire qu'il y ait sur la terre des nations plus sages, plus anciennes & plus éclairées qu'eux. Dans cette persuasion ils font très-peu de cas de tout ce que nos Missionnaires leur racontent de notre Religion. On leur dit, par exemple, qu'il n'y a que six mille ans que Dieu a créé l'univers; & l'Histoire de leur Empire remonte dix fois plus haut. Ils citent les noms, ils rapportent les actions des Princes qui les gouvernoient long-tems avant l'époque de la création. Ajouterions-nous beaucoup de foi à des écrits qui ne feroient sortir le monde du néant que plusieurs années après le baptême de Clovis? Il est vrai que leurs histoires sont fausses, & qu'ils sont dans l'erreur; mais ils sont aussi attachés à cette erreur, que nous le sommes nous-mêmes à la vérité de nos Annales.

Je finis ce premier article par deux

propositions que je tire de ce Livre ; elles n'ont pas un rapport bien direct avec le climat, mais elles renferment des contradictions qu'il ne m'est pas possible de dissimuler.

1°. " La Religion Chrétienne, dit l'Auteur, veut que chaque peuple ait " les meilleures Loix politiques & les " meilleures Loix civiles.

2°. " Lorsque l'Etat est satisfait " d'une Religion déja établie, ce sera " une très bonne Loi civile de ne point " y souffrir l'établissement d'une autre.

De ces deux propositions je forme un raisonnement tout simple. Le voici. La Religion Chrétienne veut que chaque peuple ait les meilleures Loix civiles : or est-il, que c'est, selon l'Auteur, une très-bonne Loi civile de ne pas souffrir à Constantinople, par exemple, d'autre Religion que celle de Mahomet, puisque l'Etat en est satisfait : donc, pour obéir à la Religion Chrétienne, il faut être Mahométan à Constantinople. Il n'y a point là-dedans de Théologie, c'est de la Logique toute pure. Si cette conséquence est ridicule, & que le Syllogisme cependant soit en forme, il faut nécessairement que le vice se trouve dans l'une des premices ; & ces prémices, comme on vient de le voir, je les ai tirés de l'Esprit des Loix.

Rapprochons présentement de cette conséquence une autre proposition que je trouve encore dans cet Ouvrage, & nous y découvrirons aussi une autre contradiction.

„ Sur le caractére de la Religion „ Chrétienne & celui de la Mahomé„tane, l'on doit „*sans autre examen*, „ embrasser l'une & rejetter l'autre.

Voilà donc qu'on veut actuellement que l'on rejette la Religion Mahométane, & il n'y a qu'un moment qu'on nous disoit qu'il étoit très-bon de la conserver. Mais ce n'est pas encore là sans doute, le dernier mot de l'Auteur ; suivons-le, & je suis persuadé qu'il se ravisera. Justement ; car voici qu'il change déja de sentimẽt. „ Quand „ on est maître de recevoir dans un „ Etat une nouvelle Religion, ou de „ ne la pas recevoir, il ne faut pas

« l'y établir ». On ne doit donc plus par conſéquent, ſur le caractere de la Religion Chrétienne l'embraſſer *ſans autre examen*, puiſqu'il y a des occaſions, où, malgré ſon caractere, il ne faut pas la recevoir, ſi on en eſt le maître.

Comment l'Auteur peut-il varier ainſi à chaque pas? & quel fond peut-on faire ſur une marche auſſi incertaine? Dans un Ouvrage Philoſophique & qu'on donne pour tel, la raiſon doit toujours parler le langage qui lui eſt propre, & ne pas emprunter celui d'une imagination qui s'égare. Un Livre qui a coûté vingt années de travail peut bien quelquefois manquer de génie; mais jamais d'exactitude. On remarque cependant ici tout le contraire; le genie s'y fait appercevoir à chaque page; on y reconnoît un homme qui penſe; ce qui eſt fort rare actuellement; mais qui ne penſe pas toujours juſte; qui ne raiſonne pas toujours conſéquemment à ſes principes, & dont les principes quelquefois ſont très-contraires aux idées les plus vraies & les plus communes. Une chose qui m'a toujours fort étonné, c'est de voir des gens d'esprit, des hommes profonds, des génies mêmes, qui raisonnent mal. On pourroit pardonner absolument à un Poëte d'être peu exact ; mais jamais à un Philosophe de manquer de Logique. Il y a moins de honte d'avoir fait une mauvaise Tragédie, un mauvais Discours, une mauvaise Histoire, que d'avoir fait un mauvais Raisonnement sur tout dans ces sortes d'Ouvrages où la raison doit toujours présider.

L'Auteur a beau nous dire dans sa Préface qu'il n'a point tiré ses principes de ses préjugés ; mais de la nature des choses. Pour moi, je crois avoir assez prouvé, qu'il n'est point de la nature de la Religion Chrétienne, par exemple, d'être incompatible avec le climat asiatique ; ce n'est donc point de sa nature que l'Auteur a tiré ce qu'il a avancé à ce sujet.

Il ajoute que bien des vérités ne se feront sentir dans son Ouvrage, qu'après qu'on aura vû la chaîne qui les lie à d'autres. J'avoue que j'ai été assez malheureux

malheureux, pour ne point voir cette chaîne. Je n'ai apperçu qu'une infinité de petits anneaux, dont les uns ſont d'or à la vérité, les autres de diamans & de pierres les plus rares & les plus précieuſes; mais enfin, ce ne ſont que des anneaux qui ne forment point de chaîne.

Quelqu'un a appellé le Livre de l'Eſprit des Loix, *le porte-feuille d'un homme d'eſprit*. Je ne crois pas qu'en ſi peu de mots on puiſſe mieux définir cet Ouvrage. On ſent, en effet, qu'il n'y a qu'un homme d'eſprit, qui ait pû produire les choſes admirables qu'il contient; mais ce n'eſt qu'un porte-feuille, c'eſt-à-dire, un amas de piéces découſues, un tas de morceaux détachés; enfin, une infinité d'excellens matériaux, dont ont pourroit faire un très-bon Livre. Il n'y auroit pour cela, qu'à lier un peu plus les parties les unes aux autres; qu'à réunir ſous le même point de vûë celles qui traitent du même ſujet; qu'à retrancher ce qu'il y a de ſuperflu, qu'à éclaircir les endroits obſcurs; qu'à corriger quelques citations; qu'à parler d'une maniere qui soit un peu plus à la portée du commun des Lecteurs; & sur-tout qu'à éviter des contradictions qui peuvent bien se trouver dans un portefeuille, mais que l'on ne doit point rencontrer dans un Livre.

ARTICLE II.

LA MORALE,

Considerée par rapport au climat & au Gouvernement.

POUR proceder toujours avec ordre à l'examen de cet Ouvrage, on suivra ici la méthode qu'on a déja observée au commencement de cet extrait. On n'a considéré la Religion que par rapport au Climat & au Gouvernement; C'est aussi sous ces deux points de vûe seuls qu'on va réunir ce qui regarde la Morale.

La vertu, selon M. de M., n'est pas une chose nécessaire dans tous les Gouvernemens, ni dans tous les Pays. Il est vrai qu'il faut en avoir dans une République, mais dans une Monarchie on n'en a que faire; & elle seroit dangereuse dans le Gouvernement despotique. Ainsi ce qui, à la Haye, peut faire un bon Citoyen, n'en feroit qu'un fort mauvais à Paris , un plus mauvais encore à Conſtantinople.

“ Il ne faut pas beaucoup de pro-
“ bité , dit-on, pour qu'un Gouverne-
“ ment monarchique, ou un Gouver-
“ nement deſpotique , ſe maintien-
“ nent ou ſe ſoutiennent. La force des
“ Loix dans l'un , le bras du Prince
“ toujours levé dans l'autre , réglent
“ ou contiennent tout. Mais dans un
“ Etat populaire , il faut un reſſort de
“ plus , qui eſt la vertu.

“ Dans les Monarchies , la politi-
“ que fait faire les plus grandes cho-
“ ſes avec le moins de vertu qu'elle
“ peut , l'Etat ſubſiſte indépendam-
“ ment de l'amour pour la Patrie ,
“ du déſir de la vraie gloire , du re-
“ noncement à ſoi-même , du ſacri-
“ fice de ſes plus chers intérêts , & de
“ toutes les vertus héroiques que
“ nous trouvons dans les anciens.
“ Les Loix y tiennent la place de
“ toutes ces *vertus , dont on n'a au-*
“ *cun beſoin* ; l'Etat vous en diſpenſe.

“ Dans les Monarchies bien ré-
„ glées , tout le monde ſera à peu
“ prés bon Citoyen ; & on trouvera

" rarement quelqu'un qui soit hom-
" me de bien ; car pour être homme
" de bien, il faut avoir intention de
" l'être.

" Je sçai très bien qu'il n'est pas
" rare qu'il y ait des Princes vertueux;
" mais je dis que dans une Monarchie
" il est très-difficile que le Peuple le
" soit.

" Pourquoi dans le Gouvernement
" despotique, l'éducation s'attache-
" roit-elle à former un bon Citoyen,
" qui prît part au malheur public ?
" S'il aimoit l'Etat, il seroit tenté de
" relâcher les ressorts du Gouverne-
" ment ; s'il ne réussissoit pas, il se
" perdroit ; s'il réussissoit, il courroit
" risque de se perdre lui, le Prince
" & l'Empire.

Tout ceci, comme on voit, tient beaucoup du paradoxe ; & pour peu qu'on veuille se donner la peine de réfléchir, on sentira bien-tôt la fausseté de toutes ces propositions. Mais pour éviter moi-même, dans l'examen que j'en ferai, la confusion qui régne dans cet Ouvrage, voyons d'abord ce que l'Auteur entend par le mot de *vertu* : je ferai remarquer enſuite les contradictions où il tombe par rapport à la ſignification qu'il lui donne.

„ Je parle ici, dit-il, dans une „ note, je parle de la vertu politi„ que qui eſt la vertu morale, dans „ le ſens qu'elle ſe dirige au bien „ général ; fort peu de vertus mora„ les particulieres, & point du tout „ de cette vertu qui a du rapport aux „ vérités révélées.

„ On peut définir cette vertu, dit„ il ailleurs, l'amour des Loix & de „ la Patrie.

„ La vertu dans une République eſt „ une choſe très-ſimple; c'eſt l'amour „ de la République.

Par le mot de *vertu*, l'Auteur, comme on voit, n'entend ici, ni la probité, ni la juſtice, ni la bonne foi, ni toutes les qualités qui font l'honnête homme, l'homme vertueux, l'homme de bien. Il ne parle uniquement que de l'amour de la Patrie & de l'Etat ; & il prétend que la vertu, priſe dans ce ſens-là, eſt inutile dans le Gouvernement monarchique, dangereuse dans le despotique, nécessaire dans le Républicain. C'est de ce principe qu'il tire ensuite toutes les conséquences qui forment plus de la moitié de son premier volume. Or je soutiens-moi que ce principe est faux & que la vertu, dans le sens qu'on lui donne ici, est aussi nécessaire dans les deux premiers Gouvernemens que dans le troisiéme. Car enfin si *la vertu, dans une République est l'amour de la République*, la vertu, dans une Monarchie, est donc aussi l'amour de la Monarchie; la vertu, dans le Gouvernement despotique, est donc aussi l'amour du despotisme; or je prétens que l'amour du despotisme & de la Monarchie est aussi nécessaire, pour que ces deux Gouvernemens se soutiennent, qu'il est nécessaire d'aimer la République, pour que la République subsiste. En effet, supposons pour un instant, que dans un Royaume tous les Sujets manquent de *vertu*; c'est-à-dire, qu'aucun d'eux n'ait dans le cœur *l'amour de la Monarchie*: qu'arriveroit-il alors? Ce qui arriva chez les Romains lorsqu'ils ne voulurent plus obéir à des Rois ; ce qui arriva en Hollande lorsque ces Peuples se lasserent d'être gouvernés par un Monarque ; c'est-à-dire que l'Etat changeroit de face, le Gouvernement prendroit une nouvelle forme, la Monarchie periroit. Car „ le Gouvernement est comme toutes les choses „ du monde, dit l'Auteur lui-même ; „ pour le conserver, il faut l'aimer. „ Qu'on détruise donc parmi les Turcs l'amour du despotisme ; & bien-tôt l'Empire Ottoman ne formera plus qu'une Monarchie, ou se changera en République. Tant il est vrai que la *vertu* n'est pas moins nécessaire chez eux que parmi les Républicains, & qu'elle est également le principe de leur Gouvernement & du Gouvernement Monarchique.

L'Auteur n'a donc pas eû raison de dire, comme il a fait „ qu'il ne „ faut pas beaucoup de vertu pour que „ ces deux Gouvernemens se soutiennent ; qu'ils subsistent l'un & „ l'autre indépendamment de la vertu, qu'on n'y en a aucun besoin, „ que l'Etat en dispense, qu'il est

„ très-rare que le Peuple y ſoit vertueux, & qu'enfin la politique y „ fait faire les plus grandes choſes „ avec le moins de vertu quelle „ peut. „. Il eſt étonnant qu'il n'ait point vû la fauſſeté de toutes ces propoſitions; elle ſaute aux yeux; & il n'y a point de Lecteur, pour peu qu'il ſoit intelligent, qui ne l'apperçoive du premier coup d'œil. Il ne faut faire pour cela qu'un raiſonnement des plus ſimples : car ſi la vertu eſt l'amour de l'Etat, ſi l'Etat ne peut ſubſiſter ſans cet amour, comment peut-on dire que *l'Etat n'en a aucun beſoin, qu'il en diſpenſe* ? C'eſt-là une de ces contradictions ſi palpables, qu'on eſt ſurpris de la trouver dans un Ouvrage qui porte partout l'empreinte du génie le plus ſublime.

Mais ce qui ſurprend encore beaucoup, c'eſt de voir combien l'Auteur de l'Eſprit des Loix s'accorde peu avec lui-même, dans la ſignification qu'il donne au mot de *vertu*. On vient de voir que par-là il n'entend que l'amour du Gouvernement; voilà l'unique ſens dans lequel il veut qu'on le prenne, il rejette toute autre signification, il déclare expressément dans une note, qu'il n'admet que celle-là; & en même tems & dans le même endroit, il le prend lui-même dans un sens tout différent. En effet, ce qui fait l'honnête-homme, l'homme vertueux, l'homme de bien; ce dont la privation fait les malhonnêtes gens, les fourbes, les trompeurs, ce n'est certainement pas l'amour du Gouvernement, sur-tout dans cette espéce de Gouvernement, où cet amour est inutile, où il est même dangereux; or est-il que par vertu, l'Auteur entend ce qui fait l'honnête-homme, l'homme de bien, l'homme vertueux; ce dont la privation fait les malhonnêtes gens, les fourbes, les trompeurs: donc par vertu, il entend autre chose que l'amour du Gouvernement.

Je dis que par vertu, il entend ce dont la privation fait les malhonnêtes gens; ce qui le prouve, c'est qu'après qu'il a fait un portrait affreux des Courtisans, il ajoute: „ Or „ il est très-malaisé, que les princi-

“ paux d'un Etat ſoient malhonnêtes
“ gens, & que les inférieurs ſoient
“ gens de bien; que ceux-là ſoient
“ trompeurs, & que ceux-ci conſen-
“ tent à n'être que dupes. Tant il eſt
“ vrai, que la *vertu* n'eſt pas le reſſort
“ du Gouvernement Monarchique. “

Voilà donc l'Auteur de l'Eſprit des Loix qui déclare que par le mot de *vertu* il entend uniquement l'amour de l'Etat, & qui en même-tems & dans le même endroit lui donne une ſignification toute différente; le voilà donc, par conſéquent encore une fois en contradiction avec lui-même.

De la vertu en général, ou ſi l'on veut, de l'amour de la Patrie, puiſque c'eſt-là le ſens qu'il plaît quelquefois à l'Auteur de donner au mot de *vertu* à l'excluſion de tout autre, il paſſe aux vertus particulieres, telles que ſont, par exemple, la franchiſe, la politeſſe &c. vertus qui, ſelon lui,
„ *Ne ſont jamais ſi pures dans les Mo-*
„ *narchies, que dans les Gouvernemens*
„ *Républicains.*

Dans un Etat Monarchique. „ On
„ veut, dit-il, de la vérité dans le

„ discours. *Mais est-ce par amour pour* „ *elle ? Point du tout.* On la veut parce „ qu'un homme qui est accoutumé à „ la dire *paroit être hardi & libre.* C'est „ ce qui fait qu'autant qu'on y re„ commande cette espéce de fran„ chise, autant on y méprise *celle du* „ *Peuple, qui n'a que la vérité & la* „ *simplicité pour objet.*

„ L'éducation dans les Monarchies „ exige dans les manieres une cer„ taine politesse. Les hommes nés „ pour vivre ensemble, sont nés aussi „ pour se plaire ; & celui qui n'ob„ serveroit pas les bienséances, cho„ quant tous ceux avec qui il vivroit, „ se décréditeroit au point, qu'il de„ viendroit incapable de faire aucun „ bien. Mais ce n'est pas d'une source „ si pure, que la politesse a coutume „ de tirer son origine ; elle naît de „ l'envie de se distinguer. *C'est par* „ *orgueil que nous sommes polis.* Nous „ nous sentons flattés d'avoir des ma„ nieres qui prouvent que nous ne „ sommes pas dans la bassesse, & „ que nous n'avons pas vécu avec „ cette sorte de gens que l'on a aban-

„ donnés dans tous les âges.

Il eſt bien vrai que l'homme ſe recherche toujours un peu lui-même dans la pratique de la vertu. Si c'eſt-là, ce que l'Auteur a voulu dire, je conviens qu'il a raiſon ; mais c'eſt un défaut de l'humanité, & non pas des Monarchies. Les Citoyens d'une République n'ont-ils pas auſſi cela de commun avec tous les autres Peuples de l'Univers ? Il ſuffit d'être homme pour avoir de l'amour propre, & pour aimer ſingulierement tout ce qui peut tourner à notre avantage & à notre gloire. Je ne vois donc pas pourquoi l'on veut que ce défaut ſoit ſingulierement affecté au gouvernement Monarchique, & cela uniquement à raiſon de la forme de ce Gouvernement. Quoi ! parce que je vis dans une Monarchie, je ne dirai la verité que pour *paroître libre*, tandis que dans une République, qui eſt un état plus libre, & où, par conſéquent, on doit être plus jaloux de faire paroître ſa liberté, on ne dira la vérité que *par amour pour elle* ? Pour moi à ne conſiderer que la la nature du Gouvernement, je tirerois une conſéquence bien différente; & voici comment je raiſonnerois: s'il eſt un état, où, à raiſon de la forme du Gouvernement, on ne dit la vérité que *pour paroître libre*, il eſt certain que c'eſt principalement celui où l'on eſt le plus jaloux de ſa liberté; celui dont la liberté fait, pour ainſi dire, le caractère diſtinctif; telles ſont les Républiques plutôt que les Monarchies: C'eſt donc dans les Républiques, plutôt que dans les Monarchies, qu'on ne dit la vérité que *pour paroître libre*; c'eſt donc dans les Républiques plutôt que dans les Monarchies, que la franchiſe n'a pour principe qu'une vaine oſtentation d'indépendance; & par une conſéquence directement oppoſée au ſentiment de l'Auteur, quoique tirée de ſes principes, cette vertu, à ne conſidérer encore une fois que la nature du Gouvernement, cette vertu, dis-je, n'eſt *jamais ſi pure dans les Gouvernemens Républicains, que dans les Monarchiques.*

On peut dire la même choſe de la

politesse. On prétend que dans les Monachies on n'est poli que *par orgueil & par envie de se distinguer*, & l'on donne à cette vertu un motif plus noble & plus relevé dans les Républiques. Et moi je soutiens tout le contraire ; & je dis que si l'on ne veut faire attention qu'au caractère de ces deux Gouvernemens, on trouvera que c'est dans le Républicain plutôt que dans le Monarchique, que l'orgueil& l'envie de se distinguer sont le vrai principe de la politesse. Voici quel est encore mon raisonnement. Dans les Monarchies, on a mille moyens de se distinguer du reste des Citoyens : il y a des rangs, des dignités, des honneurs qui constituent les différens Ordres de l'Etat, & qui mettent de la distinction parmi presque tous les Sujets : au lieu que dans les Républiques, & surtout dans les Démocraties, il régne une égalité si parfaite, qu'un Citoyen ne peut pas s'élever au-dessus d'un autre par son état ni par son rang. Cependant il veut se distinguer; car enfin il ne faut pas croire que parce qu'on vit dans une République, on soit entierement dépouillé des foiblesses de l'humanité, & qu'un Républicain soit exempt d'amour propre. Ne pouvant donc se mettre au-dessus des autres par son état, il est naturel qu'il tâche du moins de se faire remarquer par des manieres douces, affables, prévenantes, en un mot par sa politesse.

De plus, c'est la naissance, la faveur du Prince, des services rendus à l'Etat, qui, dans une Monarchie, élévent un Sujet aux honneurs & aux dignités : dans une République au contraire, s'il y a quelques places de distinction, on n'y parvient que par le suffrage du Peuple. Il faut donc le gagner ce Peuple, pour obtenir son suffrage ; & comment le gagne-t-on ? Sinon par des manieres douces, affables, prévenantes ; en un mot par la politesse.

La politesse est donc le plus sûr, & peut-être même l'unique moyen de se distinguer dans les Républiques : c'est donc dans les Républiques aussi, plutôt que dans les Monarchies, que l'envie de se distinguer est le principe de la politeſſe ; c'eſt donc dans les Républiques plutôt que dans les Monarchies, qu'*on n'eſt poli que par orgueil* ; & par une conſéquence toujours oppoſée au ſentiment de l'Auteur, *cette vertu*, en ſuppoſant auſſi toujours qu'on ne veut faire attention qu'à la nature du Gouvernement, *cette vertu ne tire pas ſon origine d'une ſource moins pure dans les Monarchies que dans les Républiques.*

Mais ſoyons de bonne foi, & convenons que la forme du Gouvernement n'influe en rien dans les motifs qui animent la plûpart de nos vertus. Il eſt vrai qu'il y a des gens qui diſent la vérité par amour pour elle-même ; que d'autres ſont polis dans la vûe de ſe rendre par-là plus utiles à la ſociété ; mais c'eſt le petit nombre dans l'un & dans l'autre Gouvernement. Partout la franchiſe eſt l'effet d'un heureux naturel, la politeſſe eſt le fruit d'une bonne éducation ; mais dans tous les Gouvernemens du monde, les hommes ne ſont francs & polis qu'autant qu'ils y trouvent leur intérêt particulier, & que ces deux vertus peuvent tourner à leur avantage. Car tel eſt l'homme ; il ſe recherche toujours lui-même, dans les Républiques tout comme dans les Monarchies. Voilà ce qu'on peut dire de plus vrai; tout le reſte n'eſt que paradoxe, & ne ſe trouve point du tout à ſa place dans un ouvrage auſſi grave que celui-ci. Quand Ciceron, pour s'égayer & pour exercer ſon eſprit, a voulu donner une apparence de vérité à quelques propoſitions ſingulières & paradoxales, il l'a fait dans un petit écrit ſéparé ; mais il n'a pas choiſi pour cela ſon Traité *des Loix*. Chaque choſe doit être dans ſon lieu; & il y a telles propoſitions que l'on voit ici avec peine, & qui peut-être auroient été lûes dans les Lettres Perſannes avec plaiſir.

Avant d'aller plus loin, il eſt à propos de faire encore remarquer en paſſant une petite contradiction qui ſe trouve dans les paroles que j'ai rapportées un peu plus haut. On prétend, comme nous l'avons vû, qu'on n'aime la vérité dans les Monarchies, que *pour paroître libre*; & on ajoute cependant en même tems, que la franchise du Peuple, c'est à dire, par conséquent, de plus des trois quarts & demi de la Monarchie, *n'a que la vérité & la simplicité pour objet*. Mais si le Peuple ne dit la vérité que par amour pour elle; il s'ensuit donc, toujours dans les principes de l'Auteur, car je ne m'en écarte jamais; il s'ensuit, dis-je, que le reste de l'Etat en fait de même. Pourquoi cela? On va nous le dire, ou plutôt on nous l'a déja dit. C'est qu'*il est malaisé que les principaux d'un Etat soient malhonnêtes gens, & que les inférieurs soient gens de bien; que ceux-là soient trompeurs, & que ceux-ci consentent à n'être que dupes*. Si donc on peut conclure de la vertu des premiers d'une Monarchie par celle du Peuple, & s'il est vrai que le Peuple ne dit la vérité que par amour pour elle-même, il s'ensuit par conséquent, que la franchise des principaux d'une Monarchie n'a, comme celle du Peuple, que la vérité & la simplicité pour objet; que dans les Monarchies, on ne dit pas la vérité uniquement, pour paroître libre, & conséquemment, que l'Auteur de l'Eſprit des Loix eſt encore ici en contradiction avec lui-même. Pour avoir voulu donner un peu trop à la politique, il ne s'eſt point aſſez appliqué, à être bon Dialectitien. Il faut qu'un Philoſophe commence d'abord par avoir de la Logique. C'eſt-là le fondement & la baze de toutes les Sciences. La Politique la plus rafinée, ſi elle n'eſt appuyée ſur de bons raiſonnemens, eſt un bâtiment qui s'écroule. Il eſt vrai que la plûpart des Lecteurs n'y regardent pas de ſi près; éblouis par l'éclat de quelques ornemens qui ſe trouvent dans les débris de l'édifice, c'eſt-là uniquement que ſe porte leur attention; ils ont la vûe trop foible, pour enviſager à la fois tout le corps de l'Ouvrage; ils n'en conſiderent que les parties les plus brillantes; & ces beautés de détails abſorbent tellement toutes les lumiéres de leur eſprit, qu'il ne leur en reſte plus pour s'appercevoir des imperfections & du peu de ſolidité de l'enſemble.

Mais je tomberois moi-même dans un défaut plus grand que celui que je reproche aux autres, si je ne faisois remarquer que les endroits défectueux de cet Ouvrage, & si ma vûe ne se portoit pas aussi de tems en tems sur quelques-uns des morceaux brillans qui ont fait, j'ose le dire, toute la vogue de ce Livre. Ils sont en si grand nombre, que le choix en seroit difficile; je me contenterai donc d'en rapporter ici deux ou trois que je prendrai au hazard. Voici, par exemple, qui me paroît fort bien dit, & qui, selon moi, est tout neuf, quoique dans le vrai.

„ L'amour de la Patrie conduit à la „ bonté des mœurs, & la bonté des „ mœurs à l'amour de la Patrie. „ Moins nous pouvons satisfaire nos „ passions particulieres, plus nous „ nous livrons aux générales. Pour„ quoi les Moines aiment-ils tant leur „ Ordre? C'est justement par l'endroit „ qui fait qu'il leur est insupportable; „ leur Régle les prive de toutes les „ choses sur lesquelles les passions or„ dinaires s'appuyent: reste donc cette „ passion pour la Régle même qui les „ afflige. Plus elle est austére, c'est-à

“ dire, plus elle retranche de leurs
“ penchans, plus elle donne de force
“ à ceux qu'elle leur laiſſe.

Ce qui ſuit caractériſe aſſez bien deux Peuples tout à la fois : la jalouſie des uns, & l'indiſcrétion des autres.

“ Les François ont été chaſſés neuf
“ fois de l'Italie, à cauſe, diſent les
“ Hiſtoriens, de leur inſolence à l'é-
“ gard des femmes & des filles. C'eſt
“ trop pour une Nation d'avoir à ſouf-
“ frir la fierté du vainqueur, & en-
“ core ſon incontinence, & encore
“ ſon indiſcrétion ſans doute plus fâ-
“ cheuſe, parce qu'elle multiplie à
“ l'infini les outrages.

Les femmes en Aſie & dans tous les pays extrémement chauds ſont retenues par leurs maris dans une eſpéce de ſervitude domeſtique, & voici la raiſon que l'Auteur en apporte. Elle eſt fort ingénieuſe. Dans ces pays-là,
“ les femmes ſont nubiles à huit,
“ neuf & dix ans ; ainſi l'enfance &
“ le mariage y vont preſque toujours
“ enſemble. Elles ſont vieilles à vingt :
“ la raiſon ne ſe trouve donc jamais
“ avec la beauté. Quand la beauté de-

« mande l'empire, la raiſon le fait re-
« fuſer ? quand la raiſon pourroit l'ob-
« tenir, la beauté n'eſt plus. Les fem-
« mes doivent donc être dans la dé-
« pendance ; car la raiſon ne peut
« leur procurer dans leur vieilleſſe un
« empire, que la beauté ne leur avoit
« pas donné dans la jeuneſſe même. »

Juſqu'ici l'Auteur à très-bien dit ; mais il tire enſuite delà une conſéquence qui me paroît fort ſinguliere. « Il eſt donc très-ſimple, conclut-il, « qu'un homme, lorſque la Religion « ne s'y oppoſe pas, *quitte ſa femme* « pour en prendre une autre, & que la « polygamie s'introduiſe. » Il eſt ſans doute très-ſimple, de quitter une femme laide pour en prendre une jolie ; mais cela ne vient point de la chaleur du climat ; c'eſt l'effet d'un penchant qui eſt naturel chez tous les hommes de quelque pays qu'ils ſoient. Si on avoit dit ſeulement que dans les pays chauds on eſt plus porté à l'incontinence que dans les climats froids ou tempérés ; & que delà on eût inféré qu'une Religion qui permet d'avoir pluſieurs femmes, devoit s'y établir plus aiſément que partout ailleurs, ce raiſonnement eût paru juſte. Mais de prétendre que la polygamie s'y eſt introduite, parce que les femmes n'y ſont jamais belles & raiſonnables tout à la fois ; en vérité ce n'eſt point conclure ſelon les régles de la bonne Logique, ſurtout lorſqu'on ajoute, qu'on *quitte ſa femme* pour en épouſer une autre. Si en prenant une nouvelle épouſe, on conſervoit l'ancienne, cela ſeroit tout différent, & le raiſonnement prouveroit à merveille, voici comment : dans les pays chauds, jamais la raiſon & la beauté ne ſe trouvent raſſemblées dans la même perſonne ; il eſt naturel cependant, que les hommes également touchés de l'une & de l'autre, tâchent de les réunir dans leur maiſon ; il faut donc pour cela qu'ils épouſent pluſieurs femmes, & qu'en prenant les belles, ils conſervent les raiſonnables. Voilà la Polygamie. Mais l'on nous dit expreſſément qu'on *quitte ſa femme* pour en prendre une autre. Ce n'eſt donc plus polygamie, c'eſt divorce, ou ſi l'on veut, répudiation.

Puiſque nous ſommes ſur l'article des femmes, voyons ſi c'eſt avec raiſon qu'on a accuſé l'Auteur de l'Eſprit des Loix d'avoir un peu maltraité le beau ſexe; on en jugera par les traits que je vais citer.

„ Les femmes ont peu de retenue „ dans les Monarchies, parce que la „ diſtinction des rangs les appellant „ à la Cour, elles y vont prendre cet „ eſprit de liberté, qui eſt le ſeul „ qu'on y tolere. Chacun ſe ſert de „ leurs agrémens & de leurs paſſions „ pour avancer ſa fortune; & comme „ leur foibleſſe ne leur permet pas „ l'orgueil, mais la vanité, le luxe y „ régne toujours avec elles.

Voilà les femmes dans les Monarchies; elles valent infiniment mieux dans les Républiques, il n'y a pas de comparaiſon. Elles y „ ſont libres par „ les loix, & captivées par les mœurs; „ le luxe en eſt banni, & avec lui la „ corruption & les vices. „ C'eſt ſans doute de ces femmes-là que l'Auteur veut parler, quand il dit: „ Il eſt heureux de vivre dans ces climats qui „ permettent qu'on ſe communique;

„ où

„ où le sexe qui a le plus d'agrémens „ semble parer la société, & où les „ femmes se réservant aux plaisirs „ d'un seul, servent encore à l'amuse-„ ment de tous.

Mais quittons pour un moment ces heureux climats ; allons dans les pays chauds, & nous verrons toute autre chose. „ Il y a de tels climats où le „ physique a une telle force, que *la* „ *morale n'y peut presque rien.* Laissez „ un homme avec une femme, les „ tentations seront des chutes, l'at-„ taque sûre, la résistance nulle. Dans „ ces pays, au lieu de préceptes, il „ faut des verroux.

Au reste, ajoute-t-on, „ ce n'est „ pas seulement la pluralité des fem-„ mes qui exige leur clôture dans cer-„ tains lieux d'Orient, c'est le climat. „ Ceux qui liront les horreurs, les „ crimes, les perfidies, les noirceurs, „ les poisons, les assassinats que la li-„ berté des femmes fait faire à Goa, „ & dans les Etablissemens des Portu-„ gais dans les Indes où la Religion „ ne permet qu'une femme, & qui „ les compareront à l'innocence & à

„ la pureté des mœurs des femmes de
„ Turquie, de Perſe, du Mogol, de
„ la Chine & du Japon, verront qu'il
„ eſt ſouvent auſſi néceſſaire de les
„ ſéparer des hommes lorſqu'on n'en
„ a qu'une, que quand on en a plu-
„ ſieurs.

„ C'eſt donc le climat qui doit dé-
„ cider des choſes, conclut l'Auteur.
„ Que ſerviroit d'enfermer les fem-
„ mes dans nos pays du nord, où leurs
„ mœurs ſont naturellement bonnes ;
„ où toutes leurs paſſions ſont calmes,
„ peu actives, peu rafinées ; où l'a-
„ mour a ſur le cœur un empire ſi ré-
„ glé, que la moindre police ſuffit
„ pour les conduire.

Ainſi ce n'eſt guéres que le plus ou le moins de chaleur qui rend les femmes en général plus ou moins vertueuſes, & *la morale n'y peut preſque rien.* De ſorte qu'il en eſt des femmes, dans ce ſentiment, à peu près, comme du lait qui reſte tranquille dans le vaſe, ou qui en ſort avec impétuoſité, ſelon qu'il eſt ou plus près ou plus loin du feu ; ou bien, ſi l'on veut, on pourra les comparer à ces liqueurs ſpiritueuſes, que le chaud ou le froid fait monter ou deſcendre dans le Thermométre. Quand l'air eſt froid ou tempéré, la liqueur ne fait aucun effort pour s'échapper hors du tube; mais à meſure que la chaleur augmente, elle s'éléve inſenſiblement, & on la verroit bien-tôt ſe répandre avec précipitation, ſi l'on n'avoit ſoin de tenir le tuyau bien fermé. Image parfaite de ce que ſont les femmes dans les différens climats. Celles du Nord ont les mœurs naturellement bonnes; il eſt donc inutile de les enfermer pour les ranger à leur devoir; mais pour celles d'Orient, ſemblables à cette liqueur vagabonde que la chaleur met en mouvement, elles éprouvent en elles-mêmes une fermentation ſi violente, qu'*au lieu de préceptes*, dit l'Auteur, *il leur faut des verroux.*

Je ne ſçai s'il y a rien dans tout ceci de trop déſavantageux pour le beau ſexe: car ſi d'un côté on diminue le mérite des femmes vertueuſes, on peut dire certainement qu'on rend auſſi les autres bien moins coupables. Car enfin, que peut-on reprocher à une personne qui s'écarte des régles de la morale dans des choses où *la morale ne peut presque rien*, où *le climat décide de tout* ? C'est une laitue que le trop de chaleur empêche de pommer & fait monter en graines. Est-ce la faute de la laitue ? Non ; c'est tout au plus celle du Jardinier, qui n'a pas eû assez de soin de l'entretenir dans sa fraîcheur.

Mais parmi les femmes, s'il y en a qui ayent quelque raison de se plaindre, ce sont celles précisément dont on dit le plus de bien ; nos femmes du Nord. Car, outre qu'on diminue beaucoup le mérite de leur vertu, comme je l'ai déja dit, on leur ôte encore toute excuse dans le vice. En effet, comment justifier une conduite irréguliére dans les pays froids ? Les fautes qu'on y fait y sont personnelles, & on ne peut les attribuer qu'à soi-même, puisqu'on n'y manque jamais de la grace du climat. Mais que dis-je ? Il y a un certain tems dans l'année, où, dans le Nord même, les femmes manquent de cette grace, & où, par conséquent, elles peuvent faire le mal impunément ; c'eſt le tems de l'Eté. A meſure que les chaleurs augmentent, la grace du climat ſe retire, & la vertu des femmes doit diſparoître avec la glace. L'Hyver n'eſt donc pas pour elles le tems des plaiſirs, ils ſeroient accompagnés de trop de remords ; mais ſitôt que la belle ſaiſon ſe renouvelle, elles peuvent commencer à s'y livrer ſans ſcrupule ; elles n'ont plus la grace.

Malgré le vice que l'Auteur de l'ouvrage dont je rends compte, attribue à certains climats, il reconnoît cependant que la nature a gravé dans tous les cœurs, de quelque pays que l'on ſoit, un ſentiment que le climat ne ſçauroit effacer ; c'eſt la pudeur. „ Toutes les Nations, dit-il, ſe ſont „ également accordées à attacher du „ mépris à l'incontinence des femmes; „ c'eſt que la nature a parlé à toutes „ les Nations. Elle a établi la dé„ fenſe, elle a établi l'attaque ; & „ ayant mis des deux côtés des de„ ſirs, elle a placé dans l'un la téme„ rité, & dans l'autre la honte. Il „ n'eſt donc pas vrai que l'inconti-

„ nence suive les loix de la nature, „ elle les viole au contraire; c'est la „ modestie & la retenue qui suivent „ ces loix.

Tout cela cependant n'est pas si général, qu'il ne puisse quelquefois souffrir des exceptions. Il y a des pays où la nature a tout fait à rebours; elle a placé la honte dans les hommes & la témérité dans les femmes; celles-ci attaquent, ceux-là se défendent. „ A Patane, par exemple, la lubricité „ des femmes est si grande, que les „ hommes sont contraints de se faire „ de certaines garnitures, pour se „ mettre à l'abri de leurs entreprises. „ C'est-là que la nature a une force, „ & la pudeur une foiblesse qu'on ne „ peut comprendre. „ Il faut donc convenir que dans ce pays-là au moins c'est l'incontinence qui suit les loix de la nature, & que c'est la pudeur qui les viole; car c'est une loi constante de la nature, que le plus fort l'emporte toujours sur le plus foible. J'avoue que cette conséquence n'est point du tout conforme à la bonne morale, mais elle suit immédiatement des principes qu'on a établis dans cet ouvrage. Car dans des climats où *le physique a une telle force que la morale n'y peut presque rien*, il est évident qu'en cedant au physique, on ne fait qu'obéir à la nature & suivre ses loix. Ainsi quand l'Auteur dit que c'est la pudeur qui les suit toujours, & l'incontinence qui les viole, il pense certainement comme tout le monde; mais il ne raisonne pas conséquemment à ses principes. C'est une faute dans laquelle il tombe souvent, ainsi que je l'ai déja fait remarquer plusieurs fois.

Le Livre de l'Esprit des Loix nous apprend „ qu'on trouve des mœurs „ plus pures dans les divers Etats „ d'Orient, à proportion que la clô- „ ture des femmes y est plus exacte; „ que delà dérive, pour les femmes, „ toute la pratique de la morale, la „ pudeur, la chasteté, la retenue, „ le silence, la paix, la dépendance, „ le respect, l'amour, &c. on ne peut „ pas dire la même chose, ajoute-t-il, „ de certains pays des Indes, où la clô- „ ture des femmes ne peut être aussi „ exacte; c'est-là qu'on voit jusqu'à

„ quel point les vices du climat, laiſ-
„ ſés dans une grande liberté, peu-
„ vent porter le déſordre.

Il ſeroit en vérité bien étonnant, que des femmes qui ſont continuellement enfermées, qui ne voyent jamais d'hommes, qui ne connoiſſent que leurs maris, qui ne ſe trouvent jamais dans l'occaſion de mal faire, ne fuſſent pas plus retenues, plus chaſtes, plus dépendantes, que celles à qui on laiſſe toute leur liberté. Il n'eſt pas néceſſaire d'aller en Orient pour voir de pareilles choſes; ſans doute que dans nos Couvens de Religieuſes on doit trouver plus de modeſtie, de ſilence, de pudeur, de chaſteté, de dépendance, que parmi ce qu'on appelle les femmes du monde. Si l'Auteur de cet Ouvrage n'avoit jamais dit que des choſes de cette nature, on ne l'accuſeroit ſûrement pas d'avoir donné dans le paradoxe.

Je vais finir l'article qui regarde les femmes par une penſée qui tient beaucoup de l'Epigramme; on y verra que l'Auteur s'égaye quelquefois ſur la gravité de ſa matiere.

„ C'est une conséquence de la poly„ gamie, que dans les Nations volup„ tueuses & riches, on ait un très„ grand nombre de femmes. Leur sé„ paration d'avec les hommes, & leur „ clôture suivent naturellement de ce „ grand nombre. L'ordre domestique „ le demande ainsi; un débiteur insol„ vable cherche à se mettre à couvert „ des poursuites de ses créanciers.

Je passerois les bornes ordinaires d'un extrait si je voulois parler de toutes les choses qui ont rapport à la morale, & que l'on fait dépendre ici de la forme du Gouvernement ou de la nature du climat. Je réduirai donc à quatre articles seulement ce que j'ai encore à dire là-dessus. Le luxe, le courage, l'homicide de soi-même & la bonne-foi.

C'est le climat qui fait tout, qui décide de tout dans cet Ouvrage. C'est lui qui introduit le luxe ou l'économie dans les Empires; qui rend les hommes lâches ou courageux; qui inspire la crainte ou le mépris de la mort; qui entretient la fourberie & qui bannit la droiture.

Le luxe dépend du climat, il dépend aussi du Gouvernement. Il y a des Etats & des pays où il est dangereux ; il y en a d'autres où il est utile & nécessaire. Voici comment on peut raisonner dans les principes de l'Auteur.

La vertu est le ressort des Républiques ; le luxe est contraire à la vertu : le luxe est donc dangereux dans les Républiques.

Un honneur faux est le principe des Monarchies ; le luxe est une suite de cet honneur : le luxe est donc nécessaire dans les Monarchies.

Le principe d'un Etat despotique, c'est la crainte. „ Lorsqu'un Esclave „ est choisi par son Maître pour ty- „ranniser les autres Esclaves, incer- „tain pour le lendemain de la for- „tune de chaque jour, il n'a d'autre „ félicité, que celle d'assouvir l'or- „gueil, les desirs & les voluptés de „ chaque jour. „ Le luxe est donc nécessaire dans les Etats despotiques.

Voici un autre raisonnement. L'égalité des biens fait l'excellence d'une République ; il suit que moins il y a de luxe dans une République, plus elle est parfaite. Le luxe est donc contraire à la perfection des Républiques; par conséquent dangereux dans cette espéce de gouvernement.

„ A mesure que le luxe s'établit „ dans une République, dit-on encore, l'esprit se tourne vers l'inté- „ rêt particulier. A des gens à qui il „ ne faut rien que le nécessaire, il ne „ reste à desirer que la gloire de la „ Patrie & la sienne propre.

Mais on peut dire la même chose des Monarchies; il est bien certain que si tous les sujets se contentoient du nécessaire, il ne leur resteroit plus rien à desirer que la gloire du Prince, la leur propre, & celle de l'Etat. Il faut donc conclure aussi, par la même raison, que le luxe est dangereux dans un Gouvernement Monarchique. Ce n'est cependant pas là le sentiment de l'Auteur, qui dit expressément, que les Républiques finissent par le luxe, les Monarchies par la pauvreté; & voici comme il le prouve. " Com- „ me par la constitution des Monar- „ chies, les richesses y sont inégalement

„ partagées, il faut bien qu'il y ait du
„ luxe. Si les riches n'y dépensent
„ pas beaucoup, les pauvres mourront de faim. Il faut même que les
„ riches y dépensent à proportion de
„ l'inégalité des fortunes, & que le
„ luxe y augmente dans cette proportion. Les richesses particuliéres
„ n'ont augmenté, que parce qu'elles ont ôté à une partie des Citoyens le nécessaire physique ; il
„ faut donc qu'il leur soit rendu.
„ Ainsi, pour que l'Etat Monarchique
„ se soutienne, le luxe doit aller en
„ croissant, du Laboureur à l'Artisan,
„ au Négociant, aux Nobles, aux
„ Magistrats, aux grands Seigneurs,
„ aux Traitans principaux, aux Princes ; sans quoi tout seroit perdu.

Cette gradation est admirable, *des grands Seigneurs aux Traitans*. Cela fait bien voir que ce n'est ni le rang ni la naissance, mais l'argent seul qui régle le luxe.

Mais le luxe ne dépend pas seulement de la forme du Gouvernement, il dépend encore plus de la nature du climat. Celui d'Angleterre admet

admet le luxe, celui de la Chine le rejette, & en France on ne doit pas le craindre; en voici la raison. „ En „ Angleterre le sol produit beaucoup „ plus de grain qu'il ne faut pour „ nourrir ceux qui cultivent les terres, „ & ceux qui procurent les vête- „ mens. Il peut donc y avoir des Arts „ frivoles, & par conséquent du luxe. „ En France il croît assez de bled pour „ la nourriture des Laboureurs, & de „ ceux qui sont employés aux Manu- „ factures. De plus le commerce avec „ les Etrangers peut rendre pour *des* „ *choses frivoles* tant de choses néces- „ saires, qu'on n'y doit guéres craindre „ le luxe. A la Chine au contraire, „ les femmes sont si fécondes, & l'es- „ péce humaine s'y multiplie à un tel „ point, que les terres, quelque cul- „ tivées qu'elles soient, suffisent à „ peine pour la nourriture des Habi- „ tans. Le luxe y est donc pernicieux, „ & l'esprit de travail & d'économie „ y est aussi requis, que dans quel- „ ques Républiques que ce soit. Il faut „ donc s'attacher aux Arts nécessaires, „ & qu'on fuye ceux de la volupté.

Ne pourroit-on pas dire aussi, que puisque la Chine ne produit pas dequoi nourrir tous ses Habitans, il seroit à propos qu'une partie de ces mêmes Habitans s'appliquassent à *des choses frivoles*, pour se procurer, comme en France, par le commerce qu'ils en feroient avec les Etrangers, les choses les plus nécessaires ; & pour réparer par ce moyen le défaut du climat : de sorte que ce défaut-là même seroit justement la raison qui devroit introduire le luxe à la Chine.

Mais disons mieux ; ce n'est ni la forme du Gouvernement , ni la nature du climat qui produit le luxe ; ce sont nos passions , nos goûts , & surtout notre façon de penser. Tant qu'on croit , par exemple, qu'il y a de la gloire à être économe & frugal, on aime la frugalité & l'économie; mais sitôt qu'on commence à penser différemment, sitôt qu'on attache de l'honneur à tout ce qui a de l'éclat & qui brille; en un mot, sitôt qu'on regarde le luxe comme une marque de distinction, on aime le luxe. Il y a trois cent ans que la France formoit déja certainement un Etat Monarchique ; que le climat étoit le même qu'il est aujourd'hui; on ne voyoit cependant alors ni édifices somptueux, ni équipages superbes, ni habits magnifiques ; les maisons étoient simples, les tables frugales, les vêtemens modestes ; nos ancêtres n'avoient chez eux ni tapisseries des Gobelins, ni glaces de Venise, ni tableaux de grand prix ; c'est qu'ils ne croyoient pas, les bonnes gens, que rien de tout cela pût les rendre ni plus grands, ni plus estimables, ni plus heureux: mais aujourd'hui que la façon de penser est différente ; que ce n'est que par un certain éclat extérieur qu'on croit pouvoir se distinguer du reste des Citoyens ; que c'est-là uniquement en quoi on fait consister la grandeur, la félicité, le mérite ; aujourd'hui enfin qu'on n'est honoré qu'à proportion qu'on fait de la dépense, qu'à mesure qu'on donne dans le luxe, il n'est pas étonnant que le luxe se soit introduit parmi nous.

Quelle idée de vouloir tout attribuer au climat & au gouvernement, & rien aux passions, au goût, aux préjugés, à l'éducation, à la mode; tout au physique & rien au moral; tout aux élémens & rien à l'homme ! Le climat est dans *l'Esprit des Loix*, ce que le mouvement est dans l'Univers, la cause universelle de toutes choses. Ce qui régle le culte que l'on rend à la Divinité, c'est le climat ; ce qui fait qu'une Nation a plus de vertu qu'une autre, c'est le climat ; ce qui rend les femmes sages ou voluptueuses, c'est le climat : c'est le climat qui régle la dépense, la maniere de s'habiller, de se loger, de se meubler, de se nourrir. C'est le climat qui fait que les uns sont braves, les autres timides ; que les uns ont de la bonne foi, & que les autres sont fourbes; que les uns souhaitent de vivre, les autres de mourir. Oui vraiment, c'est le climat qui fait que l'on se tue en Angleterre. Cette action est chez ces peuples une maladie de pays. „ Les Anglois se tuent sans „ qu'on puisse imaginer aucune rai„ son qui les y détermine ; ils se „ tuent dans le sein même du bon„ heur. Cette action chez les Romains „ étoit l'effet de l'éducation, elle te-

„ noit à leur maniere de penſer &
„ à leurs coutumes. Chez les Anglois,
„ elle eſt l'effet d'une maladie ; elle
„ tient à l'état phyſique de la ma-
„ chine, & eſt indépendante de toute
„ autre cauſe. Il y a apparence que
„ c'eſt un défaut de filtration du ſuc
„ nerveux : la machine dont les forces
„ motrices ſe trouvent à tout moment
„ ſans action, eſt laſſe d'elle-même :
„ l'ame ne ſent point de douleur,
„ mais une certaine difficulté de
„ l'exiſtence. Il eſt clair que les Loix
„ Civiles de quelques pays peuvent
„ avoir eû des raiſons pour flétrir
„ l'homicide de ſoi-même ; mais en
„ Angleterre on ne peut pas plus le
„ punir, qu'on ne punit les effets de
„ la démence.

Cet Ouvrage eſt ſi rempli de contradictions, que des propres principes de l'Auteur on peut tirer des conſéquences qui détruiſent invinciblement encore ici ſon opinion. Il dit que *les Anglois ſe tuent dans le ſein même du bonheur* : ce n'eſt donc pas par maladie. Si la ſanté eſt le plus grand des biens, la maladie eſt, par la raiſon des contraires, le plus grand des maux : on n'eſt pas dans le ſein du bonheur quand on eſt malade.

Si les Anglois ſe tuent dans le ſein même du bonheur, cette action n'eſt donc pas chez eux l'effet d'une *machine laſſe d'elle-même*, & qui ſent à tout moment *une certaine difficulté de l'exiſtence.* Un homme accablé du poids de la vie, peut-il être ſuppoſé dans le ſein du bonheur ?

L'Auteur attribue cette eſpéce d'anéantiſſement, ce ſentiment de la *difficulté de l'exiſtence*, au défaut de filtration du ſuc nerveux, par lequel défaut *les forces motrices ſe trouvent à tout moment ſans action.* Les Anglois ſont cependant plus forts & plus robuſtes, que les peuples qui habitent les pays chauds; la force & la vigueur des membres ſont contradictoires avec la débilité des *forces motrices*; elles ſuppoſent donc une abondante *filtration du ſuc nerveux.* C'eſt dans les pays chauds, où les *forces motrices* ſe trouvent fréquemment ſans action, que la machine devroit plutôt ſe laſſer d'elle-même.

Dans nos climats tempérés nous voyons que les hommes qui ont été occupés à des travaux fatiguans, éprouvent des laſſitudes qui les accablent. Ils ſentent dans ce cas la difficulté de l'exiſtence; ils n'ont point de douleur locale; mais la diſſipation des eſprits a débilité & preſqu'anéanti les *forces motrices*; ils ne ſongent cependant pas à ſe tuer, quoi qu'ils ſoient préciſément dans la diſpoſition requiſe par l'Auteur de l'Eſprit des Loix, pour ſe porter à cette action.

Ce n'eſt donc point le climat qui fait que l'on ſe tue en Angleterre: écoutons un Anglois qui eſt ſur le point de ſe donner la mort; il doit ſçavoir quel eſt le ſujet qui l'y détermine; il va nous dire ſi c'eſt par des raiſons phyſiques, ou pour des cauſes morales; ſi c'eſt par un excès de folie, ou par un principe de ſageſſe qu'il veut ſe faire mourir.

* Mon cœur, mes ſens flétris, ma funeſte raiſon, * M. Greſſet.
Tout me dit d'abréger le tems de ma priſon.

Faut-il donc ſans honneur attendre la vieilleſſe,
Trainant pour tout deſtin les regrets, la foibleſſe,
Pour objet éternel l'affreuſe vérité,
Et pour tout ſentiment l'ennui d'avoir été ?
C'eſt au ſtupide, au lâche à plier ſous la peine ;
A ramper, à vieillir ſous le poids de ſa chaine ;
Mais vous en conviendrez, quand on ſçait réfléchir,
Malheureux ſans remède, on doit ſçavoir finir.

Parmi les motifs qui déterminent *Sidnei* à ſe donner la mort, nous ne voyons pas qu'il apporte aucune cauſe Phyſique, ni aucune raiſon de politique ; il ne s'en prend ni au climat ni au Gouvernement. Il ne dit pas „ que c'eſt *un défaut de fil-* „ *tration du ſuc nerveux* : que la „ machine, dont *les forces motrices* „ ſe trouvent à tout moment ſans ac- „ tion, eſt laſſe d'elle-même „ : il dit ſeulement que la vie eſt pour lui un fardeau péſant dont il veut ſe délivrer par la mort.

Mais, dira-t-on, pourquoi la vie eſt

elle pour lui un fardeau si pésant, si-non par *un défaut de filtration du suc nerveux*, & parce que ses *forces motrices* se trouvent sans action ? Encore une fois, ce n'est pas là la raison qu'il en apporte; la vie lui est à charge, parcequ'il est *malheureux sans remède*; voilà pourquoi il veut la voir finir. Qu'on ne dise donc pas que les Anglois se tuent *dans le sein même du bonheur*; rien n'est plus faux. Il peut bien se faire peut-être que l'on ne connoisse pas toujours les véritables causes qui les portent à se détruire; mais ils n'en viennent jamais à cette extrémité sans quelque sujet de chagrin ou réel ou imaginaire. Ce qu'on peut dire seulement, c'est qu'en Angleterre où l'on pense plus librement sur la Religion que partout ailleurs, on ne regarde pas comme un crime l'homicide de soi-même. D'ailleurs, les Loix n'y flétrissent point la mémoire de ceux qui se procurent une mort volontaire. A des gens qui ne craignent rien devant Dieu ni devant les hommes pour l'avenir, la mort est le remède le plus simple & le plus naturel aux maux présens qui les accablent.

C'est donc la façon de penser qui, comme chez les Romains, fait que l'on se tue en Angleterre, & non pas *le défaut de filtration du suc nerveux, l'inaction des forces motrices*, ou une maladie du climat.

* Le même

* C'en est donc fait enfin, tout est fini pour moi ;
Ce breuvage fatal que j'ai pris sans effroi,
Enchaînant tous mes sens dans une mort tranquille,
Va du dernier sommeil assoupir cet argile !
Nul regret, nul remord ne trouble ma raison :
L'Esclave est-il coupable en brisant sa prison ?
Le Juge qui m'attend dans cette nuit obscure,
Est le pere & l'ami de toute la nature ;
Rempli de sa bonté, mon esprit immortel
Va tomber, sans frémir, dans son sein paternel.

La foi nous apprend que des flammes vengeresses attendent dans l'autre vie tous ceux qui se donnent eux-mêmes la mort dans celle-ci. Voici un Anglois qui manque de foi à cet égard & qui ſe perſuade au contraire qu'une action pareille va être ſuivie d'une éternité de délices. Dira-t-on auſſi, que c'eſt par *un défaut de filtration du ſuc nerveux*, par *l'inaction des forces motrices*, par maladie de climat, que cet Anglois manque de foi ?

Mais ſi l'on ne peut pas dire que ce ſoit le climat qui faſſe venir aux gens des envies de ſe tuer ; n'eſt-ce pas lui du moins qui leur inſpire de la valeur & du courage ? Car enfin, ſi le climat ne fait pas tout, on ne peut pas nier cependant qu'il ne faſſe quelque choſe.

Que ce ſoit le climat qui rende les hommes braves & courageux, c'eſt-là une choſe ſur laquelle l'Auteur de l'Eſprit des Loix ne croit pas qu'on puiſſe avoir aucun doute, & voici de quelle maniere il établit ſon ſentiment.

„ L'air froid reſſerre les extrémités „ des fibres extérieures de notre corps; „ cela augmente leur reſſort, & favo- „ riſe le retour du ſang des extrémi- „ tés vers le cœur. Il diminue la lon-

“ gueur de ces mêmes fibres ; il aug-
“ mente donc encore par-là leur force.
“ Cette force plus grande doit pro-
“ duire plus de confiance en soi mê-
“ me, c'est-à-dire plus de courage.

“ L'air chaud relâche les extrémités
“ des fibres & les allonge ; il diminue
“ donc leur force & leur ressort ; met-
„ tez un homme dans un lieu chaud
“ & enfermé, il souffrira une défail-
“ lance de cœur très-grande ; si dans
“ cette circonstance on va lui propo-
“ ser une action hardie, je crois qu'on
“ l'y trouvera très-peu disposé ; sa
“ foiblesse présente mettra un décou-
“ ragement dans son ame ; il craindra
“ tout, parce qu'il sentira qu'il ne
“ peut rien.

“ Les Peuples des pays chauds,
“ conclut l'Auteur, sont timides com-
“ me les vieillards le sont ; ceux des
“ pays froids sont courageux, comme
“ le sont les jeunes gens.

Tout ce raisonnement roule sur une supposition fausse ; sçavoir que c'est la foiblesse ou la force du corps qui rend les hommes timides ou courageux. On pourroit citer une infinité d'exemples d'exemples qui démentiroient ce principe. Dira-t on, par exemple, que parmi notre Noblesse il n'y ait pas plus de bravoure ni de véritable courage, que parmi ceux qu'elle employe à cultiver ses terres? il est sûr néanmoins, généralement parlant, que ceux-ci sont plus forts & plus vigoureux que leurs maîtres. Ce n'est donc point la force ni la vigueur du corps qui inspirent du courage; c'est la naissance, l'éducation les préjugés, le point d'honneur; en un mot, c'est la façon de penser & non pas le climat.

Que deux Paysans également forts & vigoureux, & nés sous le même Ciel, entrent au service du Roi, l'un dans un vieux Régiment de Troupes réglées,& l'autre dans un Bataillon de Milice; ils seront au bout de six mois deux hommes tout differens. Pourquoi cela? c'est qu'ils auront pris l'un & l'autre, l'esprit & la façon de penser de leur corps. Un homme de mon Régiment, dira le premier, doit en avoir les sentimens & la valeur; soyons donc brave & courageux, sinon par tempérament, du moins par état, & pour nous rendre digne du corps dont nous avons l'honneur d'être membre. Pour moi, dira le second, je ne crois pas que ma qualité de Milicien exige des sentimens si élevés ; le corps dont je suis me dispense de tant de bravoure, & pour être un bon Milicien, il n'est pas nécessaire d'être un César.

C'est donc, encore un coup, c'est la façon de penser qui rend ces deux hommes si differens, & non pas le climat. C'est la façon de penser & non le climat, qui fait de l'un un Achille, & de l'autre un Thersite. Voyons cependant ce que dit encore l'Auteur pour confirmer son sentiment.

„ Si nous faisons attention aux der-
„ nières guerres, qui sont celles que
„ nous avons le plus sous nos yeux,
„ & dans lesquelles nous pouvons
„ mieux voir de certains effets lé-
„ gers imperceptibles de loin, nous
„ sentirons bien que les peuples du
„ Nord transportés dans les pays du
„ Midy, n'y ont pas fait d'aussi belles

„ actions que leurs compatriotes, qui „ combattant dans leur propre climat, „ y jouiſſoient de tout leur courage.

A cela je reponds, que ſi les Allemands dans les guerres dont parle ici l'Auteur, (car il s'agit de celles pour la ſucceſſion d'Eſpagne), ſi dis-je, les Allemands n'ont pas eû des ſuccès ſi éclatans à Villaviciosa, qu'ils en avoient eû à Hoctſtet, s'ils n'ont pas fait de ſi belles actions à Almanza, qu'à Ramillies, ce n'eſt pas que la chaleur d'Eſpagne ait *allongé leurs fibres* & diminué leur courage ; ce n'eſt pas que ce climat leur ait cauſé une *défaillance de cœur*, & qu'ils en ſoient devenus plus timides ; mais c'eſt par la raiſon toute ſimple, qu'on ne fait jamais la guerre avec tant de ſuccès dans une région éloignée, que ſur ſes frontières, chez une nation étrangère, que dans ſon propre païs, quand même le climat ſeroit égal. Tout s'oppoſe aux entrepriſes d'une armée ennemie dans un païs éloigné du ſien ; elle n'en connoît ni la langue, ni le caractère, ni la ſituation, ni les chemins ; & par-là elle eſt exposée à de plus grandes fautes. S'il lui arrive un malheur, il lui est très-difficile de le réparer ; si elle perd du monde, il lui est impossible de le remplacer ; les avantages même qu'elle peut avoir, il est rare qu'elle puisse les conserver long-tems, & le moindre échec est presque toujours suivi d'une infinité de disgraces: d'ailleurs elle trouve autant d'ennemis à combattre qu'il y a d'habitans ; & chaque ennemi devient lui-même un guerrier redoutable, toujours prêt à tout entreprendre pour défendre ses biens, sa femme, ses enfans & sa vie. Voilà les véritables causes ausquelles on doit attribuer le peu de succès qu'ont eu les Impériaux dans la dernière guerre qu'ils ont faite en Espagne ; & non pas au prétendu *allongement des fibres, à la défaillance de cœur*, au climat. Les peuples du Nord transportés dans les païs du Midy, les peuples du Midy transportés dans les païs du Nord, les peuples mêmes d'un climat tempéré transportés dans un climat pareil au leur, mais éloigné, n'y feront jamais des actions plus glorieuſes que les Allemands en Eſpagne, pour les raiſons que je viens de dire. Eh quoi ! le climat du Danube & de la Moldaw n'eſt-il pas à peu près ſemblable à celui de la Meuſe & de l'Eſcaut ? Cependant quelle difference entre nos dernières Campagnes en Bohême & en Bavière, & celles qui les ont ſuivies en Flandres quelques années après ? Si les François n'ont pas fait la guerre avec autant du ſuccès en Allemagne que dans les Pays-Bas, on ne dira pas certainement que la chaleur leur ait *allongé les fibres* & diminué le courage, puiſque tout le monde ſçait qu'ils ont été obligé plusieurs fois de coucher dans la neige, & qu'ils y ont ſouffert le froid le plus rigoureux; mais c'eſt qu'ils avoient à combattre dans des pays éloignés, au lieu qu'en Flandres ils faiſoient la guerre ſur leurs propres frontières. D'ailleurs ils y avoient à leur tête un Roi victorieux, l'amour de ſon peuple, les délices de ſon armée, le pere de ſes ſoldats, qui les menoit lui-même à la gloire au travers de mille périls. Voilà le véritable climat qui donne la bravoure, & fait passer jusques dans l'ame des plus timides cette force, cette chaleur martiale qui font les héros. Il anime, il échauffe, il embrase le cœur des troupes par sa présence. Le froid le plus rigoureux, les chaleurs excessives, le dérangement des Saisons, rien de tout cela n'est capable de rallentir l'ardeur, ni de diminuer le courage qu'il leur inspire. Encore une fois, s'il y a dans le monde un climat qui rende les hommes courageux, ce ne peut être que celui où règne un Prince de ce caractère, l'exemple des bons Rois & le modéle des Héros.

Cependant l'Auteur toujours ferme dans son opinion, ne paroît pas fort disposé à en rien rabattre. Il enchérit au contraire sur tout ce qu'il a déja dit; & il prétend que la difference du courage causée par celle du climat „ se remarque non seulement „ de Nation à Nation, mais encore, „ dans le même pays, d'une partie à „ une autre; que les peuples du Nord, „ de la Chine, par exemple, sont

„ plus courageux que ceux du Midy : „ que les peuples du Midy de la Co- „ rée ne le sont pas tant que ceux du „ Nord. „ Il ne dit pas que la même chose arrive en France; mais il le fait assez entendre, & l'on peut aisément le conclure de ses principes. Voilà donc les Provençaux, les Languedociens , les Gascons déclarés moins braves que les Bretons, les Normands & les Picards. Quelle injure , surtout pour les Habitans de la Garonne, elle qui s'étoit toujours vantée de n'avoir vû naître quedes Césars sur ses bords! Quel coup plus terrible l'Auteur de cet Ouvrage pouvoit-il porter à sa Patrie ? Eh quoi ! étoit-ce donc par un de ses enfans les plus chéris, que cette Province intrépide devoit se voir enlever une partie de sa gloire? Ne l'avoit-elle comblé de toutes les richesses de l'esprit , que pour qu'il en fît contre elle-même un usage si cruel ? Que les Provinces Méridionales de la France nous vantent actuellement la beauté de leur ciel , l'excellence de leurs fruits , la vivacité de leurs Habitans ; nous avons sur elles la ſupériorité de la bravoure & du courage, fruits du climat mille fois plus excellens, que les figues, les raiſins, les olives du Languedoc & de la Provence.

L'Auteur *de l'Eſprit des Loix* pour donner toujours plus de force à ſon raiſonnement, & à ſon ſentiment plus de vraiſemblance, ſe fait une objection très-forte à lui-même, & il y répond on verra comment. Après avoir dit que dans les pays chauds de l'Aſie les peuples ſont ſans courage, il ajoute: „ mais comment accorder cela avec „ leurs actions atroces, leurs coutu- „ mes, leurs pénitences barbares? „ Les hommes s'y ſoumettent à des „ maux les plus incroyables: les fem- „ mes s'y brûlent elles-mêmes. Voilà „ bien de la force pour tant de foi- „ bleſſe. „ Voici de quelle manière on répond à cette objection.

„ La nature qui a donné à ces peu- „ ples une foibleſſe qui les rend ti- „ mides, leur a donné auſſi une „ imagination ſi vive, que tout les „ frappe à l'excès. Cette même déli- „ cateſſe d'organes qui leur fait crain-

„ dre la mort, sert aussi à leur faire
„ redouter mille choses plus que la
„ mort. C'est la même sensibilité qui
„ leur fait fuir tous les périls, & les
„ leur fait tous braver.

J'ai, je crois, suffisamment prouvé un peu plus haut, que ce n'est ni la force du corps, ni le ressort des fibres, mais l'éducation, les préjugés, le point d'honneur, en un mot, que c'est la façon de penser qui produit le courage. De ce principe & des dernières paroles de l'Auteur, je tire une conséquence aussi favorable à ceux qui habitent les païs chauds, qu'elle est contraire à son opinion. Il convient que ces Peuples ont l'imagination vive & le sentiment fort délicat; ils doivent donc saisir plus vivement les maximes qu'on leur inspire; ils doivent en être affectés plus fortement que dans les païs du Nord. Or supposons que ce soit une maxime établie parmi eux, que la plus grande de toutes les infamies est de craindre la mort & de fuir devant son ennemi; que la plus grande gloire au contraire est de l'attaquer & de le vaincre:

ſuppoſons, dis-je, que ce ſoit là le préjugé général de toute une Nation, & la première leçon qu'on y apprend dans l'enfance; n'eſt-il pas évident que cette façon de penſer, dans un climat où l'imagination eſt plus vive, & la ſenſibilité plus grande, y produira néceſſairement auſſi plus de courage? Concluons donc, & toujours ſelon les principes de l'Auteur, quoique contre lui, que les Peuples du Midi, à raiſon même de la chaleur du climat, devroient être plus braves, plus courageux, plus intrépides que ceux du Nord.

Le climat des Lacédémoniens étoit plus chaud certainement que celui des Hollandois; cependant on ne peut pas diſconvenir, qu'il n'y ait eu à Sparte plus de valeur, d'intrépidité & de bravoure, qu'il n'y en a actuellement à Amſterdam & à la Haye. D'où vient donc cette difference? De la façon de penſer de ces deux Peuples. On regardoit la bravoure à Lacédémone, comme la première de toutes les vertus; les meres l'inſpiroient elles-mêmes à leurs enfans dès l'âge le plus tendre ; on leur en faiſoit des leçons publiques, & cette qualité devoit être comme le caractère diſtinctif de la Nation. Il n'en eſt pas de même de la Hollande; c'eſt que l'éducation qu'on y reçoit eſt auſſi bien differente. La première choſe qu'on apprend aux jeunes gens, c'eſt le Commerce ; & l'on ſçait que pour être un bon Marchand il n'eſt pas néceſſaire d'avoir beaucoup de courage. Auſſi voit-on dans ce païs-là, plus de riches Négocians que de bons Soldats. Ce n'eſt donc, je le répéte, ce n'eſt ni le froid, ni le reſſort des fibres, ni la force du corps, ni le climat ; mais c'eſt l'éducation, les préjugés, le point d'honneur, en un mot, c'eſt la façon de penſer qui produit le courage. Avançons, & voyons auſſi de quelle manière l'Auteur prétend que le climat rend les hommes fourbes & trompeurs.

Les Chinois, dit-il, ſont le Peuple le plus fourbe de la terre ; & voici la raiſon qu'il en apporte. „ Par „ la nature du climat & du terrein, „ ce Peuple a une vie précaire; on n'y „ eſt aſſuré de ſa vie qu'à force d'in-

„ dustrie & de travail ; c'est donc, „ conclud l'Auteur, c'est la nécessité „ & peut-être la nature du climat qui „ ont donné à tous les Chinois une „ avidité inconcevable pour le gain ; „ les Loix n'ont pas songé à l'arrêter. „ Tout a été permis, quand il s'est „ agi d'acquerir par artifice ou par „ industrie. Ne comparons donc pas „ la morale des Chinois avec celle „ d'Europe. Chacun à la Chine a dû „ être attentif à ce qui lui étoit utile : „ si le fripon a veillé à ses intérêts, „ celui qui est dupe devoit penser „ aux siens. A Lacédémone il étoit „ permis de voler : à la Chine il est „ permis de tromper.

Que la mauvaise foi soit permise à la Chine, & cela uniquement à cause de la nature du climat, c'est ce que personne n'avoit encore imaginé ; mais sans insister davantage sur la singularité de cette idée, je me contenterai de rapporter ici ce que dit M. de M.... lui-même dans sa *défense de l'Esprit des Loix*, à l'Auteur d'une certaine Gazette qui trouvoit mauvais qu'il n'eût point parlé de la Grace. „ C'est une „ chose

„ chose triste, dit-il, d'avoir à faire „ à un homme qui n'a qu'une idée do- „ minante. C'est le conte de ce Curé „ de Village à qui des Astronomes „ montroient la Lune dans un Télescope, & qui n'y voyoit que son clo- „ cher. „ L'Auteur de l'Esprit des Loix n'apperçoit non plus partout lui-même que le climat; c'est son clocher.

Si tout ce que j'ai dit ne suffit pas pour en convaincre, qu'on lise seulement encore ce qui suit : c'est-là qu'on verra sa doctrine exposée dans tout son jour.

„ Dans les païs froids, dit-il, on „ aura peu de sensibilité pour les plai- „ sirs ; elle sera plus grande dans les „ païs temperés: dans les païs chauds „ elle sera extrême. Comme on dis- „ tingue les climats par les degrés de „ latitude, on pourroit les distinguer, „ pour ainsi dire, par les degrés de „ sensibilité.

„ Il en sera de même de la dou- „ leur : les fibres grossières des Peu- „ ples du Nord sont moins capables „ de dérangement, que les fibres dé- „ licates des Peuples des païs chauds;

„ l'ame y eſt donc moins ſenſible à la
„ douleur. Il faut écorcher un Moſ-
„ covite pour lui donner du ſenti-
„ ment.

„ Dans les climats du Nord à pei-
„ ne le phyſique de l'amour a-t-il la
„ force de ſe rendre bien ſenſible.
„ Dans les climats temperés, l'amour
„ accompagné de mille acceſſoires, ſe
„ rend agréable par des choſes qui
„ d'abord ſemblent être lui-même,
„ & ne ſont pas encore lui. Dans les
„ climats plus chauds on aime l'a-
„ mour pour lui-même; il eſt la cauſe
„ unique du bonheur; il eſt la vie.

„ Vous trouverez dans les climats
„ du Nord des Peuples qui ont peu
„ de vices, aſſez de vertus, beau-
„ coup de ſincérité & de franchiſe.
„ Approchez des païs du Midi, vous
„ croirez vous éloigner de la morale
„ même; des paſſions plus vives mul-
„ tiplieront les crimes; chacun cher-
„ chera à prendre ſur les autres tous
„ les avantages qui peuvent favoriſer
„ ces mêmes paſſions. Dans les païs
„ tempérés vous verrez des Peuples
„ inconſtans dans leurs manières, dans

„ leurs vices même & dans leurs ver-
„ tus. Le climat n'y a pas une qualité
„ aſſez déterminée pour les fixer eux-
„ mêmes.

„ La chaleur du climat peut être ſi
„ exceſſive, que le corps y ſera abſo-
„ lument ſans force : pour lors l'ab-
„ batement paſſera à l'eſprit même.
„ Aucune curioſité, aucune noble
„ entrepriſe, aucun ſentiment géné-
„ reux. Les inclinations y ſeront tou-
„ tes paſſives ; la pareſſe y fera le
„ bonheur ; la plûpart des châtimens
„ y ſeront moins difficiles à ſoutenir,
„ que l'action de l'ame, & la ſervi-
„ tude moins ſupportable que la for-
„ ce d'eſprit qui eſt néceſſaire pour
„ ſe conduire ſoi-même.

„ L'ivrognerie ſe trouve etablie
„ par toute la terre, dans les pro-
„ portions de la froideur & de l'hu-
„ midité du climat. Paſſez de l'Equa-
„ teur juſqu'à notre Pôle, vous y
„ verrez l'ivrognerie augmenter avec
„ les dégrés de latitude. Paſſez du
„ même Equateur au Pôle oppoſé,
„ vous y trouverez l'ivrognerie aller
„ vers le Midi, comme de ce côté-ci
„ elle avoit été vers le Nord.

„ Dans les païs froids l'usage pres-
„ que nécessaire des boissons fortes
„ établit l'intempérance parmi les
„ hommes. Les femmes qui ont à cet
„ égard une retenue naturelle, parce
„ qu'elles ont toujours à se défendre,
„ ont encore l'avantage de la raison
„ sur eux.

N'ai je donc pas eu raison de dire que l'Auteur de cet ouvrage ne voit partout que le climat? Il le voit dans l'ivrognerie & dans la sobrieté; dans l'émulation & dans la paresse ; dans la douleur & dans le plaisir. Il le voit dans l'amour & dans l'indifference ; dans la fourberie & dans la bonne foi ; dans le mépris & dans la crainte de la mort. Il le voit dans la lâcheté & dans le courage ; dans l'économie & dans le luxe ; dans l'incontinence & dans la pudeur. Partout c'est le climat qui décide, qui gouverne ; *& le premier de tous les empires c'est*, dit-il, *l'empire du climat.*

Je conviens avec l'Auteur que le climat & les autres causes physiques produisent un nombre infini d'effets ; & que, comme il le dit dans sa *défen-*

ſe, il faudroit être *ſtupide* pour dire le contraire. Mais je ne conviens pas également, de ce qu'il ajoute un peu plus bas, que „ toute la queſtion ſe „ réduit à ſçavoir, ſi dans des pays „ éloignés entre eux, ſi ſous des cli- „ mats différens, il y a des caractères „ d'eſprit nationnaux; s'il y a de cer- „ taines qualités du cœur plus fré- „ quentes dans un pays que dans un „ autre „. Ce n'eſt point là du tout l'état de la queſtion; l'état de la queſtion eſt de ſçavoir, ſi ces différens caractères d'eſprit qu'on remarque dans les divers pays, ſi ces qualités du cœur plus fréquentes dans un climat que dans un autre, ſi, dis je, tout cela eſt véritablement l'effet du climat. Voilà uniquement à quoi la queſtion ſe réduit. Or je prétens moi, que le climat n'entre pour rien dans la plûpart des effets que l'Auteur lui attribue. C'eſt à la vérité le climat qui fait qu'on ſe nourrit de Bled en Europe, & de Ris à la Chine; que l'on boit du Vin en France, & de la Bierre en Angleterre; qu'en Eſpagne on eſt vêtu de l'aine, & de coton dans les

Indes. Mais que ce ſoit le climat qui régle les mœurs ; qu'il y ait *de tels climats où le Phyſique a une telle force, que la Morale n'y puiſſe preſque rien* ; c'eſt ce qu'on n'a point aſſez prouvé. Le climat eſt toujours le même, il doit donc agir auſſi toujours d'une manière uniforme. Ce qu'il faiſoit autrefois, il doit le faire encore aujourd'hui, & s'il ne le fait pas, on peut aſſurer qu'il ne l'a jamais fait ni pû faire. Par exemple, l'Auteur prétend que c'eſt le climat qui produit le courage, & moi je ſoutiens que c'eſt la façon de penſer; pour ſçavoir lequel des deux a raiſon, il n'y a qu'à conſidérer ce qu'étoient les Romains du tems de la République & ce qu'ils ſont aujourd'hui par rapport à la bravoure. Je ne ferai point de parallele, on ſent qu'il ſeroit trop à l'avantage des anciens. Je dirai ſeulement avec un de nos Poëtes :

Ce Pays-là n'eſt plus cette antique Italie
Des dépouilles du monde autrefois annoblie,

Qui fit craindre en tout lieu ses armes & ses Loix,
Triompha vaillamment de nos premiers Gaulois;
Qui dans Rome tonnant du haut du Capitole,
Etonnoit tous les Rois d'une seule parole.
On ne voit plus ses Chefs par la gloire animés,
S'armer pour le secours des Peuples opprimés;
Et fiers persécuteurs des Tyrans & des crimes
Remettre en leurs Etats les Princes légitimes.

Si les Romains ne sont plus aujourd'hui ce qu'on voit qu'ils étoient alors, d'où peut venir cette différence du climat? mais Rome n'a pas changé de place, elle est toujours sous le même Ciel; pourquoi donc les soldats du Pape ne sont-ils pas encore aujourd'hui, ce qu'étoient autrefois ceux de Pompée, de Scipion & de Paul-Emille? Il en faut revenir à la raison que j'ai apportée d'abord; c'est que les Romains ne penſent plus à préſent comme du tems de ces Grands hommes. Rome met aujourd'hui toute ſa gloire à former de bons Prêtres & de ſaints Religieux, & elle laiſſe à d'autres le ſoin d'avoir de bonnes troupes. Contente des honneurs du Sanctuaire, elle en préfere les fonctions pacifiques aux exercices ſanguinaires des enfans de Mars. Semblable à la montagne de Raphidim de nouveaux Moyſes y lévent les mains vers le Ciel, tandis que les Joſués combattent vaillamment dans la plaine. Tant que les Romains ont été flattés de l'éclat des héros, Rome elle-même a été lécole de la valeur & de l'héroiſme ; mais depuis qu'ils ne ſont plus touchés que de la gloire des Saints, l'honneur de la ſainteté eſt auſſi le ſeul avantage auquel ils aſpirent. On dirat peut-être encore que c'eſt le climat qui donne ce goût, cette ardeur pour la ſainteté ; mais que l'on ſe rappelle les ſiécles de Domitien, de Néron & de Caligula, on verra que le climat toujours conſtant dans ſa façon d'agir, ne produiſoit alors rien de pareil.

Qu'on remonte juſqu'aux tems les plus reculés ; qu'on ſe tranſporte dans tous les differens païs ; qu'on liſe les Hiſtoires de tous les Peuples ; & je ſuis perſuadé que dans le même climat on trouvera à peine deux ſiécles de ſuite qui ſe reſſemblent. Au tems de Liſander & d'Alcibiade, Sparte & Athenes ne ſe ſouvenoient preſque plus des Loix de Solon & de Licurgue. Sous Darius & ſous Alexandre, les Perſes, pour ainſi dire, n'étoient déja plus le même Peuple. Quelle difference entre les Romains ſous le Conſulat de Pompée & ſous le règne de Tibere? entre les Moſcovites d'aujourd'hui & ceux du dernier ſiécle? Les loix, les mœurs, les coutumes, le Gouvernement, la Religion, la morale, les inclinations, les vices, les vertus n'ont jamais eu de forme conſtante dans aucun païs du monde ; & pour peu qu'on faſſe de recherches dans l'antiquité, on trouvera peut-être, ſans être obligé de remonter trop haut, que les Anglois ont été dévots autrefois, les Eſpagnols actifs & laborieux, les Portugais incrédules. On trouvera qu'il y a eu de la bonne foi chez les Italiens, de la discrétion parmi les François, & chez les Allemands de la sobriété & de la tempérence. Si tous ces Peuples sont differens aujourd'hui de ce qu'ils étoient dans ces tems-là, ce changement doit-il s'attribuer au climat, qui a toujours été le même ? Un homme seul peut bien changer les mœurs, les usages, les coutumes de plusieurs Peuples; mais tous les climats ensemble ne changeront pas le caractère d'un seul homme. Nous voyons tous les jours des gens qui ont voïagé dans toutes les parties du monde & qui y ont même vécu assez long-tems; mais ils en sont revenus tout comme ils y étoient allés ; & les climats differens qu'ils ont parcourus, n'ont pas produit en eux le moindre changement.

Il est donc aisé de voir à present par tout ce que j'ai dit, quel fond on doit faire sur un ouvrage qui fait dépendre du Gouvernement & du climat les choses du monde qui y ont le moins de rapport, la Religion & la Morale. Je conviens qu'il n'en est pas de même de la Politique & de la Jurisprudence ; elles tiennent l'une & l'autre par tant d'endroits au climat & au gouvernement, que je serai du sentiment de l'Auteur, sur presque tous les points qui vont faire le sujet des articles suivans. Je finirai celui-ci par une pensée sur le Monachisme, que l'on fait encore dépendre ici, comme tout le reste, de la nature du climat. Il en est des Moïnes, dans ce sentiment, à peu près comme du ris, qui croît plus volontiers dans les païs chauds que dans les païs froids ; mais il s'en faut bien que l'Auteur reconnoisse la même utilite dans l'une & dans l'autre de ces deux graines.

„ Le Monachisme, dit-il, est né „ dans les païs chauds d'Orient, ou „ l'on est moins porté à l'action qu'à „ la spéculation. En Asie, le nombre „ de Dervichs ou Moines, semble „ augmenter avec la chaleur du cli- „ mat ; les Indes, où elle est excess- „ sive en sont remplies ; on trouve „ en Europe cette même difference. „ Pour vaincre la paresse du climat „ il faudroit que les Loix cherchassent

„ à ôter tous les moyens de vivre sans „ travail; mais dans le Midy de l'Europe elles font tout le contraire ; „ elles donnent à ceux qui veulent être „ oisifs, des places propres à la vie „ spéculative, & y attachent des ri„ chesses immenses. Ces gens qui vi„ vent dans une abondance qui leur „ est à charge, donnent avec raison „ leur superflu au bas peuple : il a „ perdu la propriété des biens, ils „ l'en dédommagent par l'oisiveté „ dont il le font jouir, & il parvient „ à aimer sa misere même. Aussi, ajou„ te l'Auteur dans un autre endroit, „ Henri VIII. voulant réformer l'E„ glise en Angleterre, détruisit les „ Moines, nation paresseuse elle même, & qui entretenoit la paresse „ des autres.

Je pourrois fort bien objecter ici que les Moines d'Allemagne & des pays Catholiques du Nord sont plus riches que ceux d'Espagne & d'Italie ; mais ce n'est point à moi à réfuter les idées de l'Auteur sur le Monachisme ; il y a en France plus de trois cens mille personnes, que ce soin regarde plus particulièrement.

ARTICLE III.

LA POLITIQUE,

Conſidérée par raport au CLIMAT *&* *au* GOUVERNEMENT.

VOICI l'endroit brillant de cet ouvrage ; la politique. L'Auteur traite cette partie avec toute l'intelligence d'un homme d'état, & avec auſſi peu d'ordre que les deux autres. Tout eſt ici dans une confuſion extrême ; & jamais on n'a vû à la fois autant de génie & ſi peu de méthode. Tachons pourtant, ſi nous pouvons, de débrouiller ce cahos : tirons-en des aſtres, des ſoleils, des élémens, reglons leur cours, fixons leurs limite, & continuons, comme nous avons fait juſqu'à préſent, à mettre toujours chaque choſe à ſa place. C'eſt rendre un grand ſervice à quantité de gens, qui parlent beaucoup de ce Livre & ne le connoiſſent pas ; qui tous veulent l'avoir & ne le liſent pas ; ou qui le liſent peut-être, mais qui ne l'entendent pas. Reprenons donc le fil du labirinte, & pourſuivons la route que nous nous ſommes tracée.

Le climat & le gouvernement, voilà les deux objets qu'il ne faut jamais perdre de vue dans la lecture de cet ouvrage; & voici en particulier ce que nous devons examiner actuellement : quelle eſt dans le ſentiment de lAuteur, la politique propre de chaque gouvernement; quel eſt le gouvernement qui convient mieux à chaque climat.

Ce ſont là comme les deux parties de cet article, dans leſquelles je tacherai, quoi qu'en ſuivant le plan de l'Auteur, d'éviter la confuſion qui regne dans ſon ouvrage. Comme lui, je parlerai de la nature & des principes des differens gouvernemens, de leur conſervation & de leur ruine, de leur liberté & de leurs couquêtes; mais en même-tems j'éloignerai avec ſoin tout ce qui n'aura point aſſez de rapport avec ces difierens objets.

L'Auteur diſtingue comme tout le monde, trois ſortes de gouvernemens, le republicain, le monarchique & le deſpotique. Le gouvernement republicain eſt celui où le peuple en corps, ou ſeulement une partie du peuple a la ſouveraine puiſſance; voici quelle eſt la politique qui convient d'avantage à cette eſpece de gouvernement.

Il eſt queſtion d'abord des citoyens qui doivent former les aſſemblées. La bonne politique veut que le nombre en ſoit déterminé. Dans un état où rien ne ſe fait que par l'autorité du peuple, il faut ſçavoir ſi le peuple a parlé ou non; & comment le ſçaura-t-on, ſi on ne fixe le nombre de ceux qui doivent donner leur ſuffrage? „ A Rome née dans la petiteſſe pour „ aller à la grandeur, à Rome faite „ pour éprouver toutes les viciſſitu-„ des de la fortune, à Rome qui „ avoit tantôt preſque tous ſes ci-„ toyens hors de ſes murailles, tan-„ tôt toute l'Italie & une partie de la, „ terre dans ſes murailles, on n'avoit „ point fixé ce nombre; & ce fut une „ des grandes cauſes de ſa ruine.

Il s'agit en ſecond lieu de l'élection des Magiſtrats, & de ceux qui doivent commander les armées de la république; car l'Auteur ne veut pas que ce ſoit le peuple qui gouverne par lui-même, mais ſeulement par ſes Miniſtres. „ Le peuple a toujours trop „ d'action ou trop peu : quelquefois „ avec cent mille bras il renverſe tout; „ quelquefois avec cent mille pieds il „ ne va que comme les inſectes. Mais ce même peuple eſt admirable pour choiſir ceux à qui il doit confier quelque partie de ſon autorité. „ Il n'a à „ ſe déterminer que par des choſes „ qu'il ne peut ignorer, & des faits „ qui tombent ſous les ſens. Il ſçait „ très-bien qu'un homme à été ſou- „ vent à la guerre, qu'il y a eu tels „ ou tels ſuccès ; il eſt donc très-capa- „ ble d'élire un général. Il ſçait qu'un „ Juge eſt aſſidu, que beaucoup de „ gens ſe retirent de ſon tribunal con- „ tens de lui, qu'on ne l'a pas con- „ vaincu de corruption ; en voilà aſ- „ ſez pour qu'il éliſe un preteur. Tou- „ tes ces choſes ſont des faits dont il „ s'inſtruit mieux dans la place pu- „ blique, qu'un Monarque dans ſon „ Palais.

La politique demande auſſi qu'une République n'ait qu'un petit territoire, pour éviter les fortunes immoderées, & les trop grandes richesses dans un particulier. Un homme qui possede de grands biens, sent d'abord qu'il peut être heureux sans le secours de sa patrie, & bientôt qu'il peut être seul grand sur les ruines de sa patrie.

La politique veut donc encore par conséquent, que les terres de la République soient partagées également entre tous les citoyens; & pour entretenir cette égalité, il faut régler les dots des femmes, les donations, les successions, les Testamens; il faut que tous les enfans reçoivent une égale part dans la succession de leur pere; & si cette égalité vient à se perdre, il faut que des loix particulières imposent aux riches de nouvelles charges, qu'elles accordent aux pauvres du soulagement, & qu'elles égalisent, pour ainsi dire, l'inégalité des citoyens.

L'Auteur parle aussi de la division du peuple en plusieurs classes, de la manière de donner son suffrage dans les élections, des moyens de prévenir les brigues, & des abus qui résultent de la trop grande authorité confiée à un citoyen. Il distingue ensuite les differentes sortes de République, il remarque le caractère de chacune en particulier, & il fait voir les avantages & les inconvéniens des unes & des autres. Voilà ce qui concerne la nature du gouvernement populaire.

Le monarchique est celui où un seul gouverne, mais par des loix fixes & établies. La politique demande qu'il y ait dans ce gouvernement des rangs intermédiaires entre le peuple & le Monarque, c'est-à-dire, des Seigneurs, de la Noblesse, un Clergé, sans quoi on aura bientôt un état populaire, ou bien un état despotique. „ Autant le pouvoir du Clergé est „ dangereux dans une République, „ autant est-il convenable dans une „ Monarchie ; sur tout dans celles qui „ vont au despotisme. Où en seroient „ l'Espagne & le Portugal depuis la „ perte de leurs Loix, sans ce pou- „ voir qui arrête seul la puissance ar- „ bitraire ? Barrière toujours bonne „ lorsqu'il n'y en a point d'autres. Car

„ comme le deſpotiſme cauſe à la na-
„ ture humaine des maux effroyables ;
„ le mal même qui le limite eſt un
„ bien.

Mais il ne ſuffit pas qu'il y ait dans une Monarchie des pouvoirs intermédiaires ; il faut encore un dépot de Loix. Ce dépot ne peut être ni dans le conſeil du Prince, ni dans la Nobleſſe.
„ Le conſeil du Prince, dit l'Auteur,
„ change ſans ceſſe ; il n'eſt point per-
„ manent ; il ne ſçauroit être nom-
„ breux ; il n'a point à un aſſez haut
„ degré la confiance du peuple ; il
„ n'eſt donc pas en état de l'éclairer
„ dans les tems difficiles, ni de le ra-
„ mener à l'obéiſſance.

„ L'ignorance naturelle de la No-
„ bleſſe, ſon inattention, ſon mépris
„ pour le gouvernement civil exigent
„ qu'il y ait un corps qui faſſe ſans
„ ceſſe ſortir les loix de la pouſſière
„ où elles ſeroient enſevelies.

Comme les choſes s'executent avec beaucoup de promptitude dans les Monarchies, & que cette promptitude pourroit dégénerer en rapidité, il faut, dit l'Auteur, que ceux qui

„ ont le dépôt des loix, apportent „ dans les affaires du Prince cette re„ flexion, qu'on ne peut guére atten„ dre du défaut de lumières de la „ Cour sur les Loix de l'Etat, ni de „ la précipitation de ses conseils.

Il faut encore qu'un Etat Monarchique ne soit ni trop grand ni trop petit. Trop grand, il affoibliroit l'autorité du Prince, ou il dégénereroit en despotisme. Trop petit, le Prince y seroit aisément opprimé par une force étrangere, ou même par une force domestique : le peuple pourroit à chaque instant se réunir contre lui, & faire de son Etat une République.

Le gouvernement despotique est celui où un seul, sans loi & sans regle, entraine tout par sa volonté. Dans ce gouvernement la politique veut que le pouvoir du Prince passe tout entier entre les mains de ceux à qui il le confie ; que le Visir soit le despote, que chaque Gouverneur soit le Visir, & que les Officiers particuliers ayent chacun dans leur district la même autorité que les Gouverneurs. Quiconque répond des autres sur sa vie, doit avoir droit sur la vie des autres.

La nature de ce gouvernement demande dans les sujets une obéissance extrême. La volonté du Prince est la loi; & la loi une fois connue, il n'y a ni remontrances, ni accommodement, ni modifications à opposer. L'homme est une créature qui se soumet à une créature qui veut. Il ne faut donc pas qu'il raisonne, qu'il s'excuse, qu'il délibere ou qu'il refuse, sans quoi ce Gouvernement périroit.

Comme il n'y a aucune loi fondamentale dans les états despotiques, qui règle l'ordre de la succession à l'Empire, & que tous les Princes de la famille Royale ont une égale capacité pour être élû, la politique de celui qui monte sur le thrône exige qu'il se défasse de tous ses freres par le fer, la corde ou le poison; sans quoi chaque vacance de Thrône seroit suivie d'une affreuse guerre civile; les freres du Monarque étant en même tems ses esclaves & ses rivaux.

Dans un Etat où le Prince est le

maître des biens de ses sujets, & où les confiscations sont fréquentes, on doit plus penser à jouir du présent, qu'à amasser pour l'avenir. Delà vient qu'on y voit beaucoup d'usure, & peu de comerce.

C'est une très-mauvaise politique dans le despote, de se déclarer propriétaire de tous les fonds de terre, & l'héritier de tous ses sujets. On ne répare rien alors, on n'améliore rien. On ne plante point d'arbres, on ne bâtit que pour la vie. On tire tout de la terre, on ne lui rend rien ; & l'on ne croit avoir en propre que l'or ou l'argent qu'on peut cacher.

Voilà, à peu de chose près, à quoi se réduit tout ce que dit l'Auteur de l'Esprit des Loix, en divers endroits de son Livre, sur la nature des differens gouvernemens. On trouve les mêmes choses dans presque tous les Auteurs qui ont écrit sur la politique ; mais ce qu'on n'y trouve pas également, c'est cette force d'expressions, cette noblesse de pensées, cette abondance de lumières, cette profondeur de réflexions qu'on n'avoit point vû encore ; & qu'on ne verra peut-être jamais dans aucun de nos Ecrivains. Ce ſont ces images grandes, nobles, ſublimes, qui naiſſent à chaque inſtant ſous la main de l'Auteur, excitent l'étonnement des Lecteurs, & font de toutes les pages de ce livre comme autant de magnifiques tableaux de chaque choſe qu'on y repréſente. Voilà ce qui ſera toujours de *l'Eſprit des Loix* un Ouvrage unique, & dans lequel il n'y aura jamais autant à reprendre qu'à admirer. Un Ouvrage dont tout le monde ſera capable de ſentir les beautés, & dont très peu de perſonnes ſeront en état de remarquer les défauts. Un Ouvrage que ceux qui le liront le plus, gouteront le moins, & que ceux qui l'entendront le moins, loueront le plus. Un Ouvrage dont on retiendra quelques maximes, mais qu'on n'approfondira point ; dont on recommencera ſouvent la lecture, mais qu'on n'achevera preſque jamais de lire entièrement. Les gens d'eſprit en le critiquant l'admireront, & les ſots l'admireront pour paroître avoir de l'esprit ; & ce sera le grand nombre. Il y a donc dans cet Ouvrage des morceaux admirables ; personne ne l'a dit plus haut, ni ne l'a répété plus souvent que moi ; mais enfin, comme je l'ai dit aussi, ce ne sont que des morceaux. L'or est à la superficie, la terre est dans le centre ; mais laissons cette terre, prenons de l'or. En voici que j'ai ramassé de côté & d'autre pour en faire une statue à la gloire de l'Auteur. Je ne le présente qu'en lingots ; ses partisans le mettront en œuvre.

„ Les hommes sont tous égaux dans „ le Gouvernement Republicain ; ils „ sont égaux dans le gouvernement „ despotique. Dans le premier, c'est „ parce qu'ils sont tout ; dans le second „ c'est parce qu'ils ne sont rien.

„ La tyrannie est toujours lente & foi- „ ble dans ses commencemens, com- „ me elle est prompte & vive dans sa „ fin. Elle ne montre d'abord qu'une „ main pour sécourir, & opprime en- „ suite avec une infinité de bras.

„ C'est un des avantages des char- „ mes de la jeunesse dans les femmes, „ que

„ que dans un âge avancé, un mari ſe „ porte à la bienveillance, par le ſou- „ venir de ſes plaiſirs.

„ L'empire de la mer a toujours „ donné aux peuples qui l'ont poſſe- „ dé, une fierté naturelle; parce que „ ſe ſentant capables d'inſulter par- „ tout, ils croyent que leur pouvoir „ n'a pas plus de bornes que l'océan.

„ La ſociété nous apprend à ſentir „ les ridicules, la retraite nous rend „ plus propres à ſentir les vices.

„ La politeſſe flate les vices des au- „ tres; & la civilité nous empêche de „ mettre les notres au jour: c'eſt une „ barrière que les hommes mettent „ entr'eux, pour s'empêcher de ſe „ corrompre.

„ Toute nation pareſſeuſe eſt gra- „ ve; car ceux qui ne travaillent pas „ ſe regardent comme ſouverains de „ ceux qui travaillent.

„ La pareſſe eſt l'effet de l'orgueil, „ le travail eſt une ſuite de la vanité; „ l'orgueil d'un Eſpagnol le portera à „ ne pas travailler; la vanité d'un „ François le portera à ſçavoir travail- „ ler mieux que les autres.

„ Les révolutions que forment la „ liberté, ne sont qu'une confirmation de la liberté. Une nation libre „ peut avoir un liberateur; une nation subjuguée ne peut avoir qu'un „ autre oppresseur. Car tout homme „ qui a assez de force pour chasser celui qui est déja le maître absolu „ dans un état, en a assez pour le devenir lui-même.

„ Il ne faudroit pas que la Religion encourageat les dépenses des „ funerailles; qu'y a-t-il de plus naturel, que d'ôter la difference des „ fortunes dans une chose & dans les „ momens qui égalisent toutes les „ fortunes.

„ Les Sérails sont des lieux où l'artifice, la méchanceté, la ruse regnent dans le silence, & se couvrent „ d'une épaisse nuit; où un vieux „ Prince devenu tous les jours plus „ imbécille, est le premier prisonnier „ du Palais.

„ Les hommes extrêmement heureux & extrêmement malheurex „ sont également portés à la dureté; „ témoins les Moines & les Conquérans. Il n'y a que le mêlange de la „ bonne & de la mauvaiſe fortune, „ qui donne de la douceur & de la „ pitié.

„ Il eſt ſingulier que parmi nous, „ trois crimes, la magie, l'héréſie & „ le crime contre nature, dont on „ pourroit prouver du premier, qu'il „ n'exiſte pas du ſecond qu'il eſt ſuſ- „ ceptible d'une infinité de diſtinc- „ tions, interprétations, limitations; „ du troiſiéme, qu'il eſt très-ſouvent „ obſcur, ayent été tous trois punis „ de la peine du feu.

„ Quand les Sauvages de la Loui- „ ſianne veulent avoir du fruit, ils „ coupent l'arbre au pied; & cueil- „ lent le fruit. Voilà le gouvernement „ deſpotique.

Ces dernières paroles valent un livre; c'eſt peut-être ce qui a engagé l'Auteur à faire de ces quatre petites lignes un Chapître particulier; il y a des gens qui y ont trouvé à redire, & qui ont traité cela de coquetterie; ils ont tort; une ſi belle image devoit être encadrée ſéparément.

J'avois promis de donner de l'or,

& j'ai, je crois, asses bien tenu ma promesse. Je serois le maître, sans doute, d'en donner davantage si je voulois, car je suis à la source, & ce livre est un Perou. Mais je dois mieux ménager mes intérêts; j'ai encore bien des choses à dire; & comment faire recevoir au lecteur le fer que je lui donne, si je l'accoutume trop à l'or d'autrui? de tems en tems seulement pour le désennuyer je ferai parler l'Auteur; je sens que c'est le moyen d'être mieux venu. Continuons, & de la nature des trois gouvernemens, passons à leurs principes.

La vertu, l'honneur & la crainte, voilà les trois grands ressorts qui font mouvoir les Etats, voilà ce qui leur donne l'ame, le mouvement & la vie. La vertu anime les Républiques, l'honneur fait agir les Monarchies, & la crainte est le principe des Etats despotiques.

Que l'Auteur ait raison ou non, dans la distribution qu'il fait de ces trois principes, c'est ce qu'il n'est plus question d'examiner présentement. J'ai dit ailleurs tout ce que j'avois à dire là-deſſus, je ne ferai donc que rapporter ici quelques conſéquences que lon en tire par rapport à la politique. Elles regardent principalement l'éducation, la diſtribution des emplois, les récompenſes & les peines. Tout cela doit être relatif aux principes de chaque gouvernement.

Dans le républicain l'èducation ne doit s'appliquer qu'à rendre les citoyens vertueux, qu'à leur élever le cœur dans les Monarchies, qu'à leur abbaiſſer l'ame dans les états deſpotiques. C'eſt le moyen d'entretenir dans ces trois gouvernemens, la vertu, l'honneur & la crainte.

Dans le premier, les emplois & les magiſtratures ſont des témoignages de vertu ; on ne peut donc pas les refuſer. Dans le ſecond ce ſont des marques d'honneur ; on peut donc ne pas les accepter. Dans le troiſiéme, où l'on abuſe également de l'honneur & de la vertu, on *fait indifferemment d'un Prince un goujat, & d'un goujat un Prince.*

Dans une République où regne la vertu, l'Etat ne doit récompenſer que ar des témoignages de cette vertu. La récompenſe d'une belle action eſt le plaiſir de l'avoir faite.

Dans une Monarchie, où regne l'honneur ſeul, un ſujet ne doit attendre de ſes ſervices que des diſtinctions; mais comme les diſtinctions ſont jointes à un luxe qui donne néceſſairement des beſoins, il faut que le Prince y récompenſe par des honneurs qui conduiſent à la fortune.

Dans les Etats deſpotiqnes, le Prince qui récompenſe n'a que de l'argent à donner; c'eſt qu'on n'y connoît ni l'honneur ni la verru.

La plus grande peine d'une m'auvaiſe action dans un gouvernement républicain, eſt d'en être convaincu. Dans le monarchique, la honte & la crainte du blâme ſont auſſi des motifs réprimans. Il faut dans le deſpotique des peines corporelles. Un homme vertueux eſt toujours aſſez puni par des remords; un homme d'honneur, par des humiliations; au lieu qu'il faut des ſuplices rigoureux pour une ame ſervile.

Je marche à grands pas; c'eſt qu'il

me reste encore bien du chemin à faire. Que seroit-ce si je suivois l'Auteur dans tous ses détours ? Chaque sentier qui se présente, il s'y engage ; peu inquiet, s'il l'éloigne de son but. Il est vrai qu'il rend sa route agréable ; par tout où il passe, il répand des fleurs. Si quelque fois, pour dérober sa marche, il se couvre d'un nuage épais, bientot un trait éclatant de lumière s'échappe au travers de l'obscurité, & le découvre. Le nuage reste cependant ; aussi voit-on dans sa course beaucoup d'éclairs, & peu de jour. A l'aide de cette lueur passagère, j'ai parlé de la nature & des principes des trois gouvernemens ; voyons, avec le même secours, comment ils se corrompent.

Ce qui perd une République, c'est quand elle n'a plus rien à redouter au dehors. Carthage & Rome s'intimiderent l'une & l'autre, & s'affermirent. Comme des eaux trop tranquilles, une République qui a trop de sureté, est sujette à se corrompre.

La démocratie se corrompt ou par l'esprit d'inégalité qui la mene infailliblement à l'ariſtocratie ; ou par l'eſprit d'une égalité extrême, qui finit toujours par le deſpotiſme. Ce n'eſt que la vertu qui ſoutient le gouvernement populaire ; & la vertu eſt auſſi éloigné de la liberté extrême, que de l'extreme ſervitude.

L'ariſtocratie ſe corrompt, lorſque le pouvoir des Nobles devient arbitraire, & leur puiſſance héréditaire. La République alors n'eſt plus que dans la partie qui gouverne ; l'état deſpotique eſt dans celle qui eſt gouvernée ; les Nobles jouiſſent de la liberté, le peuple gémit dans la ſervitude ; ceux-là ſont des tyrans, celui-ci eſt un eſclave.

La Monarchie ſe corrompt lorſque le Prince ôte aux villes leurs privileges, aux corps leurs prérogatives, aux grands le reſpect des peuples. Qu'il change l'ordre des récompenſes & des honneurs, qu'il méconnoit l'amour de ſes ſujets, qu'il montre plus de ſévérité que de juſtice ; lorſque rapportant tout à lui-même, il appelle l'Etat à ſa capitale, la capitale à la Cour, la Cour à ſa perſonne.

Quant au Gouvernement despotique, voici ce que dit l'Auteur :
„ Son principe se corrompt sans cesse,
„ parce qu'il est corrompu par sa na-
„ ture. Ce Gouvernement périt par
„ son vice intérieur, lorsque quel-
„ ques causes accidentelles n'empê-
„ chent pas son principe de se cor-
„ rompre ; ces choses forcent sa na-
„ ture sans la changer ; sa ferocité
„ reste, elle est pour quelque tems
„ apprivoisée.

C'est comme si l'Auteur disoit : le Gouvernement despotique ne peut se soutenir par lui même : sa conservation dépend de plusieurs causes étrangères, sans lesquelles il périroit à chaque instant. Il est toujours dans un Etat violent & forcé ; & sa nature est de tendre sans cesse à sa destruction. Voilà sans doute le vrai sens de ces paroles : cela posé, voici comme je raisonne.

Ce qui s'oppose à la conservation du Gouvernement despotique, doit, par la même raison, s'opposer aussi à son établissement ; & les mêmes causes qui servent à le maintenir, doivent contribuer également à le former. Or s'il est vrai que ce Gouvernement ait tant de peine à se conserver, il faut donc qu'il en ait aussi beaucoup à s'établir. Cette conséquence est évidente ; c'est seulement dommage qu'elle s'accorde si peu avec ce qui suit.

„ Le Gouvernement despotique „ saute, pour ainsi dire, aux yeux ; „ il est uniforme partout ; comme il „ ne faut que des passions pour l'établir, tout le monde est bon pour „ cela. „ Mais si tout le monde est bon pour former un Etat despotique, tout le monde est donc bon ausi pour le maintenir ; s'il ne faut que des passions pour l'établir, il ne faut donc, que des passions non plus pour le conserver. Un Gouvernement qu'on dit être si simple, si naturel, si uniforme, n'est donc pas un Gouvernement qui ait besoin du concours de tant de causes accidentelles & étrangeres pour l'empêcher de périr ; ce n'est pas un Gouvernement qui soit toujours dans un Etat violent & forcé, qui panche à chaque instant vers sa ruine. Cé sont la des contradictions qui prouvent bien que le Livre de l'Eſprit des Loix n'eſt pas un Ouvrage de mémoire: car on ne s'y ſouvient pas dans la page ſuivante de ce qui a été dit dans celle qui a précédé. L'Auteur a jetté ſur le papier toutes les idées qui ſe ſont préſentées à ſon eſprit, ſans s'embarraſſer du peu de liaiſon qu'elles avoient entre elles; ſans s'inquiéter ſi les premières démentoient les ſecondes, & ſi elles ſe détruiſoient mutuellement. Il a parcouru à grands pas des païs immenſes, ſans bornes, ſans chemins, & ſans guides; & ſa courſe plus brillante, plus glorieuſe, plus variée que celle d'Uliſſe, eſt auſſi plus remplie d'erreurs. Mais au milieu de ces erreurs-là même on découvre des vérités ſi ſublimes, au travers de ces routes égarées on apperçoit des clartés ſi lumineuſes, parmi tant de défauts enfin on remarque des beautés ſi frappantes, qu'on eſt toujours étonné de trouver tant d'eſprit & ſi peu de raiſonnement, tant de génie & ſi peu de logique. Mais pourſuivons, & voyons actuellement ce qu'exige encore la politique pour la conſervation des trois Gouvernemens.

Les Républiques se conservent en s'associant avec d'autres Républiques. Par cette confédération elles jouissent au dedans de toutes les prérogatives d'un petit Etat, & au dehors de tous les avantages des grands Empires.

Une Monarchie se conserve en construisant des Places fortes pour défendre ses frontières, en entretenant des armées pour défendre ses Places fortes.

Le despotisme se conserve, non pas en fortifiant, mais en ravageant ses frontiéres ; non pas en s'associant avec d'autres Etats, mais en se séparant de tous. Quand les frontiéres d'un grand Etat sont désertes, le corps de l'Empire devient inaccessible ; en sacrifiant les extrêmités, le cœur se conserve plus aisémement.

L'Auteur assigne une autre sorte de séparation sans dévaster ses frontiéres, c'est de confier à des Princes feudataires les Provinces de l'Empire les plus éloignées. Mais il me paroît que c'est-là autant une confédération qu'une séparation ; c'est s'associer avec des voisins,

voiſins, plûtôt que s'éloigner de ſes ennemis: en un mot, ce n'eſt pas plus ſe ſéparer que s'unir. Or toute union politique eſt oppoſée au Gouvernement arbitraire. Un Prince qui ne ſçait que vouloir, ne peut avoir ni alliés, ni amis; tous les hommes qui ont affaire à lui ſont, ou ſes ennemis, ou ſes eſclaves.

Nous avons parlé des trois Gouvernemens, de leur conſervation, de leur corruption, de leur nature & de leurs principes: diſons auſſi un mot de leur liberté & de leurs conquêtes.

Il y a dans chaque Gouvernement une liberté qui lui eſt propre, & que la politique doit maintenir. L'Auteur diſtingue deux ſortes de liberté; celle du Citoyen & celle de l'Etat.

La liberté du Citoyen eſt cette tranquillité d'eſprit qui provient de l'opinion que chacun a de ſa ſûreté. Dans les Républiques, où il eſt permis à tout homme d'accuſer qui il veut, on entretient cette liberté en établiſſant des Loix propres à défendre l'innocence des Citoyens. L'Auteur ne veut pas qu'on y puniſſe trop le crime de lèze-Majesté ; on établiroit la tirannie des vengeurs, sous prétexte de tirer vengeance des tirans. Il condamne les proscriptions ; l'exil des Citoyens affoibliroit la République. Il désaprouve les Loix trop sévères contre les débiteurs ; „ un Citoyen s'est déja donné une assez „ grande supériorité sur un Citoyen „ en lui prêtant un argent que celui-ci „ n'a emprunté que pour s'en défaire, „ & que par conséquent il n'a plus, „ sans que les Loix augmentent encore cette servitude.

Dans les Monarchies on perd une partie de la liberté, quand le Prince nomme des Commissaires pour juger les particuliers ; quand il employe des espions pour examiner la conduite de ses sujets ; quand il permet aux Citoyens de s'accuser mutuellement dans des écrits anonimes, & qu'il a égard à ces accusations.

Pour mettre un peu de liberté dans les Etats despotiques, il est bon d'y établir des Loix de Religion qui tempérent l'autorité du Prince ; il est bon qu'il y ait des Livres sacrés qui servent de règle à la puiſſance arbitraire; que le Code Religieux ſupplée au Civil; & que les Juges, dans certains cas, conſultent les Miniſtres des Autels. Voilà ce qui concerne la liberté des Citoyens.

Celle de l'Etat conſiſte dans une juſte diſtribution du pouvoir. L'Etat eſt libre, lorſque ce n'eſt pas la même Perſonne ou le même Corps qui fait les Loix, les exécute & juge les particuliers. Les Républiques ne ſont libres, qu'autant que ces trois pouvoirs ſont diviſés. S'ils ſont réunis dans une Monarchie, cette Monarchie ſera un pur deſpotiſme; & le deſpotiſme n'eſt tel, que parce que c'eſt le Prince qui juge, qui exécute & qui fait la Loi.

Comme il y a deux ſortes de liberté, l'Auteur diſtingue auſſi deux ſortes de ſervitude; la politique & la civile. L'une eſt celle de l'Etat, & l'autre celle du Citoyen. La première trouvera plus naturellement ſa place à la fin de cet article: conſidérons ici quel rapport la ſeconde peut avoir avec les différens Gouvernemens.

Les esclaves sont contre l'esprit de la constitution des Républiques ; ils ne servent qu'à donner aux Citoyens une puissance & un luxe qu'ils ne doivent point avoir.

Ils ne sont pas moins contraires au Gouvernement Monarchique, ,, où il ,, est souverainement important de ne ,, point avilir la naturu humaine. Un ,, esclave sent que son maître a une ,, ame qui peut s'agrandir, & que la ,, sienne est contrainte de s'abbaisser ,, sans cesse. Rien ne met plus près de ,, la condition des bêtes, que de voir ,, toujours des hommes libres & de ,, ne l'être pas ; de telles gens sont ,, des ennemis naturels de la société, ,, leur nombre seroit dangereux.

Il le seroit moins dans le Gouvernement despotique, où la condition de l'esclave n'est guère plus à charge que celle du sujet. La servitude de l'Etat y anéantit, en quelque façon, la liberté des Citoyens ; & ceux qu'on appelle hommes libres, ne le sont guère plus que ceux qui n'y ont pas ce titre.

Si la liberté fait au dedans le bonheur des Etats, les conquêtes en font au-déhors toute la gloire. Cependant une République qui conquiert, agit contre ſes propres intérêts. Car, ou elle partage ſa ſouveraineté avec les peuples conquis, ou elle les gouverne en ſujets : dans le premier cas, elle ſera en danger de ſe perdre par ſon trop d'étendue : dans le ſecond, elle expoſera ſa propre liberté, parce qu'elle confiera une trop grande puiſſance aux Magiſtrats qu'elle enverra dans l'Etat conquis. On obviera à ce double inconvénient, ou en bornant la conquête au nombre des Citoyens qu'on veut faire entrer dans la République, ou en donnant au peuple conquis un bon Droit politique & de bonnes Loix civiles.

Une Monarchie ne doit pas étendre ſes conquêtes au-delà des bornes naturelles à ſon Gouvernement. Elle doit traiter le peuple conquis avec douceur, lui laiſſer ſes Loix, ſes Coutumes, ſes Priviléges ; il ne faut rien changer que l'Armée & le nom du Souverain.

Quand une Monarchie en conquiert

une autre ; si celle-ci est petite, on la contiendra par des forteresses ; si elle est grande, on la conservera par des colonies. Mais la politique veut que les Corps civils & militaires soient composés également de vaincus & de vainqueurs, pour ne point désespérer les uns, & pour ne point en-orgueilllr les autres.

Quand un Etat despotique conquiert un autre Etat, s'il veut le conserver, il faut que le Despote ait toujours autour de lui un corps de troupes particulièremeat affidé, toujours prêt à fondre sur la partie de sa conquête qui pourroit s'ébranler.

L'Auteur de l'esprit des Loix trouve qu'il vaudroit mieux que le Conquérant rendît le Trône au Prince légitime *pour s'en faire un Allié nécessaire*, qui, avec les forces qui lui sont propres, augmenteroit les siennes. Il avoit dit auparavant que les Etats despotiques pourvoyent à leur sûreté *en se séparant & en se tenant, pour ainsi dire, seuls*. Mais comment peut-on se tenir seuls, & se faire en même tems des Alliés ? Comment peut-on s'unir &

se separer tout à la fois ? Si ce n'est pas là se contredire, c'est du moins s'expliquer fort mal.

L'imposition des tributs & la levée des impôts dans les trois Gauvernemens, sont aussi l'objet de la politique de l'Auteur. Il dit là-dessus, comme sur tout le reste, des choses admirables. Il y a en particulier un morceau digne de Juvenal contre les Fermiers & les Traitans. Je n'entreprendrai pas de réfuter son sentiment sur cette matière ; un homme du métier l'a fait, dit-on, avec beaucoup de force ; mais l'ouvrage est fort rare, & quoique fait pour le Public, il n'a été vû jusqu'à présent que par un très-petit nombre d'amis particuliers, à qui, par un privilége spécial, on a bien voulu en procurer la lecture. Tout le monde sçait que l'Auteur est un homme d'un très-grand mérite ; il a écrit pour la défense de sa cause, & de celle d'une Compagnie riche, nombreuse & puissante. Un combat entre lui & l'Auteur de l'Esprit des Loix, seroit pour le moins aussi intéressant que celui d'Argant & de Tancréde.

Mais il eſt tems de délaſſer le Lecteur ; il aime les belles choſes, & il m'eſt fort aiſé de lui en donner, je n'ai qu'à prendre dans ce Livre les premières qui ſe préſentent.

„ L'air de la Cour conſiſte à quitter ſa grandeur propre pour une „ grandeur empruntée. Celle-ci flatte „ plus un Courtiſan que la ſienne même. Elle donne une certaine mo- „ deſtie ſuperbe qui ſe répand au loin, „ mais dont l'orgueil diminue inſen- „ ſiblement, à proportion de la diſ- „ tance où l'on eſt de la ſource de „ cette grandeur.

„ L'ambition dans l'oiſiveté, la „ baſſeſſe dans l'orgueil, le déſir de „ s'enrichir ſans travail, l'averſion „ pour la vérité, la flatterie, la trahi- „ ſon, la perfidie, l'abandon de tous „ ſes engagemens, le mépris des de- „ voirs du Citoyen, la crainte de la „ vertu du Prince, l'eſpérance de ſes „ foibleſſes, & plus que tout cela, le „ ridicule perpétuel jetté ſur la vertu, „ ſont, je crois, le caractère de la plû- „ part des Courtiſans, marqués dans „ tous les lieux & dans tous les tems.

„ Parmi nous il eſt impoſſible que „ nous ayons jamais de règle dans „ nos finances, parce que nous ſça- „ vons toujours que nous ferons quel- „ que choſe, & jamais ce que nous „ ferons.

„ En Europe les Edits des Princes „ affligent même avant qu'on les ait „ vûs, parce qu'ils y parlent toujours „ de leurs beſoins, & jamais des „ nôtres.

„ Comme les Monarques doivent „ avoir de la ſageſſe pour augmenter „ leur puiſſance, ils ne doivent pas „ avoir moins de prudence afin de la „ borner. En faiſant ceſſer les incon- „ véniens de la petiteſſe, il faut qu'ils „ ayent toujours l'œil ſur les inconvé- „ niens de la grandeur.

„ Les fleuves courent ſe mêler dans „ la mer; les Monarchies vont ſe per- „ dre dans le deſpotiſme.

„ Charler XII. étant à Bender, trou- „ vant quelque réſiſtance dans le Sé- „ nat de Suède, écrivit qu'il leur en- „ verroit une de ſes bottes pour les „ commander. Cette botte auroit gou- „ verné comme un Roi deſpotique.

„ Tel eſt l'état néceſſaire d'une „ Monarchie conquerante ; un luxe „ affreux dans la Capitale, la miſére „ dans les Provinces qui s'en éloi- „ gnent, l'abondance aux extrêmités. „ Il en eſt comme de notre Planette ; „ le feu eſt au centre, la verdure à la „ ſurface, une terre aride, froide & „ ſtérile entre les deux.

„ Syracuſe eſſuya des malheurs que „ la corruption ordinaire ne donne „ pas. Cette Ville toujours dans la li- „ cence ou dans l'oppreſſion, égale- „ ment travaillée par ſa liberté & par „ ſa ſervitude, recevant toujours l'une „ & l'autre comme une tempête, „ avoit dans ſon ſein un peuple im- „ menſe, qui n'eut jamais que cette „ cruelle alternative, de ſe donner „ un tyran, ou de l'être lui-même.

„ Il y a un lot pour chaque Pro- „ feſſion. Le lot de ceux qui levent „ les tributs & les richeſſes ; & les „ récompenſes de ces richeſſes, ſont „ les richeſſes même. La gloire & „ l'honneur ſont pour cette Nobleſſe „ qui ne connoit, qui ne voit, qui ne „ ſent de vrai bien que l'honneur &

„ la gloire. Le respect & la considé-
„ ration sont pour ces Ministres &
„ ces Magistrats, qui ne trouvant
„ que le travail après le travail, veil-
„ lent nuit & jour pour le bonheur
„ de l'Empire.

„ On vit bien dans les tems passés
„ des fortunes scandaleuses; c'étoit
„ une des calamités des guerres de
„ cinquante ans: mais pour lors ces
„ richesses furent regardées comme
„ ridicules, & nous les admirons.

„ Un Etat bien gouverné doit met-
„ tre pour le premier article de sa
„ dépense, une somme réglée pour
„ les cas fortuits. Il en est du Public
„ comme de particuliers, qui se rui-
„ nent, lorsqu'ils dépensent exacte-
„ ment les revenus de leurs terres.

„ Un Prince à qui on demandoit
„ pourquoi il ne bâtissoit point d'Hô-
„ pitaux dans ses Etats, dit: Je ren-
„ drai mon Empire si riche, qu'il
„ n'aura pas besoin d'Hôpitaux. Il
„ auroit fallu dire: je commencerai
„ par rendre mon Empire riche, &
„ je bâtirai des Hôpitaux.

„ A Rome, les Hôpitaux sont que

„ tout le monde est à son aise, ex-
„ cepté ceux qui travaillent, excepté
„ ceux qui ont de l'industrie, ex-
„ cepté ceux qui cultivent les arts,
„ excepté ceux qui ont des terres,
„ excepté ceux qui font le commerce.

Finissons cet article, & voyons quel rapport a le climat avec les differens gouvernemens. Comme il y a des gouvernemens de trois sortes, le Républicain, le Monarchique, l'arbittraire, on distingue pareillement trois sortes de climats, le froid, le chaud & le temperé. Pour trois sortes de raisons aussi, dont les unes sont bonnes, les autres mauvaises, les autres douteuses, l'Auteur pretend que la forme du gouvernement dépend toujours de la nature du climat; que les pays froids, par exemple, conviennent mieux au gouvernement modéré, & que la chaleur des pays d'Orient s'accorde davantage avec le gouvernement arbitraire. Voyons quelles sont ses raisons. Je commence par les mauvaises.

L'air froid resserre les extrémités des fibres, augmente leur ressort, donne

donne au corps plus de force, & à l'ame plus de courage. Le courage conduit à l'indépendance, l'indépendance au gouvernement le plus libre, le gouvernement le plus libre, c'est le gouvernement modéré ; donc le gouvernement modéré s'accorde mieux avec les païs froids.

Aussi l'Auteur appelle-t-il le Nord de l'Europe, „ la fabrique des instru-
„ mens qui brisent les fers forgés au
„ midy. C'est-là, dit-il, que se for-
„ ment ces nations vaillantes qui sor-
„ tent de leurs païs pour détruire les
„ tyrans & les esclaves, & apprendre
„ aux hommes que la nature les ayant
„ fait égaux, la raison n'a pu les ren-
„ dre dépendans que pour leur bon-
„ heur. „ Je ne puis m'empêcher de me récrier ici avec une admiration mêlée d'extase, ah ! que ces paroles sont belles, qu'elles sont admirables ! elles sont divines. Quel dommage de les faire servir de conséquence à un faux principe ! mais achevons le raisonnement de l'Auteur.

L'air chaud relâche les extrémités des fibres, affoiblit leur ressort, diminue les forces, & cause au cœur une défaillance. Cette défaillance produit la timidité, la timidité mene à la dépendance, la dépendance à la servitude, la servitude au gouvernement arbitraire; donc le gouvernement arbitraire s'accommode davantage des païs chauds.

„ Il ne faut donc pas être étonné, „ conclut l'Auteur, que le courage „ des peuples des climats froids les „ ait maintenus libres, & que la „ lâcheté des peuples des climats „ chauds, les ait presque toujours „ rendus esclaves. C'est un effet qui „ dérive de sa cause naturelle.

Je crois avoir suffisamment démontré ailleurs, que le chaud ou le froid ne sont point la cause naturelle de la lacheté ou du courage; ce n'est donc ni le froid ni le chaud qui produit la liberté ou la servitude; ce n'est donc ni l'un ni l'autre non plus, qui introduit dans un Etat le gouvernement moderé ou le despotique. Eh! quoi, le climat de Moscovie est-il donc aussi chaud que celui de Sparte & d'Athénes? Cependant le Czar est un deſpote dans ſes Etats, & ces deux dernières villes étoient des Républiques. La Botte de Charles XII. auroit gouverné à Stokolm comme un Prince deſpotique ; & Deny avec tout ſon eſprit, ſon induſtrie, ſes forces, ſes richeſſes, ſa politique, n'a jamais pû ſe maintenir ſur le Thrône de Syracuſe. Il fait pourtant bien froid en Suede, & bien chaud en Sicile ; preuve évidente, que ce n'eſt ni le froid ni le chaud qui décide de la forme du gouvernement ; ou, ſi le climat y fait quelque choſe, ce n'eſt pas du moins pour la raiſon que l'Auteur en apporte. En voici une autre, & il me paroît que c'eſt la bonne.

Selon qu'un païs eſt plus ou moins étendu, plus ou moins fertile, il eſt auſſi plus ou moins propre au gouvernement deſpotique, il convient plus ou moins au gouvernement modéré. En Aſie, par exemple, il y a de plus grandes plaines qu'en Europe, elle eſt coupée en plus grands morceaux par les montagnes & par les mers. Comme elle eſt plus au midi, les ſources y ſont auſſi plus aiſément taries, les montagnes moins couvertes de neige, & les fleuves moins grossis y forment de moindres barrières. Il doit donc y avoir par conséquent de plus grands Empires qu'en Europe; & les grands Empires supposent une autorité despotique dans ceux qui les gouvernent. Car „ il faut que la „ promptitude des résolutions sup„ plée à la distance des lieux où elles „ sont envoyées; que la crainte em„ pêche la négligence du Gouverneur „ ou du Magistrat éloigné; que la loi „ soit dans une seule tête, & qu'elle „ change sans cesse, comme les acci„ dens, qui se multiplient toujours „ dans l'Etat, à proportion de sa „ grandeur.

L'Afrique est dans un climat pareil à celui du Midy de l'Asie, elle doit donc être aussi dans une même servitude; sans cela il se feroit d'abord un partage que la nature du païs ne peut souffrir.

En Amérique les petits peuples barbares qui demeurent dans les montagnes, ceux qui habitent dans les Isles & sur le rivage de la mer, ont toujours été plus difficiles à ſoumettre, plus ennemis de la ſervitude, que les grands Empires du Méxique & du Pérou.

En Europe les fleuves, les montagnes & la mer forment pluſieurs Etats d'une médiocre étendue, & parlà très propres à former eux-mêmes des Monarchies ou des Républiques. Le gouvernement des loix n'y eſt pas incompatible avec le maintien de l'Etat ; & c'eſt-là ce qui a toujours conſervé ce génie d'indépendance qui rend cette plus petite partie du monde plus difficile à être ſubjuguée, & plus jalouſe de ſa liberté que les trois autres.

La bonté ou la ſtérilité des terres d'un païs ſont encore autre cauſe naturelle de la liberté ou de la ſervitude politique. Une campagne qui regorge de biens, craint le pillage, elle craint une armée ; ceux qui la cultivent cherchent moins à donner une autre forme au gouvernement, qu'à jouir en paix de leur bien ; ils ſont plus occupés de leur tranquillité particulière, que de la liberté publique ; ils songent davantage à leurs propres affaires, qu'à celles de l'Etat.

D'ailleurs les païs les plus fertiles sont ordinairement des plaines, où l'on ne peut rien disputer au plus fort : on se soumet donc à lui, & quand une fois on lui est soumis, on perd sa liberté pour toujours. On ne pourroit la conserver que par la perte de ses biens ; & l'on prefere presque toujours les biens à la liberté, surtout à la liberté politique. Les richesses de la campagne sont donc, pour le despote, un gage de la fidélité de ses sujets, & pour les peuples, la cause de leur servitude.

Au contraire, lorsque les terres sont stériles, la liberté est le seul bien dont on jouit; on est aussi plus soigneux de la conserver. Elle regne donc plus dans les païs difficiles, que dans ceux que le nature semble plus avoir favorisés. Dans les montagnes, par exemple, on conserve un gouvernement plus modéré, parce qu'elles ne sont pas si fort exposées à la conquête. Les peuples s'y défendent plus aisément ; on les attaque plus difficilement ; les armées n'y trouvent pas de quoi ſubſiſter. Il eſt donc moins aiſé de leur faire la guerre, plus dangereux de l'entreprendre, peu utile & preſque impoſſible de les vaincre. C'eſt pour cela, conclut l'Auteur, que le gouvernement d'un ſeul ſe trouve plus ſouvent dans les païs fertiles, & le gouvernement de pluſieurs dans les païs qui ne le ſont pas. C'eſt pour cela que la ſtérilité du terrein de l'Attique y établit le gouvernement populaire, & la fertilité de celui de Lacédémone, le gouvernement Ariſtocratique, qui approche le plus du gouvernement d'un ſeul. C'eſt pour cela qu'Athénes étant retombée dans ſes anciennes diſſentions, & s'étant diviſée en autant de parties, qu'il y avoit de ſortes de territoires dans le païs de l'Attique, les gens de la montagne vouloient à toute force le gouvernement populaire ; ceux de la plaine demandoient le gouvernement des principaux ; ceux qui étoient près de la mer étoient pour un gouvernement mêlé des deux.

Ce que la nature refuſe aux hommes dans les climats ſtériles, ils tâchent de ſe le procurer par le travail. Ce travail les rend ſobres, induſtrieux, forts, vigoureux, pleins de courage. Des gens de ce caractère déteſtent juſqu'à l'ombre de la ſervitude. Accoutumés à vaincre la nature elle-même, ils n'imaginent pas que perſonne oſe entreprendre de les ſubjuguer. Tout autre pouvoir que celui des loix leur eſt odieux; ils ſont donc bien éloignés de ſe ſoumettre à la puiſſance arbitraire, & de former un gouvernement deſpotique.

Il y a des climats ſi riches par eux-mêmes, ſi abondans, ſi fertiles, que ſans beaucoup de travail, on s'y procure aiſément toutes les choſes néceſſaires. Dans ces païs les hommes contractent une certaine pareſſe naturelle qui les rend lâches, efféminés, ſans force, ſans vertu, ſans courage. Avec ces défauts on eſt bien près de la ſervitude, & la ſervitude n'eſt pas éloignée du gouvernement deſpotique.

Il y a d'autres climats où les terres reſtent incultes, ſoit qu'elles ſoient ſtériles de leur nature, ſoit que les peuples qui les habitent ne veuillent point ſe donner la peine de les cultiver. Il eſt clair que ces peuples doivent jouir d'une grande indépendance : car comme ils ne cultivent pas les terres, ils n'y ſont point attachés ; ils ſont errans, vagabonds, & ſi un chef vouloit entreprendre de leur ôter leur liberté, ils le quitteroient, & ſe retireroient dans les bois pour y vivre tranquilles avec leur famille. On ne peut donc point établir l'autorité arbitraire dans des pays où les hommes ne vivent que de leur chaſſe, ou du produit de leurs troupeaux, dans des pays où les terres ſont incultes.

D'ailleurs ces peuples ne peuvent jamais former une grande nation. Car „ s'ils ſont paſteurs, ils ont beſoin „ d'un grand pays pour qu'ils puiſſent „ ſubſiſter en certain nombre. S'ils „ ſont chaſſeurs, ils ſont encore en „ un plus petit nombre, & forment „ pour vivre une plus petite nation. „ Outre cela, leur pays eſt ordinaire„ment plein de forêts ; & comme les „ hommes n'y ont point donné de „ cours aux eaux, il eſt rempli de maré-

„ cages, où chaque troupe se can-
„ tonne, & forme une petite nation. Or une petite nation, comme on l'a déja dit, n'est point propre à faire un Etat despotique. Le Gouvernement monarchique ne sçauroit non plus s'y établir, puisque tous les hommes y sont égaux. Le Républicain voudroit y faire des Loix, & l'on ne veut reconnoître parmi ces peuples, que celles de la nature. Chez eux la liberté de l'homme est si grande, qu'il est presqu'impossible d'en faire des Citoyens; aussi n'y voit-on que des sauvages qui y vivent dans un excès d'indépendance, comme dans les pays despotiques on n'apperçoit que des esclaves qui y souffrent l'excès de la servitude.

Mais ce qu'il y a de singulier, dans les principes de l'Auteur, c'est que la même cause qui soumet les peuples en général à la puissance arbitraire, les soustrait en même tems à ce pouvoir; ce qui multiplie les esclaves, augmente aussi le nombre des hommes libres; ce qui introduit dans cettains pays les Etats despotiques, forme dans d'autres, les Nations indépendantes; je veux dire la fertilité des terres. „ En Amérique, dit l'Auteur, „ la terre produit d'elle-même beaucoup de fruits dont on peut se nourrir; la chasse & la pêche achevent de „ mettre les hommes dans l'abondance. De plus, les animaux qui paissent réussissent mieux que les bêtes „ carnacières. „ Il devoit donc conclure, que l'Amérique est un pays propre au despotisme, puisqu'on y jouit d'une si grande fertilité. Point du tout, il raisonne à présent d'une autre manière : ce pays est extrêmement fertile, „ c'est ce qui fait, dit-il, qu'il y a tant „ de Nations sauvages. „ C'est-à-dire, de Nations libres. La fertilité des terres est ici comme ces nuages où l'on voit tout ce qu'on veut.

Il y a encore une autre raison qui fait dépendre la forme du Gouvernement de la nature du climat. Elle ne m'a pas persuadé, mais je sens qu'elle peut faire impression sur d'autres. La voici.

Dans les pays chauds il est nécessaire de retenir les femmes dans une eſpèce d'eſclavage domeſtique ; c'eſt ce que l'Auteur a tâché de prouver ailleurs. Cet eſclavage ne ſçauroit convenir au Gouvernement Républicain, où la condition des Citoyens eſt bornée, égale, douce, modérée, & où tout doit ſe reſſentir de la liberté publique ; le Gouvernement Républicain ne peut donc pas s'accorder avec les païs chauds. Au contraire, la ſervitude des femmes eſt très-conforme au Gouvernement deſpotique ; c'eſt donc dans les païs où les femmes ſont eſclaves, c'eſt-à-dire, dans les païs chauds, qu'on doit mieux s'accommoder de ce Gouvernement.

Voilà tout ce que j'ai pû ramaſſer de côté & d'autre dans cet Ouvrage au ſujet de la politique. Ce Livre eſt comme un amas de pluſieurs riches métaux fondus enſemble, & qui en forment une maſſe précieuſe, mais informe. Semblable à un Chimiſte, j'ai ſéparé toutes ces matières, & j'ai tâché de les mettre chacune dans la place qui leur convient.

ARTICLE.

ARTICLE IV.

LA JURISPRUDENCE ET LE COMMERCE,

Considérés par rapport au Gouvernement & au Climat.

JE renferme dans le même Article deux sujets differens, la Jurisprudence & le Commerce, & je ne veux pas m'étendre beaucoup sur chacun en particulier.

La Jurisprudence varie, selon les Gouvernemens & les climats; j'exposerai ici en abrégé le sentiment de l'Auteur sur cette matière. Il souffrira peu de contradictions; on sent que cette partie de son Livre est celle qu'il entend le mieux. Ce n'est pas celle où il y a le plus d'ordre; mais c'est mon affaire d'y en mettre; c'est la charge que je me suis imposée dès le commencement de cet Extrait; & voici la marche que je veux observer.

Je parlerai de la manière de rendre la Justice dans les divers Gouvernemens; de la quantité des Loix, du nombre & de la qualité des Juges, & de quelques Loix particulières.

1°. De la manière de rendre la Justice. Dans les Etats modérés, dans les Républiques & dans les Monarchies, on fait beaucoup de cas de l'honneur, de la fortune, de la vie & de la liberté des Citoyens ; de-là vient qu'on y rend la Justice avec plus de lenteur, qu'on y observe plus de formalités que dans les Etats despotiques. „ On entend „ dire sans cesse qu'il faudroit que la „ Justice fut rendue partout comme „ en Turquie ; mais si vous examinez „ les formalités de la Justice par rap„ port à la peine qu'a un citoyen à se „ faire rendre son bien, ou à obtenir „ satisfaction de quelque outrage, vous „ en trouverez sans doute trop ; si vous „ les regardez dans le rapport qu'elles „ ont avec la liberté & la sûreté des ci„ toyens, vous en trouverez souvent „ trop peu ; & vous verrez que les pei„ nes, les dépenses, les longueurs, „ les dangers mêmes de la Justice, sont „ le prix que chaque citoyen donne „ pour sa liberté ". *Il est vrai*, diroit à cela Crispin rival de son maître, *que la Juſtice eſt une ſi belle choſe, qu'on ne ſçauroit trop l'acheter.*

Un Gouvernement qui ne ſe ſoutient que par la crainte, comme le Gouvernement deſpotique, ſeroit expoſé à de fréquentes révolutions, ſi l'on n'avoit un grand ſoin d'en bannir la haine, les diviſions, les animoſités, la vengeance, & par conſéquent les Plaideurs ; auſſi la manière de finir les procès eſt fort indifférente en Turquie, pourvû qu'on les finiſſe bien-tôt. „ Le Bacha d'abord „ éclairci fait diſtribuer à ſa fantaiſie „ des coups de bâton ſur la plante des „ pieds des Plaideurs, & les renvoye „ chex eux ". Si on en uſoit ainſi dans tous les autres Gouvernemens, chacun vivroit tranquille ; on ne ſongeroit point à défendre ſon bien par la chicane, parce que perſonne n'employeroit la chicane pour avoir le bien d'autrui.

Dans les Républiques la manière de rendre la Juſtice eſt plus fixe que dans les Monarchies. Dans celles-ci on conſulte la Loi, & ſi la Loi ne décide pas d'une manière préciſe, on en cherche l'esprit, & les Juges l'interprétent. Au lieu que dans le Gouvernement Républicain, il faut suivre la Loi à la lettre; parce que, dit l'Auteur, il n'y a point de Citoyen contre qui on puisse interpréter une Loi, quand il s'agit de ses biens, de son honneur ou de sa vie. Cela supposé il y a bien des affaires qui ne peuvent jamais être terminées dans les Républiques; car il y a une infinité de cas particuliers sur lesquels il n'y a point de Loi précise, & qui doivent par conséquent demeurer indécis. On sent que dans les païs despotiques la Loi est toujours décisive; elle n'est autre chose que la volonté du Juge.

2°. De la quantité des Loix. Il y a dans la Monarchie des rangs, des conditions, des états differens, qui demandent aussi chacun des Règlemens, des Loix differentes. Où il y a des distinctions entre les personnes, il faut qu'il y ait aussi des privilèges; & ces privilèges forment mille exceptions, qui font autant de Loix particulières. Il ne faut donc pas s'étonner de la quantité prodigieuse de Règlemens & d'Ordonnances qui composent dans ces Etats, ce qu'on appelle le dépôt des Loix.

Dans les Républiques il n'y a aucune distinction de rang parmi les citoyens ; les Loix doivent donc y être moins multipliées que dans les Monarchies. Les peuples des Etats despotiques sont dans un cas bien different encore ; „ Je ne sçais sur quoi, dans ces „ pays-là, le Législateur pourroit sta- „ tuer, ou le Magistrat juger.

„ Il suit de ce que les terres appar- „ tiennent au Prince, qu'il n'y a pres- „ que point de Loix Civiles sur la pro- „ priété des terres.

„ Il suit du droit que le Souverain „ a de succéder, qu'il n'y en a point „ non plus sur les successions.

„ Le négoce exclusif qu'il fait dans „ quelque païs, rend inutiles toutes „ sortes de Loix sur le commerce.

Les Mariages que l'on y contracte „ avec des filles exclaves, font qu'il n'y „ a guère de Loix Civiles sur les dots „ & sur les avantages des femmes.

„ Il résulte encore de cette prodi- „ gieuse multitude d'esclaves, qu'il

„ n'y a presque point de gens qui ayent „ une volonté propre, & qui par con-„ séquent doivent répondre de leur „ conduite devant un Juge.

„ La plûpart des actions morales qui „ ne sont que les volontés du pere, du „ mari, du maître, se reglent par eux „ & non par les Magistrats.

„ Toutes les affaires qui regardent „ l'honneur, qui est un si grand chapi-„ tre parmi nous, n'y ont point de lieu. „ Le despotisme se suffit à lui-même ; „ tout est vuide autour de lui. Aussi „ lorsque les Voïageurs nous décrivent „ les Païs où il règne, rarement nous „ parlent-ils de Loix civiles.

3°. Du nombre & de la qualité des Juges. Dans les Etats despotiques le Prince peut juger lui-même ; dans les Monarchies, cette fonction regarde les Magistrats ; dans les Républiques elle appartient au Peuple. C'est cependant un grand inconvénient que le peuple juge lui-même ses offenses ; mais voici l'expédient que l'Auteur propose pour y remédier ; il veut qu'on fasse ce que Solon fit à Athenes : pour prévenir l'abus que le Peuple pourroit faire de ſa puiſſance dans le Jugement des crimes ; il veut qu'on établiſſe un Tribunal, où l'affaire ſoit portée & revue par des Magiſtrats. S'ils croyent l'Accuſé injuſtement abſous, ils l'accuſent de nouveau devant le Peuple ; s'ils le croyent injuſtement condamné, ils arrêtent l'éxécution, & font juger l'affaire tout de nouveau.

Si dans les Monarchies le Prince jugeoit lui-même les affaires des particuliers, „ la Conſtitution ſeroit détruite ; les pouvoirs intermédiaires „ dépendans, anéantis ; on vérroit „ ceſſer toutes les formalités des Jugemens ; la crainte s'empareroit de „ tous les eſprits ; on verroit la pâleur „ ſur tous les viſages ; plus de confiance, plus d'honneur, plus d'amour, „ plus de ſureté, plus de Monarchie „.

Cette peinture eſt bien differente de celle que nous font tous nos Hiſtoriens, quand ils nous repréſentent S. Louis ſur un Trône de gazon, & ſous un Dais de feuillage, rendant la Juſtice à ſes Peuples. On venoit avec joye & avec confiance plaider ſoi-même ſa cauſe à ce champêtre, mais auguste Tribunal. Le Monarque équitable renvoyoit tout le monde satisfait de la justice de ses décisions ; chacun publioit à l'envi les louanges de son Juge, & ceux mêmes pour qui il avoit été le moins favorable, nétoient pas moins empressés que les autres à le combler de leurs éloges. On n'entendoit alors ni plaintes, ni murmures contre l'équité de ses Jugemens; on ne disoit point, comme aujourd'hui :

* Est-il raison si bonne,
Que l'argent ne renverse, aussi-tôt qu'on en donne ?
Et sur le meilleur droit peut-on rien emporter,
Qu'autant qu'on trouve l'art de bien solliciter ?
Qu'à mes prétentions une femme s'oppose,
Qu'elle s'en mêle ; adieu l'équité de ma cause.
D'ailleurs, il faudra croire un Procureur sans foi,
Qui sçaura sur des riens chicanner malgré moi ;
Qui de fausses raisons m'accablant les oreilles,

* Hauteroche.

Sur cent formalités prommettra des marveilles ;
Et qui, pour me piller trouvera le moyen
De prolonger vingt ans une affaire de rien.

Je n'insisterai pas sur la différence qu'il y a entre ces deux manières de rendre la Justice; on sent trop de quel côté seroit l'avantage; cependant, pour de très-bonnes raisons, on en reveindra toujours au sentiment de l'Auteur. Les principales sont : que „ dans les „ Etats Monarchiques, le Prince est la „ partie qui poursuit les Accusés, & „ les fait punir ou absoudre. S'il ju- „ geoit lui-même, il seroit le Juge & „ la Partie. De plus, il perdroit le plus „ bel attribut de sa Souveraineté, qui „ est celui de faire grace. Il seroit in- „ sensé qu'il fit & défit ses Jugemens ; „ il ne voudroit pas être en contradic- „ tion avec lui-même. Outre que cela „ confondroit toutes les idées ; on ne „ sçauroit si un homme seroit absous, „ ou s'il recevroit sa grace. Les Juge- „ mens rendus par le Prince, seroient „ d'ailleurs une source intarrissable „ dinjustices & d'abus. Les courtisans

„ extorqueroient par leurs importuni-
„ tés, ses Jugemens. Quelques Empe-
„ reurs Romains eurent la fureur de
„ juger; nuls Regnes n'étonnerent plus
„ l'Univers par leurs injustices.

L'Auteur regarde encore comme un grand inconvénient dans une Monarchie, que les Ministres du Prince jugent eux-mêmes les affaires contentieuses; par la raison tirée de Machiavel que les Ministres ne pouvant être qu'en très-petit nombre, *peu sont corrompus par peu.* Il suit de-là, à plus forte raison, qu'on ne doit point souffrir un Magistrat unique dans un Etat, à cause de l'abus énorme qu'il feroit de son pouvoir, quand une fois il se seroit laissé corrompre.

4°. De quelques Loix particulières. Je n'entrerai pas dans un long détail; les loix sont si multipliées, qu'on ne finirot point, si on vouloit les rapporter toutes. C'est ici la partie la plus étendue de l'Ouvrage dont je rends compte; mais ce n'est pas la plus intéressante pour la plûpart des Lecteurs. Je ne ferai donc, en parcourant ce Livre, que m'arrêter aux endroits qui me paroîtront les plus curieux.

Le premier, ſur lequel je tombe, regarde les Loix du Mariage : une des principales parmi nous, c'eſt qu'un mari ne puiſſe avoir qu'une femme, & qu'une femme n'ait qu'un mari. Il y a d'autres Païs où il eſt permis d'avoir autant de femmes qu'on en peut nourrir, & d'autres enfin où pluſieurs hommes peuvent être les maris d'une ſeule femme. Tout cela, dit l'Auteur, *eſt une affaire de calcul*, & dépend de la nature du climat où ces différentes Loix ſont établies. Par exemple, dans les Païs où il naît autant de garçons que de filles, il eſt clair que la Poligamie doit être défendue, ſans cela, tandis qu'un homme auroit pluſieurs femmes, les autres ſeroit obligés de s'en paſſer, ce qui ſeroit contre l'ordre. C'eſt donc une très-bonne Loix dans ces Pays-là, de reduire chaque homme à une femme ſeulement.

„ Suivant les calculs que l'on fait en
„ divers endroits de l'Europe, il y naît
„ plus de garçons que de filles; au con-
„ traire, les relations de l'Aſie nous

„ disent qu'il y naît beaucoup plus de „ filles que de garçons. La Loi d'une „ seule femme en Europe, & celle qui „ en permet plusieurs en Asie, ont „ donc un certain rapport avec le cli- „ mat.

Les Climats froids de l'Asie produisent plus de garçons que de filles; aussi dans ces Païs-là les femmes ont-elles le privilége d'avoir plusieurs maris, tandis que la Loi ne permet aux hommes qu'une seule femme.

La même chose se pratique sur la côte du Malabar, mais pour une autre raison. „ Les Naïres sont la caste des „ Nobles, qui sont les Soldats de toute, „ ces nations' En Europe on empêche „ les Soldats de se marier; dans le Ma- „ labar où le climat exige davantage, „ on s'est contenté de leur rendre le „ mariage aussi peu embarrassant qu'il „ est possible ; on a donné une femme „ à plusieurs hommes; ce qui diminue „ d'autant l'attachement pour une fa- „ mille & les soins du ménage; & laisse „ à ces gens l'esprit militaire.

Les Loix qui reglent la continence publique dependent autant du climat, que

que celles qui consernent le Mariage. Ces Loix, selon l'Auteur, ne peuvent être par tout les mêmes, parce qu'elles doivent toujours avoir un certain rapport avec la façon de penser de chaque Peuple, & que, dans son sentiment encore, cette façon de penser differe selon les climats. Dans les Pays froids, par exemple, où les passions sont plus calmes, l'imagination plus lente, il y a mille choses qu'on ne regarde pas comme fort dangereuses pour les mœurs, & qui, dans des Pays où la chaleur du climat rend l'imagination plus vive, passeroient pour de grands crimes, c'est à quoi les Loix doivent avoir égard; & c'est aussi ce que l'Auteur a remarqué de nos peres, les Anciens Germains. Ils habitoient un Pays froid, & où par-conséquent les passions étoient tranquilles. „ Leurs Loix ne trouvoient dans „ les choses que ce qu'elles voyoient, „ & n'imaginoient rien de plus; & „ comme elles jugeoient des insultes „ faites aux hommes par la grandeur „ des blessures, elles ne mettoient pas „ plus de rafinement dans les offenses „ faites aux femmes. La Loi des Alle-

,, mands est là-dessus fort singulière. Si ,, l'on découvre une femme à la tête, ,, on payera une amende de dix sols ; ,, autant si c'est à la jambe jusqu'au ge- ,, nou ; le double depuis le genou. Il ,, semble que la Loi mesuroit les outra- ,, ges faits à la personne des femmes, ,, comme on mesure une figure de Géo- ,, métrie ; elle ne punissoit point le cri- ,, me de l'imagination, elle punissoit ,, celui des yeux ,,. Ces mêmes Peuples vinrent ensuite respirer un air plus chaud dans les climats d'Espagne sous le nom de Visigots ; la chaleur du Pays leur mit le sang en mouvement, leurs passions acquirent plus de vivacité, leur imagination s'alluma ; celles des Législateurs s'échauffa de même, jusques-là qu'ils firent une Loi qui défendoit aux Mèdecins de saigner une femme, à moins que ce ne fut en présence de son pere, de sa mere, ou de quelques-uns de ses parens.

Je pourrois encore rapporter ici une infinité d'autres Loix que je trouve dispersées çà & là dans ce Livre sur quantité de points différens ; mais je sens qu'il est tems de finir un Extrait que bien des gens ne trouveront déja que trop long, & que j'aurois dû peut-être abreger de moitié. Pluſieurs perſonnes m'ont blâmé d'avoir ſi fort inſiſté ſur cette critique, & de m'être un peu trop appliqué à faire connoître des défauts dont on ne s'étoit preſque point apperçû. Vous deviez, m'a-t'on dit, ménager un peu plus un Ouvrage, dont l'Auteur eſt un homme d'un mérite ſi diſtingué; un homme aimé & eſtimé de tout le monde, & dont on ne ſçauroit dire trop de bien. Je ne ſçavois pas que la qualité d'honnête homme, d'homme aimable dans un Ecrivain, dût mettre ſes Ecrits à l'abri de la critique. Il ſuit de-là, que toutes les fois que l'on critique un Ouvrage, on donne atteinte à la probité & à la réputation de celui qui en eſt l'Auteur. Cela n'eſt-il pas pitoyable? J'avoue que ſi j'avois entrepris de rendre compte des qualités eſtimables de M. de M. un Livre entier, quelque gros qu'il eût été, n'auroit pas ſuffi, pour en parler d'une manière qui ne laiſſât rien à deſirer au Public; perſonne ne pouſſe plus loin que moi la juſte admiration que ſon mérite personnel & ses ingénieux Ecrits ont inspirée à toute l'Europe. J'ai fait voir à chaque page de cet Extrait ma façon de penser à cet égard ; & malgré tous les défauts que je reprends dans l'Ouvrage dont je rends compte ; jose dire néanmoins que personne n'en a mieux fait sentir les beautés ; & que tout ce qu'il y a de meilleur dans tout le Livre, se trouve exactement renfermé dans cette brochure. C'est la Justice toute pure, & non les qualités de l'Auteur, qui m'a engagé à en user de la sorte ; comme ces mêmes qualités ne m'ont pas non plus fermé les yeux sur ce que j'ai trouvé de répréhensible dans cet Ouvrage. Mais finissons & voyons quel rapport a le Commerce avec le Climat & le Gouvernement.

On distingue dans ce Livre deux sortes de Commerce ; l'un est fondé sur le luxe, & l'autre sur l'économie. Le premier a pour objet unique de procurer à la Nation qui le fait, tout ce qui peut servir à son orgueil, à ses délices & à ses fantaisies. Le second, au contraire, se contente de tirer d'une Nation de quoi fournir aux besoins d'une autre.

L'Auteur pretend que le Commerce fondé ſur le luxe convient plus particulièrement au Gouvernement Monarchique ; au lieu que le Gouvernement Républicain, ſelon lui, s'accorde davantage avec le Commerce d'économie.

On a vû dans l'Article ſecond de cet extrait, que l'Auteur de l'eſprit des Loix regarde le luxe comme une choſe auſſi néceſſaire dans les Monarchies, qu'il le croit pernicieux dans les Républiques. Il n'eſt donc pas étonnant, qu'il admette dans le premier de ces deux Gouvernemens, & qu'il rejette de l'autre un Commerce, dont le luxe eſt la baſe. Mais comme j'ai fait voir auſſi dans le même endroit, que ſes principes ſont fort douteux, je n'inſiſterai pas davantage ſur l'incertitude des conſéquences qu'il en tire.

Voici une autre raiſon qu'il apporte, pour prouver que dans un Etat Monarchique, on ne peut point faire le Commerce d'économie. „ Comme ce Commerce n'eſt fondé que ſur la pratique „ de gagner peu, & même de gagner „ moins qu'aucune autre Nation, &

„ de ne se dédommager qu'en gagnant continuellement, il n'est „ guère possible qu'il puisse être fait „ par un Peuple chez qui le luxe est „ établi, qui dépense beaucoup, & „ qui ne voit que de grands objets. En „ effet il faudroit supposer que chaque „ particulier dans cet Etat, & tout „ l'Etat même eussent toujours la tête „ pleine de grands projets, & cette „ même tête remplie de petits, ce „ qui est contradictoire.

Cette raison est bien singuliere ! Et l'on demande à M. de M. pourquoi il faudroit supposer pareille chose? Quoi, dans une Monarchie où il y aura vingt millions d'Habitans, par exemple, il ne s'en trouvera pas assez pour faire le Commerce d'économie & celui du luxe en même tems ? Il ne pourra pas arriver que les uns se contentent de gagner peu, tandis que d'autres chercheront à gagner davantage ; que ceux-ci forment de grandes entreprises, tandis que les autres ne seront occupés que de petits objets ? Et il sera nécessaire enfin que chaque particulier ait la tête pleine de grandes & de petites choses tout à la fois ? Cela ne se conçoit pas. D'ailleur où l'Auteur a-t'il pris que le Commerce de luxe demande de plus grandes entreprises que l'autre ? Ce n'est pas la qualité des marchandises, c'est leur quantité qui fait les plus grands projets ; & un Négociant qui entreprendroit de fournir àune Nation toutes les choses nécessaires à la vie, formeroit une plus grande entreprise, que celui qui ne lui procureroit qu'une partie de ce qui peut contribuer à ses plaisirs, à ses fantaisies, à son orgueil. En un mot celui qui feroit le Commerce d'économie, dans cette supposition, seroit occupé de plus grands objets que l'autre qui feroit le Commerce de luxe.

De tout ceci je conclus que le Commerce d'économie appartient autant aux Monarchies qu'aux Républiques ; & que l'Auteur voit des contradictions où il n'y en a point. Mais moi j'en trouve une bien sensible dans les paroles qui suivent, comparées avec celles que je viens de citer.

„ Ce n'est pas, dit M. de M. que dans „ ces Etats qui subsistent par le Com-

„ merce d'économie, on ne fasse aussi
„ les plus grandes entreprises, & que
„ l'on n'y ait une hardiesse, qui ne se
„ trouve pas dans les Monarchies. En
„ voici la raison. Un Commerce mène
„ à l'autre; le petit au médiocre, le
„ médiore au grand, & celui qui a eû
„ tant d'envie de gagner peu, se met
„ dans une situation, où il n'en a pas
„ moins de gagner beaucoup. De plus,
„ les grandes entreprises des Négo-
„ cians sont toujours nécessairement
„ mêlées avec les affaires publiques.
„ Mais dans les Monarchies les af-
„ faires publiques sont aussi suspec-
„ tes aux Marchands qu'elles leur pa-
„ roissent sûres dans les Etats libres.
„ *Les grandes entreprises de Commerce ne*
„ *sont donc pas pour les Monarchies, mais*
„ *pour les Etats Républicains* „. Ainsi,
selon l'Auteur de l'Esprit des Loix,
tantôt l'Etat Républicain est le plus
propre à faire le Commerce d'écono-
mie, & on n'y a pas la tête remplie de
si grands projets que dans les Etats Mo-
narchiques; & tantôt les grandes en-
treprises de Commerce ne sont pas
pour les Monarchies, mais pour les

Républiques. Peut-on ſe contredire plus manifeſtement, & cela dans la même page ? Un homme qui dit que le luxe eſt la perte des Républiques,& le ſoutien des Monarchies;& qui ajoute que le Commerce fondé ſur le luxe demande de plus grandes entrepriſes que le Commerce d'économie, devroit couclure, ce me ſemble, que les grandes entrepriſes de Commerce ſont plûtôt pour les Etats Monarchiques, que pour les Républicains;mais il fait tout le contraire actuellement ; & ſans ſe ſouvenir des principes qu'il avoit poſés d'abord, il en établit d'autres, d'où il tire une conſéquence contradictoirement oppoſée aux prèmiers.

Mais quels ſont ces autres principes qu'il établit? C'eſt,dit-il,que „ la plus „ grande certitude de ſa propriété que „ l'on croit avoir dans les Etats Répu- „ blicains, fait tout entreprendre, & „ parce que l'on eſt ſûr de ce que l'on „ a acquis, on oſe l'expoſer pour ac- „ querir davantage. On ne court de „ riſque,que ſur les moyens d'acquerir.

Je laiſſe aux Lecteurs à juger ſi ceux qui ſont le Commerce en France, en

Angleterre, en Suede, en Dannemark, y sont moins assurés de la propriété de leurs biens, que s'ils étoient à Genes ou à Venise; & si c'est la crainte de perdre ce que l'on gagne, qui empêche qu'on ne fasse de si grandes entreprises en Espagne qu'en Hollande. Je conviens, avec l'Auteur, que dans les Etats despotiques, où le Prince est Maître des biens de ses Sujets, il y auroit à craindre que les richesses des particuliers ne fussent bien-tôt englouties dans le trésor du Despote. Mais on ne voit point que des biens justement acquis par le Commerce dans les Monarchies, deviennent jamais la proye du Souverain. Du tems même du sistême, ce ne sont point les Commerçans qui ont souffert les plus grandes pertes.

Je ne veux pas entrer dans un plus long examen ; il suffit d'avertir ici que cette partie de l'Ouvrage de l'Esprit des Loix, dénote une grande profondeur de génie, & qu'elle n'est pas traitée partout avec aussi peu de soins que l'endroit que j'ai cité.

Il me reste à dire un mot du Climat. Les peuples du Midi sont moins propres à faire le Commerce que ceux du Nord. L'Auteur en donne deux raiſons. Premièrement, la trop grande chaleur les rend pareſſeux. En ſecond lieu, la fertilité du Climat qu'ils habitent, leur fournit toutes les choſes néceſſaires à la vie: il ſuit de-là, qu'ils n'ont que très-peu de beſoins, & que leur pareſſe les rend peu empreſſés à les ſatisfaire; il ſuit par conſéquent qu'ils doivent peu aimer le Commerce. Il n'en eſt pas de même des peuples du Nord; le froid les rend actifs & laborieux; la nature d'ailleurs leur donne peu, & leur demande beaucoup; ils ont plus de beſoins à ſatisfaire; & par conſéquent ils ſont plus obligés de travailler, de commercer, pour ſe procurer ce que le Climat leur refuſe.

Pour peu que l'on conſidere ce qui ſe paſſe dans le Nord & dans le Midi de l'Europe, on ſentira toujours de plus en plus la vérité de ce raiſonnement. Mais pour peu que l'on faſſe attention à certains principes de l'Auteur, on s'apercevra de plus en plus auſſi combien il eſt contraire à lui-même. Il avoit dit ailleurs, que le deſpotiſme ne pouvoit ſubſiſter que dans les Païs chauds ; que le luxe étoit néceſſaire dans les Etats deſpotiques, que les grandes entrepriſes de Commerce ne ſont que pour les Etats où régne le luxe. Il devoit donc dire par conſéquent, que c'eſt dans les Païs chauds qu'on doit faire un plus grand commerce. L'expérience ſans doute eût démenti cette conſéquence ; mais l'Auteur du moins auroit mieux raiſonné. Voilà ce que c'eſt que de ne pas ſe ſouvenir de ce qu'on a dit ; on tombe dans des contradictions qu'on éviteroit avec un peu de mémoire, & qui font toujours beaucoup de tort au meilleur jugement.

„ Je demande une grace, dit l'Auteur dans ſa Préface, que je crains „ qu'on ne m'accorde pas : c'eſt de ne „ pas juger par la lecture d'un moment, „ d'un travail de vingt années ; d'approuver ou de condamner le Livre „ entier, & non pas quelques phraſes. „ Si l'on veut chercher le deſſein de „ l'Auteur, on ne le peut bien découvrir que dans le deſſein de l'Ouvrage.

Je déclare d'abord que je ne ſuis point du nombre de ceux qui refuſeront

ront à l'Auteur la grace qu'il leur demande. Je ne me bornerai pas à condamner quelques phraſes ſeulement ; c'eſt le corps entier du livre que je déſapprouve. Si dans un Ecrit on n'avoit égardqu'aux phraſes,qu'aux morceaux détachés, jamais livre, j'oſe le dire, n'auroit mieux mérité les éloges, l'admiration générale du Public que celui-ci ; il eſt rempli d'une infinité de traits, qui, pris chacun ſéparément, dénotent le plus grand génie, & qui, réunis enſemble, auroient pû faire, peut-être, de cet Ouvrage découſu, un Livre admirable, ſi on l'eût intitulé ſimplement, Recueil de penſées détachées. Mais de nous le donner comme un tout bien aſſorti, comme un compoſé parfait,dont toutes les parties ont entr'elles un rapport direct & néceſſaire ; de prétendre qu'elles forment une chaine continue, dont les anneaux tiennent les uns aux autres ſans aucune interruption ; c'eſt ce dont perſonne ne s'eſt encore apperçu. Ce n'eſt donc point dans le deſſein de l'Ouvrage, qu'on doit chercher le deſſein de l'Auteur ; il eſt certain qu'on ne l'y trouveroit jamais, dût-on lire ce

Livre pendant autant d'années qu'on en a employé à le faire. M. de M. lui-même convient qu'il y travailla d'abord fort long-tems *sans former de dessein* ; si son dessein est venu après, c'est ce qu'il doit sçavoir mieux qu'un autre; toujours est il du moins certain qu'il ne s'est point assez appliqué à le faire connoître. D'ailleurs, il est bien difficile que des choses faites sans dessein puissent avoir entr'elles aucune sorte de liaison. Quoiqu'il en soit, je n'y en vois point, & je le dis d'autant plus hardiment, que je n'ai encore trouvé personne qui se soit formé une idée exacte de ce Livre. J'admire, avec tout le monde, l'érudition prodigieuse dont cet Ouvrage est chargé ; mais je soutiens que si on vouloit bien approfondir tous les traits historiques, qui, par leur nombre, éblouissent les Lecteurs, on en trouveroit beaucoup qui ne s'accordent pas tout-à-fait avec la vérité de l'Histoire. Je prens ici le premier qui me tombe sous la main. En parlant de l'obéissance que les peuples doivent au Souverain dans les differens Gouvernemens, l'Auteur dit, dans le premier Tome de son Ouvrage, Livre III. Chapitre X. qu'„ en Perse, lors-„ que le Roi a condamné quelqu'un, on „ ne peut plus lui en parler, ni deman-„ der grace. Cette manière de penser, „ ajoute-t'il, y a été de tout tems; l'or-„ dre que donna Assuerus d'extermi-„ ner les Juifs ne pouvant être *révo-„ qué*, on prit le parti de leur donner „ la permission de se défendre.

Sur ces paroles on croiroit véritablement qu'Assuerus ne *révoqua* point l'Edit qu'il avoit porté contre les Juifs; mais qu'il se contenta de leur permettre de se défendre contre leurs ennemis. Cependant l'Ecriture dit positivement tout le contraire; & voici ce qu'on trouve aux Chapitres VIII. & XVI. du Livre d'Esther. „ (a) S'il est vrai que je „ vous suis chère, dit la Reine à Assue-„ rus, & s'il vous plaît de me convaincre

(a) Si placet Regi, & si inveni gratiam in oculis ejus, & deprecatio mea non ei videtur esse contraria, obsecro, ut novis Epistolis veteres Aman litteræ, insidiatoris & hostis Judæorum, quibus eos in cunctis Regis Provinciis perire præceperat, corrigantur. Esther, Cap. VIII.

„ que mes prières ne vous ſont point „ importunes, *révoqués*, je vous en „ ſupplie, par de nouvelles Lettres, les „ ordres que le perfide Aman, irréconciliabe ennemi de mon peuple, avoit „ envoyés en vottre nom dans toute l'étendue de vos Provinces, pour y faire „ mourir dans un ſeul jour tous les „ Juifs „. On voit d'abord par-là qu'on pouvoit parler en faveur de quelqu'un que le Roi avoit condamné, & qu'il n'étoit point défendu de demander ſa grace, ainſi que l'Auteur l'a avancé. Mais ce n'eſt pas encore là tout: & voici quelque choſe de plus fort contre M. de M.

Aſſuérus eut égard à la demande de la Reine, & il *révoqua* ſa première Ordonnance par un nouvel Edit. Cet Edit eſt rapporté fort au long au Chapitre XVI. du Livre d'Eſther, & le Prince y dit expreſſément: (a) „ Notre inten-

(a) Unde eas literas, quas ſub nomine noſtro ille direxerat, ſciatis eſſe irritas. *Ibid.* Cap. XVI. Vers. 7.
Hoc edictum, quod nunc mitimus, in cunctis urbibus proponatur, ut liceat judæis uti legibus ſuis. *Ibid.* Vers. 19.

„ tion eſt, que les Lettres obtenues par
„ Aman contre les Juifs, & envoyées
„ ſous notre nom à toutes nos Provin-
„ ces ſoient regardées comme ſurpriſes
„ & de nulle valeur". Quand on auroit fait ce paſſage tout exprès, pour l'oppoſer aux paroles de M. de M., on n'auroit pas pû le rendre plus contradictoire. Je veux croire, pour l'honneur du Livre dont j'ai rendu compte, que les autres traits hiſtoriques que l'Auteur rapporte, ont été puiſés dans des ſources plus certaines que celles qu'il a conſultées pour celui-ci. Il n'avoit qu'à lire Racine, il auroit vû, dans la Tragédie d'Eſter, que lorſque Mardochée dit au Roi :

Le péril des Juifs preſſe & veut un prompt ſecours.

Le Roi lui répond :

Oüi, je t'entens ; allons par des ordres contraires
Révoquer d'un méchant les ordres ſanguinaires.

Aſſuérus ne croyoit donc pas, comme l'Auteur de l'Eſprit des Loix, que ſes ordres fuſſent *irrévocables*.

Je crois en avoir assez dit pour bien faire connoître ce Livre. Je finis donc ici mes Observations, & laisse aux Lecteurs à juger dans quel rang il doit placer un Ouvrage où l'on ne trouve rien de médiocre. Les beautés qu'il referme dénotent un très-grand homme; & l'on y remarque des défauts qu'on ne passeroit pas à un homme ordinaire.

FIN.

www.ingramcontent.com/pod-product-compliance
Ingram Content Group UK Ltd.
Pitfield, Milton Keynes, MK11 3LW, UK
UKHW031843260826
14628UKWH00002B/548

9 782329 437941